本书获湖南省社会主义学院学术著作出版基金资助

制度分析视域下的中国特色政党制度研究

熊必军 著

中央编译出版社
Central Compilation & Translation Press

目 录

前 言 …………………………………………………………………… 1

第一章 新制度经济学理论视域下的中国特色政党制度 …………… 1
  一、中国特色政党制度的产生和制度变迁分析 ………………… 1
  二、中国特色政党制度的制度结构分析 ………………………… 11
  三、中国特色政党制度的制度效率分析 ………………………… 20

第二章 制度设计理论视域下的中国特色政党制度 ………………… 39
  一、制度设计理论研究的启示 …………………………………… 40
  二、中国特色政党制度的制度设计原则和要求 ………………… 50
  三、中国特色政党制度的制度设计路径 ………………………… 63

第三章 现代化视域下的中国特色政党制度 ………………………… 78
  一、现代化与政党及政党制度现代化 …………………………… 78
  二、现代化与中国政党制度 ……………………………………… 83
  三、中国特色政党制度现代化的路径选择 ……………………… 96

第四章 社会学理论视域下的中国特色政党制度 …………………… 111
  一、社会选择理论与中国特色政党制度 ………………………… 111
  二、合作主义与中国特色政党制度 ……………………………… 117

第五章 民主理论视域下的中国特色政党制度 …… 124
- 一、票决民主的困境与中国特色政党制度 …… 124
- 二、协商民主的价值所在与人民政治协商制度的完善 …… 130
- 三、参与式民主理论对人民政协制度界别设置的启示 …… 137

第六章 合作理论视域下的中国特色政党制度 …… 146
- 一、合作理论：分析中国特色政党制度的理论工具 …… 147
- 二、合作理论视域下中西政党制度产生的比较分析 …… 167
- 三、中国特色政党制度的合作理论分析 …… 174
- 四、合作理论视域下完善中国特色政党制度的思考 …… 186

第七章 立足中国特色政党制度 创建合作型政党制度理论研究体系 …… 192
- 一、为什么要创建合作型政党制度理论研究体系 …… 193
- 二、创建合作型政党制度理论研究体系的基础 …… 197
- 三、创建合作型政党制度理论研究体系的构想 …… 201
- 四、结语 …… 204

参考文献 …… 205

后　记 …… 216

前 言

一

　　政党制度是政党政治的主要表现形式和实现形式。中国特色政党制度就是中国共产党领导的多党合作和政治协商制度,是中国的基本政治制度,近年已成为政治制度研究的一个热点。通过对中国人民大学报刊复印资料《政治学》、《中国政治》以及《政治学研究》、《中央社会主义学院学报》、《社会主义研究》、《学术月刊》、《社会科学》等期刊进行搜集后发现,刊载的论文近三百篇,相关学术著作近四十本。并且发现近年来关于我国政党制度的研究主要涉及我国政党制度的特点和功能,中外政党制度的比较,我国政党制度形成与发展的历史,参政党理论,中共三代领导人政党政治思想,中国政党制度的完善和发展,以及与当前一些现实问题之间的关系或指导意义研究等方面。纵观学术界及政界的研究,发现对中国特色政党制度的研究存在一些不足:研究文本形式不全面,大多数研究成果都是以历史归纳、文件解读或只讲对现实问题的指导意义等口号式的、下结论式的研究,缺乏基础性的理论探索,而且理论与实际分离的倾向比较明显。使得对中国特色政党制度在中国特色社会主义政治发展道路中的历史必然、历史意义及现实作用研究分析不够、评价不足,在世界政党制度体系中的创造性价值分析不足、评价不足,或对创造性价值研究不系统,没有从理论上予以充分地论证和说明!总是徘徊在对西方的政党制度理论评价体系中,或对传统文件解读之中,无法说明或解读中国特色政党制度的理论与现实的创造性价值，同时对完善中国特色政党制度的对策性研究也比较缺乏实用性。

关于中国特色政党制度研究的方法问题，① 正如政党制度研究学者王邦佐教授在《中国政党制度的社会生态分析》一书的前言中指出："研究政党和政党制度，应该有多种视角和多种具体方法。我认为在目前乃至今后一段时间内，似可着重从三个方面着力，即：从政党的生态环境的角度进行研究；从政党与国家、社会的关系进行研究；从比较政治的角度进行研究。"② 近年来我国政党制度研究主要是运用了比较分析、生态分析的研究方法。一是比较分析法。比较分析法是中国政党与政党制度研究的常用方法。研究者主要从中国政党制度历史形态的比较、中外政党制度比较等角度展开研究。其中中外政党制度的比较研究主要是通过对中国和西方发达国家政党制度的比较而展开的，重点是对中西政党制度的历史与形成、性质与特点、作用与功能以及运行机制等方面的比较研究。如刘宁宁著的《中西政党制度运行机制比较研究》，梁琴、钟德涛著的《中外政党制度比较》，周淑真著的《政党和政党制度比较研究》等。但比较方法本身也存在缺陷，运用不当会使我们的研究结果出现很大的片面性，正如列宁所说："任何比较都不会十全十美，这一点大家早就知道了。任何比较只是拿所比较的事物或概念的一个方面或几个方面来相比，而暂时地和有条件地撇开其它方面。我们提醒读者注意一下这个大家都知道的但是常常被人忘掉的真理。"③ 二是社会生态分析的方法。率先运用社会生态分析的方法来研究政党制度问题者是王邦佐教授。这种研究方法注重对政党制度的动态研究，注重对政党制度与社会环境之间互动关系的考察。在他与李惠康教授主编的《西方政党制度社会生态分析》一书问世后，又于 2000 年出版了《中国政党制度的社会生态分析》一书，"运用社会生态分析的方法

---

① 此处参阅了黄福寿、刘建良：《中国政党制度理论研究述评》，《上海师范大学学报（哲学社会科学版）》2003 年第 2 期。

② 王邦佐等：《中国政党制度的社会生态分析》，上海人民出版社 2000 年版，"前言"第 2 页。

③ 王邦佐：《政治学的繁荣和发展需要理论创新》，《政治学研究》2001 年第 1 期。

来认识和把握中国政党制度的形成、发展与完善。"① 王邦佐等对中国政党制度的社会生态分析研究不仅研究成果具有十分重要的学术价值与现实意义,而且丰富了政党制度研究的方法。尽管如此,研究中国特色政党制度的视角仍然比较单一,大多数还是以西方现代政治的研究方法或传统马克思主义政党制度理论研究方法作为评价分析标准来分析研究中国特色政党制度。

二

所谓制度分析,是指考察制度的形成和它的变迁,以及它在整个社会发展中的地位和作用。制度分析作为一种研究方法,在政治学、经济学和社会学三个领域都可以追溯源头。②

首先,政治学的制度分析方法,始于古希腊的亚里士多德。在亚里士多德之前,柏拉图研究人类的政治现象有两个特点,一是伦理学和政治学不分离,二是从理念出发来进行演绎。亚里士多德打破柏拉图的研究特点,主张把伦理学和政治学分开,认为政治学是研究集体的善行,并在收集大量实际材料的基础上,研究人类的政治行为、政治现象和政治制度。他研究城邦制度的根本性目的,是要探求什么政治制度最适合于、最有利于人类社会集体善行的发挥和推行。因为在他看来,"一切社会团体的建立,其目的总是为了完成某些善业——所有人类的每一种作为,在他们自己看来,其本意总是在求取某一善果。既然一切社会团体都以善业为目的,那么我们也可以说社会团体中最高而包含最广的一种,它所求的善业也一定是最高而最广的:这种至高而广涵的社会团体就是所谓'城邦',即政治社团(城市社团)。"③ 他还说:"政治学术本来是一切学术中最重

---

① 王邦佐等:《中国政党制度的社会生态分析》,上海人民出版社2000年版,"序言"第2页。
② 此处参阅了郭小聪:《制度分析的方法论评价——兼论马克思主义制度分析的方法论特征》,《中山大学学报(社会科学版)》2006年第2期。
③ 亚里士多德:《政治学》,商务印书馆1965年版,第3页。

要的学术，其终极（目的）正是为大家所最重视的善德，也就是人间的至善。政治学上的善就是'正义'，正义以公共利益为依归。"① 可见，亚里士多德对人类社会的政治现象进行制度分析的出发点，是探索人类社会集体的善行，即以公共利益为依归的正义。作为政治制度分析的首创者，亚里士多德的以集体（城邦制度）作为逻辑起点和分析单位的传统，影响至今，传统主义时期的洛克、孟德斯鸠更是资产阶级政治体制的设计师。尽管二战以后，个体行为主义政治学成为政治学的研究热门，但很快行为主义政治学研究陷入绝境，因为行为主义政治学不能解释为什么相同的行为会有决然不同的结果，而这显然是因为制度安排在作怪。而如今，制度分析在政治学研究领域的运用更是热门了。

其次，是经济学的制度分析。早期比较系统地运用制度分析方法来研究经济学问题的代表性著作，无疑是制度经济学家凡勃伦的《有闲阶级论》和康芒斯的《制度经济学》。制度经济学家把制度作为变量，把集体主义和整体主义引入了经济理论的研究中，建立了更为接近现实经济活动的方法论。他们将制度作为变量，并用正统经济学的研究方法来分析制度的构成和运用，采取了结构分析法、历史分析法和社会文化分析法来研究经济问题，揭示制度对社会经济发展的影响，以及去发现这些制度在经济体系中的地位和作用的经济学方法论。

第三，社会学的制度分析。韦伯是社会学制度分析的开创者，社会学的奠基人孔德和斯宾塞没有专门探讨社会学的方法论问题，但都主张用研究自然界的科学方法来研究人类社会。可以说，从方法论上看，在社会学的奠基时代，由于在认识上没有把自然与社会区别开来，因而也就没有人类社会的独特研究方法，基本上是自然科学的实证主义方法在社会学的延伸。韦伯对人类社会现象进行了大量的制度分析，第一次使社会学有了自己独特的、区别于自然科学的研究方法。作为社会学界制度分析的开创者，韦伯是非常独特的。他的制度分析方法论既不同于经济学、政治学界制度分析的早期学者，也不同于同时代的其他社会学家如迪尔凯姆。他认为社会科学最恰当或最有效的认识来源于对个体现象和过程的研究，个体

---

① 亚里士多德：《政治学》，商务印书馆1965年版，第148页。

是社会的基本单位，个体行为是集体行为的起点和原始动力，集体决策只不过是个体选择的结果，制度也是单个个体之间的关系形式，个体是制度组织的基本元素，个体的性质是制度设计和变迁的依据。

此外还有马克思主义的制度分析。马克思主义的制度分析方法是个体与整体高度统一的方法论，与流行于西方学界的制度分析方法在价值观上的区别则是鲜明的。马克思主义的制度分析方法认为要分析人类社会的制度，必须先研究人类的历史发展，所以确定人类历史的起点是十分必要的，主张从社会性、现实性来理解作为历史起点的个体，主张个体—集体—制度—社会的逻辑进程，即从个人到个人与自然的关系，再到个人与个人的关系以至阶级与阶级的关系，最终揭示制度的本质和社会发展的动力。

制度分析研究方法是从一个整体的、相互联系的、辩证发展的及历史的视角来研究制度的变迁及其与社会、政治、历史、文化等因素的互动作用。制度分析不是将制度及其运行视为一个孤立、抽象和现代人可以随心所欲地创造和设计的机制，而是将其视为长期历史演化而形成的一种社会文化的存在，是经济、社会、文化乃至天、地、人系统的一个有机链条。制度不过是人类历史长河中植根于一定的社会文化土壤之中，既内在地体现和反映一种历史和文化的存在，同时，又必然与社会、文化及历史环境中各种因素密切关联。正是在这种关联与互动过程中，呈现出制度及其运行机制变迁的内在轨迹。在此意义上，制度分析的内核旨在提供一种新的、有别于近代工具理性思维方式的、强调历史分析、总体分析和人文传统的分析框架和方法论原则。① 概而言之，制度分析框架必然包括结构分析、历史分析、跨学科分析、比较制度和跨文化的分析方法，惟有将这几个方面有机地联系起来，才有可能更全面地把握制度分析的内核及其方法论原则，才有可能更好地体现其方法论优势和在分析人类社会面临复杂的经济、社会和文化挑战中的有特殊意义的价值取向。

一、结构分析法。结构分析法是通过分析和确立事物（或系统）内部各组成要素之间的关系及联系方式进而认识事物（或系统）整体特性的一

---

① 林义：《制度分析及其分析论意义》，《经济学家》2001年第4期。

种科学分析方法。任何客观事物都是具有一定结构的整体,结构分析已成为人们认识事物的基本方法。制度主义认为:"制度重要的前提是结构的重要性,结构实际上决定着行为。……制度主义的结构主义特征倾向于关注政治体系主要的制度特征。"①

二、历史分析法。历史分析法就是运用发展、变化的观点分析客观事物和社会现象的方法。客观事物是发展、变化的,分析事物要把它发展的不同阶段加以联系和比较,才能弄清其实质,揭示其发展趋势。有些矛盾或问题的出现,总是有它的历史根源,在分析和解决某些问题的时候,只有追根溯源,弄清它的来龙去脉,才能提出符合实际的解决办法。以历史分析为基本构架,把制度的变迁和现象的表层纳入纵向历史发展的更深层面,无疑使我们得以明晰制度演进的内在脉络和揭示在特定历史、文化、社会背景下制度演化的内在规律,对于各国探索自身历史设定中的多元化经济社会发展模式具有特殊的方法论价值。历史分析的重要意义正在于,它促使更多的社会科学家以高度的历史责任感关注自身的历史进程和制度环境,关注对适合各国国情政治、经济与社会发展模式的探索。

三、跨学科研究分析法。跨学科研究分析法就是运用多学科的理论、方法和成果从整体上对某一课题进行综合研究的方法,也称"交叉研究法"。科学发展运动的规律表明,科学在高度分化中又高度综合,形成一个统一的整体。据有关专家统计,现在世界上有2000多种学科,而学科分化的趋势还在加剧,但同时各学科间的联系愈来愈紧密,在语言、方法和某些概念方面,有日益统一化的趋势。跨学科研究方法对于从经济、政治、社会、历史、文化乃至潜意识等深层隐性制度因素的内在关联中,揭示制度变迁和人类经济行为的内在制约因素具有特别重要的价值,同时有助于在广阔的制度背景下,提供更全面系统、更有洞见的分析结论,为揭示经济制度变迁及其内在规律,提供更具说服力的分析结论。

四、跨文化研究分析法。跨文化研究就是从文化对比的角度对文化现象进行比较研究。长期以来,由于西方现代化模式自觉或不自觉地使西方

---

① (美)盖伊·彼特斯:《制度主义:新与旧》,载于薛晓源、陈家刚主编《全球化与新制度主义》,社会科学文献出版社2004年版,第74-75页。

中心论的思维方式成为人们的一种思维定势。在此思维惯性的作用下，人们通常以西方现代化的标准去评价非西方国家的发展模式。加上分析层面主要局限于经济技术机制，忽略制度研究，更是相当忽略对遮蔽在制度背后深层文化因素的研究。制度分析既有历史研究和跨学科研究的学术传统，无疑会促使人们对处于隐性状态的文化发展、观念习俗、意识与集体无意识等给予深切地关注。跨文化的制度分析视角，有助于我们在对异质文化环境下制度变迁分析的背景中，更清晰地发现和把握自身文化设定和经长期历史演化而形成的经济制度、交换方式、资源配置方式乃至政治、经济、社会发展道路。制度分析无疑为我们更清晰地把握迥然有别于西方政治制度变迁轨迹的中国式政治发展道路，从而为构建具有中国文化特质、反映中国制度变迁内在演化规律的中国政治学，提供"逆转思维传统方向"的分析框架和方法论原则。

制度分析区别于其他方法论的优势在于，它强调从经济、政治、社会、历史及文化发展的整体分析和跨学科的研究视角，探索制度的变迁轨迹和社会活动的内在制约因素。所以在研究方法上，制度分析研究方法对中国特色政党制度研究方法的启示是：制度分析所强调的研究方法论原则更有助于从各种制度、各个学科及不同研究对象的交织点，透过纷繁复杂的经济与社会现象的外观，更好地揭示中国特色政党制度产生与变迁的内在本质；有助于分析理解中国特色政党制度在世界政党制度体系中的创造性价值；更有助于中国特色政党制度在回应中国社会结构变迁，以及适应中国民主政治发展的需要时，在坚持中，如何完善地实践创新。正因如此，本书认为马克思主义的辩证唯物主义和历史唯物主义是我们进行中国政党制度研究的根本方法。在这一根本方法指导下，运用多种具体方法是深化和拓展中国政党制度研究的必由之路。但在运用各种具体方法时，有些问题值得进一步思考。因此，本书在研究方法上，以邓小平理论、"三个代表"重要思想及改革20多年来的中央关于坚持和完善中国共产党领导的多党合作和政治协商制度建设的文献为指导，尝试从不同学科的不同理论视角，以制度分析为研究工具，结合新制度经济学的制度变迁理论、制度结构与制度安排理论、制度效率理论、制度设计理论、各种民主理论、现代化理论、合作理论等，采用理论与实践相结合，国内与国外对比研究等研究方法来对中国特色政党制度进行一些突破性的研究，以期提出一些新的理论观点或思考，来推进中国特色政党制度的理论研究。

三

对中国共产党领导的多党合作和政治协商制度的称谓，在理论界却是一个存在争议、使用混乱的概念。目前我国理论界主要有几种称谓：我国多党合作与人民政协制度（人民政协理论研究界的称谓）、中国多党合作制度（中国政党制度白皮书的称谓）、我国多党合作制度、中国共产党领导的多党合作制、多党合作制、中国特色政党制度等。

在这些称谓中，中国共产党领导的多党合作和政治协商制度应该说是比较正式、比较完整的概念，因为中国政党制度作为一个完整的概念，必然包括密切关联的三大要素：一是中国共产党的领导，二是多党合作，三是政治协商。其中，中国共产党的领导是中国政党制度的核心所在，是"多党合作"与"政治协商"的政治前提和政治基础；"多党合作"是中国政党关系与政党制度的显著特点，但多党合作必须以中国共产党的领导为政治前提，以政治协商为合作方式；"政治协商"是中国多党合作的主要方式，这说明中国共产党与各民主党派都是独立的政党，各民主党派不是中国共产党的一部分，也不是变相的一个部门。

总之，只有把上述三大要素密切联系起来，才能完整、准确地理解中国的政党制度；只有理解了中国"多党合作"的政治条件与活动方式，才能正确理解中国的多党合作与其他国家的联合执政的区别及其特色；忽视其中任何一个要素，都会导致对我国政党制度的片面理解。但是为了方便使用，又反映"中国共产党领导"的这个中国特色，并且为了方便日后不排除台湾的政党及政党制度和"一国两制"条件下的"港澳"的政党及政党制度，所以尽管本书是由已经在学术期刊上所发表的论文组成，还是对中国共产党领导的多党合作和政治协商制度的称谓作一个统一，简称为"中国特色政党制度"。

全书以制度分析为研究工具，分七个部分：第一章是新制度经济学理论视域下的中国特色政党制度。2005年中共中央颁发了《关于进一步加强中国共产党领导的多党合作和政治协商制度建设的意见》指出，中国共产党领导的多党合作和政治协商制度是中国的一项基本政治制度，是符合中国国情的社会主义政党制度，特别强调了是适应中国政治发展、社会发展、具有中国特色的社会主义政党制度。本章主要是运用新制度经济学的制度变迁理论、制度效率对中国特色政党制度适应中国国情，社会发展的制度产生与变迁、制度结构、制度效率做一些分析。

本书认为中国共产党领导的多党合作制度在中国的土地上成功地生根发芽，并成为适应中国社会发展的一种政党制度，源于它的正式制度与非正式制度的相匹配、协调、融合的制度均衡状态，而其他政党制度的失败则恰恰与之相反。从1980年至今，是中国特色政党制度逐步完善与发展的时期，也正好是中国改革开放的时期。社会的迅速变革，新的社会阶层的出现等已经深刻地影响到中国的政治、经济、文化、社会等领域。我们不否认社会主义市场经济体制的建立带来了中国经济的迅速发展，但根据诺斯的国家理论，国家既是经济增长的根源又是经济衰退的原因。国家是经济增长的根源，是因为国家界定了经济发展的基本制度或规则，而政治规则就是国家界定的基本规则之一，政党制度就是其中之一。

所以，可以说中国特色政党制度反映了各个社会阶层的改革诉求，整合了各个社会阶层的智慧和力量，形成一种强大的发展共识，通过大众对现状的认同和增强各级政府机构的凝聚力而降低了交易费用和协调成本。这种强大共识的形成不仅有利于实现政治和社会的稳定，而且有利于改变人民的价值观和思维方式，进而影响到人民对改革开放的自主参与性和积极性。而中国特色政党制度正是整合和增强了人民对改革开放的热情和动力，达成一种强大的发展共识，为中国的改革开放、经济发展作出了巨大贡献，反映了该项制度的适应性效率。中国特色政党制度的制度结构是共产党领导、多党派合作，共产党执政、多党派参政；政治协商、参政议政、民主监督则构成了中国特色政党制度的制度安排。它的制度结构为人民参与政治的权利和利益提供了一种保障，是适应中国社会政治生活的政党制度，体现该项制度结构的社会效率性。它的制度安排为众多的不同社会阶层和群体提供了能够表达他们各自利益和观点的一种程序，一种舞台,一种论坛,人民群众都可以公正、平等地通过参政议政直接参与国家事务的管理,权利和义务都得到了保障,体现了该项制度安排的合理性、合法性及现实性。

第二章是制度设计理论视域下的中国特色政党制度。在我国的政治生活中,中国特色政党制度的制度结构已经适应了我国社会历史的发展,确立了我国政党制度的基本模式,产生了很好的制度效率,是不需要改变的。但社会发展的持续性及人的有限理性要求只有不断进行制度变革与创新,才能适应社会的发展趋势。因此,在加强我国社会主义民主政治建设的进程中,主要是通过加强中国特色政党制度安排的制度设计,来完善政治协商、参政议政、民主监督等各项制度安排,强化中国特色政党制度的适应性,提高中国特色政党制度的制度适应性效率,以应对国际、国内各种复杂的环境,克服我们的局限性,更好地推进我国的民主政治建设。

因此,本章主要从政治学、制度经济学等学科的制度设计视角出发,来探索中国特色政党制度的制度设计的可能性和必要性,制度设计的原则和要求,制度设计的路径等,认为:人类必须通过制度设计与制度创制,才能预防和弥补自身理性的不足。而且正是由于人的有限理性,再加上国内外环境复杂,以及经济社会的不断发展,所以中国特色政党制度必须通过设计一系列制度安排来克服人在决策中的有限理性及应对国内外经济社会环境的变化。

坚持以马克思列宁主义、毛泽东思想、邓小平理论、"三个代表"重要思想和科学发展观为指导,坚持中国共产党的领导,坚持社会主义初级阶段的基本路线、基本纲领和基本经验,坚持长期共存、互相监督、肝胆相照、荣辱与共的基本方针,保持宽松稳定、团结和谐的政治环境,中国共产党和各民主党派都必须以宪法为根本活动准则,负有维护宪法尊严、保证宪法实施的职责。这些重要政治制度准则是中国共产党与各民主党派在长期团结合作中形成的政治共识,是我们在新世纪新阶段进行中国特色政党制度的制度设计时,必须遵守的首要原则。而科学性、普适性、效率性、激励性、协调性等原则是中国特色政党制度进行制度设计时必须遵守的普遍原则。因为完整的制度设计可以向人们提供一整套较为明确的信息,可以激发公民参与政治的热情,并使其转化为合理有序的政治参与,为人们的行为选择设立了一个合理的空间，进而借助于奖惩机制，不断对人们的行为进行双向的奖惩，从而对政治行为选择进行引导。所以对中国特色政党制度进行制度设计时，应从宏观、中观、微观三个层面进行制度设计的框架构想，从理念、制度、组织的三个角度进行制度设计的路径设想，从理念化、制度化、程序化三个过程进行制度设计的可操作性应对措施思考。

第三章是现代化视域下的中国特色政党制度。主要是从现代化的视角，对中国特色政党制度产生于中国现代化进程的"救亡图存"式的现代化模式，发挥了推进中国现代化进程作用的独特性进行研究。政党政治的兴起，是当今世界一个普遍的政治现象。据统计，目前全世界200多个国家和地区，绝大多数国家和地区都是政党政治。政党政治已经成为现代国家普遍实行的治理形式，是现代化和现代政治的产物，政党的出现是政治现代化的要求。长期以来，大多数人或研究者都把政党与民主联系到一起，认为"政党的出现是由于民主政治发展的需要"。但我们看到不仅仅在民主的国家，在威权国家，甚至在斯大林统治下的苏联和希特勒统治下的德国，政党都是一样地出现和存在，所以可以说政党和民主并没有必然的联系。政治现代化和政治民主化并不是等同的，但说政党是人类社会现代化进程的结果是没有异议的。因此，本章从现代化视域的角度，运用一些政党现代化的理论，通过分析中国的现代化运动和中国特色政党制度相互促进的关系，来探索当前在中国的现代化进程，中国特色政党制度在全球化背景下，应当通过加强政党建设，提升政党及政党制度的合法性；强化民主建设，增强政党及政党制度的民主性；完善制度设计，建构政党及政党制度的法治性；扩大参与途径，提高政党及政党制度的政治参与性等，来实现自身的现代化即政党现代化，同时又适应并推进中国社会的现代化发展，实现中华民族伟大复兴的梦想。

第四章是社会学理论视域下的中国特色政党制度。社会学中的制度分析认为，个体是社会的基本单位，个体行为是集体行为的起点和原始动力，集体决策只不过是个体选择的结果，制度也是单个个体之间的关系形式，个体是制度组织的基本元素，个体的性质是制度设计和变迁的依据。而在当代中国社会，随着社会经济的进步与发展，由于个体人和"社会人"的主体性同时加强，多元、分化的社会结构已经呈现在我们面前。一方面，随着社会分工或分化程度的提高，社会整合力增强，个体的存在发展受社会的影响和作用越来越大。另一方面，个性的发展，尤其是主体意识的增强，个体人更加试图摆脱社会的压力，追求愈来愈大的自由活动空间和行动上的更大的自主性。这两种力量的强化，必然使两者整合协调的难度增大，冲突明显。作为当代中国的政党制度，中国共产党领导的多党合作和政治协商制度的其中一个功能就是社会整合，但是由于中国现代化建设的艰巨性和复杂性，要求政治制度具备高度的社会整合功能。[①] 因而如何实现对社会各个阶层的有效整合，推进中国经济社会的发展，当代中国的社会选择问题就成为了中国特色政党制度在坚持与完善过程中必须关注的一个现实和理论问题。同时社会学领域中的合作主义强调社会和谐和合作的制度安排，对中国特色政党制度如何构建和谐政党关系的制度安排有着重要的启示意义。因此本章主要运用了社会学领域中社会选择理论、合作主义理论对中国特色政党制度进行一些研究与思考。

第五章是民主理论视域下中国特色政党制度。民主，特别是现代民主，有多种多样的形式，因此而也产生了许多民主政治理论学派。因此，本章运用了票决民主理论、协商民主理论、参与式民主理论等来审视和分析中国特色政党制度。随着社会经济的进步与发展，多元、分化的社会结构已经呈现在我们面前。主体、观念、利益、冲突等领域的多元特征，对于联系社会各阶层、反映多方利益的政协制度来说，无疑是严峻的挑战。而协商民主注重民主的实质，以承认利益多元化为前提，主张协调各方利益，谋求社会和谐。因此对当前我国构建社会主义和谐社会，完善人民政协制度有着重要的借鉴意义。当代参与式民主理论是在反思以自由主义为基础的代议制民主的危机中复兴起来的，参与式民主理论的核心概念是公民参与，主张通过公民的讨论、协商来制定公共政策，解决公共事务的问题。而在人民政治协商制度中，政治协商是指中国共产党同各民主党派及无党派人士对国家和地方的大政方针以及政治、经济、文化和社会生活中

---

① 中华人民共和国国务院新闻办公室：《中国政党制度（白皮书）》，《光明日报》2007年11月16日版。

的重要问题，在决策之前进行协商和就决策执行过程中的重要问题进行协商。但是随着社会经济的进步与发展，多元、分化的社会结构已经呈现在我们面前。面对主体、观念、利益、冲突等领域的社会多元特征，对于如何广泛地联系社会各阶层，体现最广泛的民主，反映多方利益的人民政协的界别设置制度来说，无疑是严峻的挑战。因此，当代参与式民主理论对人民政协制度界别的设置有着重要的启示意义。

第六章是合作理论视域下的中国特色政党制度。政党制度是政党政治的主要表现形式和实现形式。中国特色政党制度就是中国共产党领导的多党合作和政治协商制度，是中国的基本政治制度，但是对中国特色政党制度的研究，存在着对中国特色政党制度在世界政党制度体系的创造性价值分析不足、评价不足，没有从理论上予以充分地论证和说明！所以本章试图运用合作理论对中国特色政党制度的创造性价值进行研究，以期提出一些新理论观点或思考，来推进我国合作型政党制度的理论研究。

本章认为西方政党制度研究的主流是以竞争型政党制度研究为主，其竞争型政党制度的人性基础是性恶论，文化基因是个人主义、自由主义，个人主义的一个文化特征就是竞争，所以在政党体制中的表现，竞争是主题。

在中国，中国特色政党制度的人性基础是性善论，其合作型政党制度的文化基因是集体主义、国家主义，集体主义的文化特征就是合作，所以在中国的政党制度中，合作是主流。中国特色政党制度所创设的合作型政党制度，创立了一种新型的政党制度形式，在世界政党制度中独具特色，丰富了世界政党制度类型，为世界政党制度的多样性树立了一个成功的政党制度典范。中国特色政党制度创新了有政党政治国家的执政形式：一党执政、多党参与，打破了一党执政、无任何其他政党存在，或一党执政、一党或多党在野反对的一党独自执政形式；要么是两党竞争轮流执政或多党竞争轮流执政的轮流执政形式，以及多党联合执政的形式。而中国共产党同各民主党派既亲密合作又互相监督，而不是互相反对；中国共产党依法执政，各民主党派依法参政，而不是轮流执政。因此中国特色政党制度是创新发展，创新了世界政党政治国家的执政形式。民主不仅仅体现为自由选举，更主要地体现为参与决策，决策不是领导拍板的过程，而是民主协商的过程。因此，中国特色政党制度完善了世界民主除票决民主之外的其他民主实现形式：协商民主、参与民主，克服了西方代议制民主中公民只是在投票、选举中参与的缺陷。人大的票决民主，政协的协商民主、参与民主（也包括其他领域如基层社区等公共事务的民众参与等）使得我国成为民主形式发展比较完善的民主政治国家。

第七章是立足中国特色政党制度，创建合作型政党制度理论研究体系。中国特色政党制度是指中国共产党领导的多党合作和政治协商制度，是中国的一项基本政治制度，是符合中国国情的社会主义政党制度，是适应中国政治发展、社会发展、具有中国特色的社会主义政党制度。2007年发布的《中国的政党制度（白皮书）》指出："中国共产党与各民主党派形成了团结合作的新型政党关系……创立了一种新型的政党制度形式，在世界政党制度中独具特色。"这种新型的政党制度形式就是合作型政党制度。合作型政党制度已成功地在中国实践了半个多世纪，但是很多中国政党制度的研究者（除了西方政党制度研究者之外，还有很多国内的学者）却总是拿着西方竞争型政党制度理论研究体系来研究评判它，这是典型的理论与实践不相符，或者是忽视文化的差异、国家的差别、民主形式的多样性等，因此，我们更有责任创建合作型政党制度理论研究体系。要想构建合作型政党制度理论研究体系，中国的政治学研究学者或政党制度研究专家需要一反以"竞争"为主线的西方竞争型政党制度理论研究框架，转向以"合作"为主线，立足中国特色政党制度，创建"合作型政党制度理论研究体系"，即揭示人类政党政治中合作行为或规律的政党制度理论研究评价体系。

第一章 新制度经济学理论视域下的中国特色政党制度[①]

2005年中共中央颁发的《关于进一步加强中国共产党领导的多党合作和政治协商制度建设的意见》指出，中国共产党领导的多党合作和政治协商制度（本章简称为"中国特色政党制度"）是中国的一项基本政治制度，是符合中国国情的社会主义政党制度，特别强调了它是适应中国政治发展、社会发展、具有中国特色的社会主义政党制度。我们知道，任何制度都是适应人的需要而创立起来的，因而总具有某种能给人们带来效应与收益的功能。同时，制度的形成又离不开人们的设计、组织和维护，因而需要费用和成本。收益和成本的比较表现为效率，任何制度安排必然存在高效与低效、有效与无效的问题。本章主要是试图用新制度经济学的一些理论对中国特色政党制度适应中国国情，社会发展的制度产生与变迁、制度结构和制度效率做一些分析。

一、中国特色政党制度的产生和制度变迁分析

自中国进入近代社会以来，西方国家近现代的政党思想就开始在中国传播。甲午战争后，国内开始出现了政党萌芽，从1905年同盟会的成立到

[①] 原文内容曾发表于《社会主义研究》2009年第2期，《中国政协理论研究》2009年第2期，《湖南工业大学学报》2010年第4期等学术期刊上。

1911年的辛亥革命，国内出现了第一次政党组建高潮。自辛亥革命后，我国先后产生了五种类型的政党制度：竞争型政党制度、孙中山的一党型政党制度、国共两党合作型政党制度、蒋介石的一党型政党制度、中国共产党领导的多党合作型政党制度，前四种政党制度在中国社会的土地上先后夭折，只有中国共产党领导的多党合作制度成功地生根发芽，并成为适应中国社会发展的一种政党制度。本节拟对前四种政党制度的夭折，以及中国共产党领导的多党合作型政党制度做一个比较制度分析，并且对中国特色政党制度的产生与变迁也进行制度分析，试图寻求出在中国产生与西方社会不一样的政党制度的根源。

（一）中国政党制度产生与发展的历史

政党作为一种政治现象，最早产生于英国，18世纪末和19世纪初普遍出现于欧美国家，19世纪末和20世纪初才传入中国，也就是说政党和政党制度在中国的出现，是一个外来产物。随着鸦片战争后中国国门的打开，西方政治学说思想在中国的传播，大量关于政党制度的思想也介绍到了中国。可为什么在甲午战争之后中国才出现政党组建高潮呢？其主要原因是，鸦片战争后，落后的中国人才放下自汉唐以来天朝自大的架子，被动地向所谓"夷人"的西方学习，由于缺乏对现代化的了解，学习的目标一开始就是最直观的东西：厉害的枪炮——技术。然而甲午战争中，中国败于同样向西方学习，且被中国历来所小看的日本，是中国人觉醒，继而转向西方制度学习的契机。以康有为、梁启超为首的非暴力改良派和以孙中山、黄兴为首的暴力革命派就是典型的向西方制度学习的代表，只是方式不同而已。所以政党思想在甲午战争后开始出现，到民国时期掀起政党的组建高潮就不奇怪了。

甲午战争的失败，使得无能的、不得不承担失败责任的清政府一下子放松了对整个社会的控制。于是一大批救国的政治团体及他们所创办宣扬西方思想的报刊杂志，如雨后春笋般迅速在全国出现，这样大量关于政党、政党思想、政党制度的学说得到了宣扬，慢慢地改变了传统的中国知识分子心目中的政党概念，再加上对西方国家政党及政党制度作用的了解，先进的中国人开始走上了组建政党救国的道路。

于是，自1905年同盟会的创建，至辛亥革命的胜利，中国出现了第一次政党组建高潮，尤其是1911—1913年之间，"集会结社，犹如疯狂，而政党之名，如春草怒生，为数几至近百。"① 被称为"政党林立的时代"。至中国共产党领导的多党合作制度产生之前的这段时期，在中国的政治文明史上先后出现过竞争型政党制度、孙中山的一党型政党制度、国共两党合作型政党制度和蒋介石的一党型政党制度。

1. 竞争型政党制度。竞争型政党制度产生、盛行于民国成立时期，结束于袁世凯独裁政权的建立。1912年1月1日，中华民国的成立，开辟了中国政党制度产生与发展的新时期。资产阶级国家政治体制的建立，议会制度的确立，社会舆论的宽松，以及资产阶级对政党制度的选择，为民国初期竞争型政党制度的形成产生奠定了基础。尽管民国时期政党林立，有三百多个政党，但大多数政党似流星转瞬即逝，没留下什么痕迹，最终只形成了三大政党竞争格局，即国民党、共和党和民主党展开国会席位竞选，结果是国民党大获全胜。但由于袁世凯的破坏和对政党的镇压，竞争型政党制度在中国政治文明史上最终以失败告终。

2. 孙中山的一党型政党制度。1913年竞争型政党制度失败后，政党林立的局面退出了中国政治文明的历史舞台。孙中山在二次革命失败后，开始探索新的政党制度，他在总结经验教训的基础上，创立了中华革命党，形成了以党治国的一党型政党制度思想。但直到1920年，孙中山的一党型政党制度也没有解决中国的政治问题，所以他的一党型政党制度也可以说是以失败告终。到1923年，受俄国革命的影响，孙中山开始走上了探索与中国共产党的两党合作型政党制度的道路。

3. 国共两党合作型政党制度。国共两党合作型政党制度萌发于1922年，正式产生于1924年国民党的"一大"召开，1927年失败。而后始于1936年西安事变至1946年的国共两党合作型的制度，严格讲并不是一种合作型政党制度，而是一种松散的政治联盟。与1924至1927年的国共两党合作型政党制度是不同的性质，但1924至1927年的国共两党合作型政

---

① 转引自杨爱珍：《当代中国政党制度研究》，学林出版社2004年版，第21页。

党制度也不同于西方国家的联合政党制度，因为无论从政党的政权结构、政治参与和西方国家的联合政党制度都不一样，但它确实构建了一种不同于西方的、全新的党派合作制度。

4. 蒋介石的一党型政党制度。蒋介石的一党型政党制度建立的标志是1927年南京国民政府的成立，在大陆失败于1949年。蒋介石的一党型政党制度与孙中山的一党型政党制度虽都是"以党治国"，但还是有着显然的区别的：孙中山的一党型政党制度虽然强调"以党治国"，但不排斥非国民党的优秀人才，也不排斥其他党派的存在，而且他的思想中"还政于民"是主要的，而蒋介石基本摒弃了这样一些精华。

5. 中国共产党领导的多党合作型政党制度。它萌芽于抗日战争时期解放区的"三三制"，形成于解放战争时期，正式确立于1949年全国新政协会议的召开，发展于上个世纪的50年代至90年代。进入新世纪，正在不断地完善与发展之中。

（二）中国政党制度失败和中国特色政党制度成功原因的制度分析

简单地扫描一下上个世纪20年代初至40代的中国政党制度的产生与发展，使我们不得不思考：为什么前四种类型的政党制度会失败，而中国共产党领导的多党合作型政党制度却成功，并不断适应中国社会政治文明的发展，推动了中国社会的发展和进步？浏览一下国内许多分析中国政党制度产生与发展的一些论文或著作，我们不难发现，大部分都是停留在马克思的阶级分析方法，经济基础决定上层建筑等说法。譬如很多对竞争型政党制度和蒋介石一党型政党制度的失败分析出来的原因，本身就是这种政党制度的外在表现或结果，没有真正地揭示这些政党制度失败的本质原因。本节在这里试图运用新制度经济学的一些方法和理论来剖析、比较这些政党制度失败的原因及多党合作型政党制度成功的根源。

新制度经济学认为，制度通过提出一系列的规则来界定人们选择的空间，约束人们之间的相互关系，从而减少环境中的不确定因素和交易费用，进而保护产权，增进生产性活动。制度提供的一系列规则由社会认可的非正式约束，国家规定的正式约束及其实施机制所构成。① 正式约束又称正式制度，一般是指人们有意识创造的一系列政策法规，它包括政治规则，经济规则和契约等。非正式约束又称非正式制度，是指人们在长期交往中无意识形成的，具有持久生命力、世代相传、渐进演化的，文化的一部分。它一般包括价值观念、伦理规范、道德观念、风俗习惯、意识形态等因素，其中意识形态和习惯在非正式制度中影响最深，处于核心地位。而且正式制度只有在被社会认可，即与非正式制度相协调、相融合的情况下，才能有效地发挥作用，才能取得成功。

自近代以来传入中国的政党制度是一种外来物，是近代先进的中国人为了救国救民从西方资产阶级社会移植过来的一种正式制度。这种政党制度根植于西方的政治文明之中，源于西方的政治文化和思想意识之中，产生于西方现代化进程中。众所周知，西方社会的思想文化理念的核心是个人主义，所以西方竞争型政党制度的文化基础就是个人主义文化，个人主义文化的一个特征就是竞争②。而西方的现代化进程实质是一场市场化、法治化的进程，因此，西方现代化进程的文化基础就是强调竞争与法治的现代社会文明规则的形成过程。那么产生于西方社会文化基础之上的政党制度，与其正式制度相匹配的非正式制度就是竞争的思想文化理念和法治的规范。当我们把这种政党制度移植到有着与西方不一样思想文化理念的土地上时，会出现一种什么样的情形呢？

新制度经济学认为，正式制度与非正式制度的可移植性不一样。一些正式制度可以从一个国家移植到另一个国家，如市场经济体制的一些基本原则，但与之相适应的非正式制度由于其内在的传统根性和历史积淀，其可移植性就要差得多，它取决于文化遗产对移植对象的相容程度。而且正式制度变迁与非正式制度变迁的速度不同步，正式制度变迁可以在短时间内完成，而由于内在的传统根性和历史沉淀，非正式制度的改变就不像正

---

① （美）诺斯：《制度、制度变迁与经济绩效》，上海三联书店1994年版，第57页。

② （美）艾里丝·瓦尔纳，琳达·比默：《跨文化沟通》，机械工业出版社2006年版，第77页。

式制度那样具有突变机制，而是一个长期缓慢渐进的过程。与正式制度的变迁相比，非正式制度变迁具有一种滞后性，很难发生突变。

从近代中国社会的变迁来看，源于西方的政党制度移植到中国并没有相应的思想文化基础，即与之相匹配的非正式制度。因为尽管1840年的鸦片战争打开了中国的国门，尽管西方不论是器物还是技术、制度等都已经进入了中国，但由于中国传统文化对外来文化巨大的同化力和排斥力，其核心理念依然是中国传统文化的理念在支配着中国人的思想意识及其行为。因此政党制度思想一来到中国就遇到了巨大的排斥，即便是在中国近代史以创立政党制度，进入政党活动的所有风云人物一开始都不愿意使用政党之称呼。为什么？因为首先传统的中国社会是一个"治水社会,"① 治水社会的生产活动则需要大规模的协作，而要实施大规模的协作活动就必须要有强有力的集权领导，因此，集权主义、集体主义是中国传统文化的核心理念之一。其次传统的东方思想文化的核心理念是集体主义，在集体主义文化中，则表现为合作②。因此，传统政治文明理念中的"尚中庸、喜和谐、重合作"，已经绵延几千年了，它严重地影响着中国人的思想文化理念和行为模式。再次是西方政治文明在中国近代社会已经产生的影响，及民主与法治的思想理念已开始在中国传播，并且一部分人已经受到了很大的影响。

在这样的一种思想文化理念操纵着中国人的行为模式时，西方政党制度的出现必然会遇到不同于西方社会的情况。多党竞争型政党制度就遭遇传统集权主义思想文化的对抗和排斥，得不到传统思想文化理念支撑的竞争型政党制度被集权主义的暴力消灭是必然的，轰轰烈烈的政党冲突流血不过是表面而已，其核心是传统与现代的冲突。当然也有学者和专家说是中国的民主政治文化不成熟等原因，其实质还不就是中国传统文化中缺乏这种民主政治的政党思想文化理念而已，和当时实行的现代民主政治文明

---

① 参见（美）魏特夫：《东方专制主义》，中国社会科学出版社1989年版，第67页。

② （美）艾里丝·瓦尔纳，琳达·比默：《跨文化沟通》，机械工业出版社2006年版，第77页。

的政党制度不相适应、融合而已。其后的国共两党合作型政党制度的失败也是违背传统文化中集权主义的思想理念，而孙中山的一党型政党制度与蒋介石的一党型政党制度既违背传统文化中的"中庸、和谐、合作"的思想理念，又背弃了西方近代政党制度的民主政治理念：竞争与法治，所以失败必然或变革必然。

其实，我们通过纵观整个近现代史，也不难发现，一部中国近现代史实质是一部中国被动向西方学习的历史，它先后经历了鸦片战争后至甲午战争的器物、技术学习，甲午战争至袁世凯登上帝位的制度学习，1915年之后到五四运动的思想学习。有器物购进，技术引进，有制度移植，但这些没有思想文化、伦理道德规范、意识形态等非正式制度相匹配、协调、融合的东西并没有使中国走上富强之路，自身也没取得成功，而中国共产党领导的多党合作制度则是在西方思想文化等传入中国后所出现的，即马克思的思想，又吻合了传统的中国文化，形成它的正式制度与非正式制度的相匹配和协调、融合的状态，成功是必然的。

因此，只有符合以上三个条件的政党制度才能在中国这块传统思想文化影响至深的社会生根发芽，既有集权，又不排斥与其他政党的合作，还要符合现代民主政治的要求的政党制度才能适应中国的政治文明的发展，这就是中国共产党领导的多党合作型政党制度。也就是说成功的政党制度必须是它的政党制度的正式制度和它的非正式制度相匹配、相协调与融合，这种政党制度才能成功，因为"正式制度和非正式制度的匹配是前者成功的关键"[①]。而且，这种传统"治水社会"的集权领导和分工协作（合作）的思想文化理念还在中国特色政党制度的制度结构上都深深地烙下了它的痕迹。

中国共产党领导的多党合作型的政党制度源于马克思的建党学说思想，而马克思建党学说思想中的既有民主合作，又有集中领导的思想，就体现出与中国传统思想文化中的集权与和谐、合作等理念相吻合，因此使得中国共产党建立的多党合作型政党制度有了它的思想文化基础，既有集

---

① （美）简·恩斯明格：《变更产权：非洲正式和非正式土地产权的协调，新制度经济学前沿》，经济科学出版社2003年版，第87页。

中，又有民主合作，即多党合作型政党制度的正式制度与它的非正式制度相匹配，所以它的成功是必然的。

(三) 中国特色政党制度的产生和历史变迁分析

1、中国特色政党制度产生的根源分析

多党合作型政党制度的起源与产生实际上就是要回答一个问题：多党合作制度为什么存在？新制度经济学对制度产生的根源也没有形成一致的意见。制度的形成到底是由地理、种族、国家的政治环境内生决定，还是由一个国家制度选择的历史外生决定？在这里，本文采用博弈论试图解释中国特色政党制度的起源。

多党合作政党制度是近现代中国各种政治力量的博弈结果，制度既是博弈规则，也是博弈均衡，是制度产生的内生变量，是一种"博弈的内生规则"。制度的本质特征是参与人行动选择的自我实施规则，在重复博弈的状况下，这些规则被认为是重要的，因此它们能规制参与人持续不断的互动过程，而且这些博弈规则是在一个相关的领域内参与人通过互动而内生的[①]。中国共产党领导的多党合作型政党制度的形成应该是一个多次博弈的过程。自政党制度在近现代中国产生以来，先后经历了多党竞争型政党制度，孙中山的一党型政党制度，国共两党合作型政党制度，蒋介石的一党型政党制度，中国共产党领导的多党合作型政党制度。前四种类型的政党制度都没有形成稳定的政党制度，适应中国政治文明的发展，其原因就是竞争型政党制度只强调社会生活中竞争关系，忽略了人与人之间的合作关系，也违背了中国人传统的"和合"思想文化观念。一党型政党制度根本就违背现代民主政治的规则。多党合作型政党制度是经历了国共两党和其他民主党派在中国政治舞台的博弈而后形成政党制度规则。在中国近现代政治斗争博弈中，中国共产党是产生较晚的政党，它一诞生就加入了中国现代政治力量的斗争博弈中。在这场为了救国救民的政治斗争博弈中，国共两党面临着强大的封建势力，为了生存与发展，便走向了合作。

---

① （美）科斯、诺斯等，（法）克劳德·梅纳尔：《制度、契约与组织——从新制度经济学角度透视》，经济科学出版社 2003 年版，第 22 页。

但当共同的敌人被消灭得差不多的时候，由于国民党传统集权思想占据了主导地位，抛弃合作和现代民主政治理念，导致合作型政党制度失败。抗日战争爆发了，国内的政治力量为了救国和生存，又进行了政党合作，此后一直到 1949 年新政协会议的召开，基本上是中国的各大政治力量的博弈，包括国民党和各民主党派，最终确立了中国共产党领导的多党合作制度，绝不是偶然的，而是中国各派政治力量博弈的一种结果。

中国共产党由于其政党思想源于马克思的西方先进政党思想，又结合了中国传统文化中核心思想理念，得到了支持和发展，成为了博弈中的强大者，同时又保留了与其他弱小政党的合作的博弈规则，因此在这场中国近现代的政党博弈中，中国共产党领导的多党合作型政党制度规则得到了确立和支持。

2、中国特色政党制度的制度变迁分析

在新制度经济学里，制度变迁是指制度的替代、转换与交易过程，它的实质是一种效率更高的制度对另一种制度的替代过程。为什么会发生制度变迁？其原因在于制度稳定性、环境变动性和不确定性及人对利益极大化的追求三者之间持久的冲突。对于中国特色政党制度的制度变迁，其实质是多党合作制度的不断发展和完善，也就是多党合作制度中制度安排（即多党合作中的参政议政、政治协商、民主监督）的变迁。

制度变迁的情况受到路径依赖和学习机制的影响。路径依赖是新制度经济学中的一个名词，它是指一个具有正反馈机制的体系，一旦在外部性偶然事件的影响下被系统所采纳，便会沿着一定的路径发展演进，而很难为其他潜在的体系所代替。路径依赖的产生源于自我增强机制的作用，自我增强机制包括了四个方面：1. 规模效应。设计和推行一项制度必须投入大量的初始成本，而随着这项制度的推广，单位成本和追加成本都会下降。2. 学习效应，3. 协作效应。在既定的制度框架下组织和组织之间会产生显著的协作效应，使人们习惯于既定的制度框架。4. 适应性预期。制度框架中正式制度的确立将会导致大量的与之相适应的非正式制度的产生，从而形成对正式制度的补充并延伸到具体应用中去，这自然使人们对这种制度产生适应性预期。① 也就是说在多党合作制度的变迁中由于路径依赖的影响,当抗日战争时期确立的多党合作制度的雏形——"三三制"诞生后,在当时民主政治方面产生了一系列的规模效应,学习效应使其不断总结积累经验和借鉴西方政党制度的成果,协作效应使其慢慢适应于在多党合作制度框架的分工协作,适应性预期实质就是人们接受了这一种政党制度,并对它产生了永久性的预期。从而使多党合作制度的变迁具有明显的报酬递增效应,也就是在不断地完善与发展,更加适应中国社会政治文明的发展。其实,路径依赖原理告诉我们"历史是至关重要的""人们过去作出的选择决定了他们现在可能的选择。"②中国人民选择中国共产党领导的多党合作制度决不是偶然的,而是有历史渊源的。

另一个是学习机制的结果,新制度经济学家诺斯认为,制度变迁的最基本的长期源泉是个人和组织活动家学习。人类学习的过程形成了制度演变的轨迹,历史上许多制度都是人们在学习过程中形成的。中国近代社会对西方政党制度的介绍、宣扬和学习及研究,以及中国共产党在当时的国内革命斗争环境的不断学习和总结,既有向西方学习先进的政党制度,又有在国内实践革命中的学习,这种学习机制使得它总结了西方政党制度和结合中国传统思想与现实情况而创立了多党合作型政党制度,同时在不断的学习中又推进了多党合作制度的变迁。

中国特色政党制度经历了七个时期的历史变迁:从"三三制"多党合作型政党制度的雏形出现,到1949年9月21日,新政协的召开标志着中国特色政党制度的正式形成,1950——1956年的中国特色政党制度的初期发展时期,1957——1976年的中国特色政党制度的曲折发展时期,1977——1979年的中国特色政党制度的恢复发展时期,1980——1989年的中国特色政党制度的逐步完善与发展时期,1990——2004年的中国特色政党制度的制度化、规范化、程序化发展时期,2005年至今的中国特色政党制度进一步完善和成熟时期。多党合作型政党制度自产生一开始,就表现

---

① 卢现祥:《新制度经济学》,武汉大学出版社2004年版,第168-170页。
② (美)诺斯:《经济史中的结构与变迁》,上海三联出版社1991年版,第1-2页。

出了它的制度结构特征：共产党领导，多党派合作，共产党执政，多党派参政。这种制度结构基本确立了中国特色政党制度的政治格局。但其制度安排却是处在一种不断变迁与完善的过程中，即参政议政、政治协商、民主监督的方式方法自"三三制"开始，就处在一种不断探索和完善之中，一直到现在。譬如政治协商制度安排的变迁，最早在延安时期的"三三制"政权中政治协商就是指当时的参议会，在参议会或座谈会中，共产党和各民主党派协商边区政府一切大事，而且当时的参议会到后来1949年的新政协还具有权力机构的性质，自1954年的全国人民代表大会制度实行以后，新政协代行全国人民代表大会职权的作用就消失了，政治协商会议的性质发生变化，但其任务不变，政治协商的形式也变得越来越多样化，协商内容则更加丰富了，除了在政治协商会议中民主协商外，在初步发展时期还有最高国务会议、双周座谈会、协商座谈会、谈心活动、书面建议等形式。

二、中国特色政党制度的制度结构分析

西方国家的两党制和多党制的政党制度结构都是平行结构，相互之间为并列关系，不存在领导与被领导的关系。在我国，由于历史的原因，形成了共产党领导、多党派合作，共产党执政、多党派参政的多党合作型政党制度，它的政党制度结构是一种主次、交叉结构，本节运用新制度经济学的一些理论与方法进行研究与分析，认为中国特色政党制度的政党制度结构具有制度结构的均衡性与稳定性，制度结构的合法性，制度结构的效率性。

（一）政党制度结构

政党是民主政治发展的必然结果，政党一经产生就与国家政权密不可分，执政或参政是各种类型政党普遍的追求，由此形成了政党与政党、政党与政权之间的不同关系模式，这就构成了政党制度。所谓的政党制度，

就是指制度化了的政党执掌、参与国家权力以及由此形成的政党关系的模式，其内涵主要是指一国政治体制中政党执政参政的形式。① 而本文所要探讨的政党制度结构就是指政党制度内部各政党之间的关系模式，接近政党制度概念。

众所周知，世界上的政党制度有一党制、两党制、多党制几种政党制度，所谓的一党制是指一个国家只存在一个政党或多个政党，但只有一个政党执掌国家政权；两党制是指一个国家存在两个或两个以上政党，但只有两个主要政党单独轮流执掌国家政权；多党制是指一个国家存在三个或三个以上的政党，其中的一些政党联合起来形成多数党联盟共同执掌国家政权。中国共产党领导的多党合作型政党制度是这些传统政党制度外的一种政党制度创新，无论是性质与结构，它既不同于西方国家或社会主义国家的一党制，也不同于西方社会的多党制。

对于一党制，由于只有一个政党，所以它的政党制度结构中不存在与其他政党之间关系的处理，所以我们不予阐述。这里只对两党制及多党制的和中国特色政党制度的政党制度结构作一个比较。

由于历史的原因，西方国家的两党制和多党制的政党制度结构都是平行结构，相互之间为并列关系，不存在领导与被领导的关系。如美国共和党和民主党，英国的保守党和工党，意大利的天主教民主党与自由党、社会党，加拿大的自由党和进步保守党，澳大利亚的工党和自由党，德国的社会党、绿党和基督教民主联盟，法国的保卫共和联盟、民主联盟、社会党等等西方政党，在国内的社会政治地位是平等的关系，没有主次的区别，也不存在一个政党领导另一个政党的关系。② 这种结构是由西方政党在法律允许的范围内自由、平等、独立地参加争夺议会权力或总统（总理、首相）宝座的状况决定的。

1. 两党平行的竞争性结构。这种结构存在于两党制的国家里。两党制是指一个国家中存在两个或两个以上的政党，其中有两个主要的政党以轮流上台执政的方式，长期控制和掌握国家政权的政党制度。两党制中的政

---

① 梁琴、钟得涛：《中外政党制度比较》，商务印书馆2000年版，第11页。
② 郭亚丁：《政党差异性研究》，中国经济出版社2005年版，第133－140页。

党常常势均力敌，形成了对立的政治力量，这在客观上即存在形成了一个相互制衡的局面，政党制度结构也比较稳定。因此，两党制的一个显著特点是政府构架比较稳定，两党制的选举结果，非此即彼，政党之间的关系是截然分开的，不像多党制，未获得法定议席的政党，必须联合其他党一起执政。所以，在美国、英国、加拿大、澳大利亚这几个典型的两党制国家，政府相对比较稳定。但两党制的结构也存在很多弊端。譬如在议会中，两党都为自身的利益而相互攻击，执政党的议员通常支持、赞成本党的决议、议案，而在野党的议员则表示反对。在这种情况下，立法权对执行权的制约实际是空的。这会出现执政党使法律的制定和执行只反映执政党的利益而可能不会最大限度地反映整个社会的利益。此外，两党制长期控制国家的权力，就会排斥其他政治力量，削弱了其他政治力量的活力，这影响了政党政治的民主性质，约束了人们对民主政治的选择，束缚了民主政治的发展。

2. 多党平行的竞争性结构。这种结构存在于多党制的国家里。在这种政党制度下，在议会中占多数议席的政党"主政"，以它为主联合其他几个政党作为执政党而组成政府。而在议会中只占少数席位的和不参加政府的其他政党就是反对党或在野党。这就形成台上与台下、政府内与政府外、议会内与议会外的多党派的竞争。这种多党制的平行结构既有竞争，也存在一定竞争下的合作。

（二）评价分析政党制度结构的标准

在新制度经济学里，对于制度结构，新制度经济学家诺斯作了深刻的论述，他认为，应该认识到任何社会、经济或政治体制都是由人构建的，并且这种结构在我们所处的这个有序社会里，具有人为的功能。这个结构是规则、惯例、习俗和行为信念的复杂混合物，它们一起构成了我们日常的行为选择方式，并决定了我们达到预期目标的路径。……我们必须发展制度理论，因为没有一个有效率的市场不是处于由市场参与者参与其中的制度结构之中。……每个要素和产品市场都不一样，即每个市场都有不同的结构；更进一步，在整个时期内，这种结构将一定发生变化。在时期 T

内能使一个有效率资本市场形成的结构因素,在 T+1 时期内就未必如此。……对我们来说,一个巨大的挑战就是,我们不仅要在理论上能对每种要素和产品市场以及对于我们来说非常重要的政治市场的制度结构给予定义和分类,而且还要分析在整个时期内制度结构的变化、演进。① 制度结构可以指一个国家的生产的制度结构,市场经济的制度结构,政治制度的制度结构,政党制度的制度结构等。

对于政党制度结构的评价与分析,在这里,本节设计了评价中国特色政党制度结构的三个标准:制度结构的均衡性与稳定性,制度结构的合法性,制度结构的绩效性。

1. 制度结构的均衡性与稳定性。根据一些新制度经济学家及我国一些学者的研究,所谓制度结构的均衡性就是指人们对一项制度结构的满足状态或满意状态,因而无意也无力去改变现行的该制度结构。② 这种制度结构是适合各个群体意愿的状态。③ 本节认为,制度结构的均衡性应该包括两方面的含义,一方面是制度结构的正式制度与非正式制度必须相匹配、协调和融合;另一方面就是制度结构中各个构成部分之间的关系是合理的、能够协调的,处于一种不会随意变动的状态。制度的稳定性使人们能形成对未来的稳定预期,从而达到减少生活不确定性的目的。没有稳定性导致的秩序,人类的社会生活是不可能的,制度的稳定性是制度存在的理由。④ 而制度的稳定性,首先就是它的结构要具有稳定性,即制度结构的稳定性,才能实现制度稳定性的功能。

2. 制度结构的合法性。制度结构的合法性是指制度的一种特性,这种特性不仅来自正式的法律或命令,更重要的是来自根据有关价值体系所判断的、由社会成员给予积极的社会支持与认可的制度规范的可能性或正当性。对于合法性的论述,马克斯·韦伯的定义得到较广泛的认同,即合法

---

① 诺斯:《对制度的理解》,载于《制度、契约和组织》,经济科学出版社2003年版,第15-16页。
② 张曙光:《论制度均衡和制度变革》,载于《现代制度经济学》,北京大学出版社2003年版,第244页。
③ 张旭昆:《论制度的均衡和演化》,载于《经济研究》1993年第9期。
④ 卢现祥主编:《新制度经济学》,武汉大学出版社2004年版,第162页。

性表明秩序（结构）系统获得了该系统成员的认同和忠诚，如果某一社会中的公民都愿意遵守当权者制定和实施的法规，而且还不仅是因为若不遵守就会受到惩罚，而是他们确信遵守是应该的，那么，这个政治权威所制定的制度法规就是合法的。制度合法性的本质就是公平与正义，制度的合法性就是应该使社会的基本权力和利益分配趋于公平合理。

3. 制度结构的效率性。在经济学里，效率一般是指投入与产出或成本与收益之间的对比关系。这里所说的产出或收益，是指能够为人们提供满足需要的有用物品或效用。而投入或成本，就是利用一定的科学技术生产出一定产品所耗费的生产要素，包括人力资源和非人力资源。在最一般意义上说，效率是指生产资源的耗费与它们所提供的有用物品或使用价值的对比关系。在新制度经济学里，关于制度的效率，也是从成本与收益的对比来解释。制度成本主要包括制度变革过程中的界定、设计、组织等成本和制度运行过程中的组织、维持、实施等费用；制度收益则指制度通过降低交易成本、减少外部性和不确定性等给经济人提供的激励与约束的程度。正如林毅夫所说："制度安排的选择将包括对费用和效益的计算。……在生产和交易费用给定的情况下，能提供较多服务的制度安排是较有效的制度安排。换句话讲，如果两种制度提供的服务数量相等，那么费用较低的制度安排是较有效的制度安排。"[1]也就是说，假定制度所提供的服务或实现的功能为既定，则选择费用较低的制度是更有效的制度；或假定制度选择的费用为给定，那么能够提供更多服务或实现更多功能的制度是更有效的制度。那么，这样的制度就具有效率性。

制度结构是由不同制度安排构成的系统，它的效率首先取决于构成这一结构的各单项制度安排的效率，因此，上述决定制度安排效率的因素同样是决定制度结构效率的因素。但是，制度结构效率的决定与制度结构中某一项制度安排效率的决定又是不尽相同的，因为，任何制度结构都是由众多制度安排耦合而成的复杂的制度系统，制度安排之间总是存在着各种各样的相互依存性和关联性，它意味着制度结构的效率不可能通过简单加

---

[1] 林毅夫：《关于制度变迁的经济学理论，载于财产权利和制度变迁》，上海三联书店1994年版，第382－384页。

总单项制度安排的效率来说明。

与单项制度安排效率决定不同的是，制度结构的效率决定还受到制度配置状况的影响，正如经济效率要受资源配置的状况影响一样。这里所谓制度配置，是指在一个制度系统中各项制度安排之间应当相互协调和匹配，以使整个制度系统能够发挥最大的功效。制度结构之所以需要制度配置，主要在于制度结构中各项制度安排之间并非总是能够相互协调和匹配，即制度结构中各种制度安排之间并不一定总是耦合得很好。所谓制度耦合，指的是制度结构内的各项制度安排为了实现其核心功能而有机地组合在一起，从不同角度来激励与约束人们的行为。在制度耦合的情况下，制度结构内的各项制度安排之间不存在结构性矛盾，没有互相冲突和抵制的部分，从而能最大限度地发挥现有制度结构的整体功能。这样的制度结构才具有效率性。

此外，还有制度结构的社会性效率，主要表现为通过促进社会政治经济的发展而产生的社会效益，制度结构只有能为其涉及到的主体提供自由、平等、竞争的活动空间，使得每个主体都有实现自身利益和充分发展的机会，最大限度地开辟和调动各种社会资源和社会潜力，对社会资源实现合理、优化的配置，才具有效率性。

（三）对中国特色政党制度的制度结构分析

政党是构成政党制度的基本元素。当今世界，除少数国家尚无政党和一些国家因历史原因或法律规定只存在一个政党外，大多数国家都是多党并存，并在各自不同的经济、政治、文化发展脉络中结成了不同的政治关系，也由此形成了不同的政党制度类型。同时，由于在政党制度中各个政党之间的关系不一样，所以也就形成了不同的政党制度结构，譬如两党平行的竞争性结构和多党平行的竞争性结构。

中国共产党和各民主党派是在政局动荡、社会失序的特殊背景下诞生和发展起来的。二者不是对立存在，而是有着相同的斗争目标和相近的革命追求，并通过并肩战斗结下深厚友谊，最终在一个全新的、统一的国家政权中，形成了共产党领导、多党派合作，共产党执政、多党派参政的政党制度结构。

中国特色政党制度的政党制度结构是主次、交叉结构。中共是主政者，为执政党，是政党制度的领导核心，是国家政权的"轴心政治"力量，处于核心、主导地位。而民主党派是参政党，相对共产党而言是"配角"，整体处在国家权力的边缘，但又参与国家权力的执掌，是一种新型的政党制度结构。具体表现为：一是中国共产党是对国家实行领导的执政党，八个民主党派是参政党，彼此都参加国家政权机构和人民政治协商会议组织，参与国家事务的管理以及政策法令的制定和执行。二是中国共产党在就国家大政方针作出决策和提出国家领导人选建议时，同各民主党派进行政治协商。三是各党派之间相互监督，主要是参政党对执政党和国家机构及工作人员的民主监督。四是中国共产党和各民主党派在政党制度结构中的关系是领导与被领导，团结合作，为共同目标奋斗的关系。

这种政党制度结构具有以下几个作用：

一是有利于社会的发展与稳定。现代社会发展表明，政党是社会发展的重要稳定因素，如果政党之间不能很好的合作，就必然引发出新的矛盾，因为政党在维护自身利益时，必然会与其他政治组织发生冲突，导致政局不稳定，社会动荡不安，因此构成政党之间关系的政党制度结构模式就显得非常重要。而我国多党合作政党制度是一种合作型的政党制度结构，不同于西方国家一些竞争型政党制度结构，这样就大大地减少了因不良竞争而引发的不稳定因素。

二是有利于集中领导和广泛民主监督。传统的中国社会是一个"治水社会"，现代中国社会是人口众多的"超大型社会"，社会需求多样化。这样的一种社会往往大量的分工协作，因此需要一个强有力的集中领导来协调纷繁复杂的社会分工和需求，才能协调好社会的各种利益关系，推动社会的整体进步，同时也需要更广泛的民主监督，才能体现不同社会群体的利益表现。

三是有利于国家决策的科学制定和有效执行。多党合作制度提供了民主党派发挥智力优势、人才优势和广泛的社会联系优势的政治空间，民主党派参与决策的全过程，有利于国家决策的科学化和民主化。而且作为合作型的政党制度结构，民主党派不仅参与决策，同时也参与了决策的执行,这种类型的政党制度结构整合了社会各种决策资源和力量,则更好地利于社会的发展和进步,也推动了现代民主政治的发展。

四是有利于社会共同利益与不同阶层利益差别的整合。现代社会是一个高度分化的社会,高度分化的结构导致社会阶层的多样化,民意的多元性存在。既要代表体现社会的共同利益,同时又要反映社会不同阶层的利益,而不只是某一两个社会阶层的利益,多党合作型政党制度结构就体现了这种整合。

因此,中国特色政党制度符合本制度结构评价的三个标准,即制度结构的均衡性、稳定性、合法性、效率性。

1. 中国特色政党政党制度结构的均衡性和稳定性。首先,中国特色政党制度的政党制度结构:共产党领导、多党派合作,共产党执政、多党派参政的政治格局吻合了传统"治水社会"的集权领导,团结合作的思想文化理念,即该项政党制度结构的正式制度与非正式制度的相融合、协调,体现它的制度结构的均衡性。其次,中国特色政党制度中的政党之间关系。中国特色政党制度结构中的党际关系特指中国共产党与各民主党派间的关系。对于多党合作中的政党之间关系的界定和论述,最早正式概括为"八字方针",即"长期共存、互相监督",它突出了共存的关系和相处的目的。后来在"长期共存、互相监督"基础上增加了"肝胆相照、荣辱与共"的表述,反映了彼此真诚和相互考验的标准。长期共存的原则即体现中国共产党与民主党派在确定领导与被领导关系的前提下,政党之间关系的长期稳定性。党的领袖们对此有过经典的论述,如1957年4月,周恩来同志在中共浙江省委扩大会议上讲到:"党派的存在与否,不取决于任何政党或个人的主观愿望,而是由客观的发展历史所决定的","我们党的寿命有多长,民主党派的寿命就有多长,一直要存在到将来社会的发展不需要政党为止","有人认为只要有一个共产党,问题就可以解决了,这是一个简单化的想法"。这些说明了中国特色政党制度中政党关系的长期稳定性,政党之间关系的稳定就意味着这项政党制度结构的均衡性和稳定性。再次,中国特色政党制度已经成为中国共产党和各民主党派共商国家大事的一种稳定机制,已经形成人们通过这种制度实现的政治参与的、稳定的心理预期,减少了人们参与国家大事协商和管理的不确定性。譬如现实生活中，人们已经形成对全国政协会议召开的心理稳定性，预期它将协商解决一些国家大事。

2. 中国特色政党制度结构的合法性。根据马克斯·韦伯对合法性的论述，如果秩序（结构）系统获得了该系统成员的认同和忠诚，如果某一社会中的公民都愿意遵守当权者制定和实施的法规，而且还不仅是因为若不遵守就会受到惩罚，而是他们确信遵守是应该的，那么这个秩序（结构）就是合法的。中国特色政党制度已成为我国政治生活的一部分，是我国的一项基本政治制度之一，它不光成为中国人民的意愿写进了国家宪法，成为了人民法律意志的一部分，而且在政治生活中，已经成为了人们的一种政治生活习惯，成为人们社会价值观念的一部分，并且具有非常广泛的社会基础，使不同的社会阶层或群体参与国家管理的政治权力都得到了保障，政治利益得到了保护，体现了公平和正义。因此，中国特色政党制度的政党制度结构具有合法性。

3. 中国特色政党政党制度结构的效率性。对于中国特色政党制度结构的效率性，我们可以从三个方面进行分析，首先是该项制度结构的各种费用与收益与同类政党制度结构相比，费用要低，收益要高，说明了这项制度结构具有较高的效率性。由于中国特色政党制度对国家大事一般先是通过中国共产党和民主党派的调研，得出可行性结论，再进行协商探讨，作出决议。它不同于西方的政党制度结构在研究国家大事的模式，所以该项制度在国家大事管理方面的成本费用要低，效率要高，因此具有效率性。其次是该项制度结构中的各项制度安排：参政议政、政治协商、民主监督，参政议政是一种实现决策科学化的民主机制，政治协商实质是一种协商民主机制，民主监督是政党之间相互监督，实质也是一种对权力的监督，三项制度安排形成制度耦合，相互协调，统一作用于我国的民主政治。因此，中国特色政党制度结构内的各项制度安排之间不存在结构性矛盾，没有互相冲突和抵制的部分，从而能最大限度地发挥现有制度结构的整体功能，促进政党制度结构的效率性。第三、中国特色政党制度结构的社会效率性。多党合作制度为社会的各个阶层或群体提供自由、平等、竞争的活动空间，使得每个阶层或群体都有实现自身利益和充分发展的机会，最大限度地开辟和调动各种社会资源和社会潜力，对社会资源实现了合理、优化的配置，因此也具有效率性。

三、中国特色政党制度的制度效率分析

2005年中共中央颁发了《关于进一步加强中国共产党领导的多党合作和政治协商制度建设的意见》指出，中国共产党领导的多党合作和政治协商制度是中国的一项基本政治制度，是符合中国国情的社会主义政党制度，特别强调了是适应中国政治发展、社会发展、具有中国特色的社会主义政党制度。然而在对中国特色政党制度的研究中，对于中国特色政党制度是适应中国政治、社会发展的制度效率研究比较缺乏。我们知道，任何制度都是适应人的需要而创立起来的，因而总具有某种能给人们带来效应与收益的功能。同时，制度的形成又离不开人们的设计、组织和维护，因而需要费用和成本。收益和成本的比较表现为效率，这说明任何制度安排必然存在高效与低效、有效与无效的问题。本节试图运用新制度经济学的一些方法对中国特色政党制度适应中国国情，社会发展的制度效率作一些分析。

（一）中国特色政党制度效率分析的评价标准

在新制度经济学里，制度是指用以约束个人行为的一系列行为规则的总和。按照诺斯的概括，制度是由正式制度、非正式制度以及实施机制构成。[1] 而按D·菲尼的分析，制度则可分为三种类型：第一类制度是宪法秩序，即政权的基本规则，它规定了确立集体选择的条件的基本规则；第二类制度指的是制度安排，它包括法律、规章、社团和合同；第三类制度是指规范性行为准则，包括文化背景和意识形态等。[2] 本文要研究的多党合作制度是属于正式制度，亦即宪法秩序中的政治制度之一：政党制度。

---

[1] 诺斯：《制度·制度变迁与经济效绩》，上海三联书店1994年版，第10页。
[2] V·奥斯特罗姆等：《制度分析与发展的反思－问题与抉择》，商务印书馆2001年版，第134页。

1、制度效率的含义

评价标准是进行制度效率分析的逻辑前提。对于中国特色政党制度的制度效率评价与分析的标准来说，它的出发点是：任何制度就本身而言，只有那些既体现制度本质要求，有利于社会历史进步和人的全面发展，同时又有助于制度持续演进和发展的标准，才是合理、可取的。① 因此对中国特色政党制度的制度效率分析与评价应从制度的"适应性"及"适应性效率"等方面来进行。

在经济学里，效率一般是指投入与产出或成本与收益之间的对比关系。这里所说的产出或收益，是指能够为人们提供满足需要的有用物品或效用。而投入或成本，就是利用一定的科学技术生产出一定产品所耗费的生产要素，包括人力资源和非人力资源。在最一般意义上说，效率是指生产资源的耗费与它们所提供的有用物品或使用价值的对比关系。关于制度效率的含义，新制度经济学认为包含着两个方面：一是指制度的社会性效率，主要表现为通过促进社会政治经济的发展而产生的社会效益；二是指制度本身的设置与运转以最小的成本费用来获取最大化的收益，制度成本主要包括制度变革过程中的界定、设计、组织等成本和制度运行过程中的组织、维持、实施等费用；制度收益则指制度降低交易成本、减少外部性和不确定性等的程度，制度收益即通过降低或减少制度安排的建立及实施过程的成本如所花费的时间、人力、物力和财力等，而获得最大的实际效果。制度的效率有两种表示方法：一种是，假定制度所提供的服务或实现的功能为既定，则选择费用较低的制度是更有效的制度；另一种是，假定制度选择的费用为给定，那么能够提供更多服务或实现更多功能的制度是更有效的制度。正如林毅夫所说："制度安排的选择将包括对费用和效益的计算。……在生产和交易费用给定的情况下，能提供较多服务的制度安排是较有效的制度安排。换句话讲，如果两种制度提供的服务数量相等，

---

① 辛鸣：《制度评价的标准选择》，《中国人民大学学报》2005年第5期。

那么费用较低的制度安排是较有效的制度安排。"①

2、制度效率评价标准研究的文献综述

对于制度效率的评价标准,国内外的一些新制度经济学专家和学者进行了一些研究:首先,美国新制度经济学家诺斯认为,有效率的制度就是指能够使每个社会成员从事生产性活动的成果得到有效的保护,能够给每个社会成员以发挥自己才能的最充分的自由,降低交易费用,从而使整个社会的生产潜力得到最充分的发挥。②在近几年的关注经济长期增长的研究中,诺斯提出了制度"适应性效率"概念,"适应性效率考虑的是一个经济随着时间演进的方式的各种规则,它有助于一个社会去获取知识、去学习、去诱发创新、去承担风险及所有有创造力的活动,以及去解决社会在不同时期的瓶颈的意愿。"③适应性指的是制度对经济变化进行调整的适应性,既包括制度内部不同方面之间的适应(正式制度、非正式制度及其实施之间的适应),又包括制度选择与制度环境之间的适应,还包括制度结构、制度安排对经济变迁的适应。④所起的功效就是优胜劣汰,奖励成功,效率低下的活动、组织或制度无法生存,鼓励全民充满活力参与到各种政治经济活动中来。其次,德国的新制度经济学家柯武刚、史漫飞认为,制度的普适性是指制度是一般而抽象的、确定的和开放的。它包含三项准则:一是制度应具有一般性,即是说,制度不应在无确切理由的情况下对个人和情境实施差别待遇。用通俗的话说就是,任何制度都不应当将人分为三六九等,不应当在不同集团之间亲此疏彼。违背这一准则的制度一般都会削弱人们对它的服从,并因此降低制度的效率。二是制度应具有确定性或稳定性,制度要富有效率,就必须易于理解。为此,它们应当是简单而确定的,对违规的惩罚应当得到清晰的传达和理解。三是制度应当

---

① 林毅夫:《关于制度变迁的经济学理论》,载于《财产权利和制度变迁》,上海三联书店1994年版,第382-384页。

② 卢现祥:《新制度经济学》,武汉大学出版社2004年版,第242页。

③ D·North, Institution, Institutional chang and Economic Performance, NY, Cambridge University Press, 1990. p108.

④ 王玉海:《诺斯"适应性效率"概念的内涵及其对我国制度转型的启示》,载于黄少安主编《制度经济学研究(第七辑)》,经济科学出版社2005年版,第76-82页。

具有开放性，以便允许行为者通过创新行动对新环境作出反应。①

国内学者辛鸣和袁庆明也对制度的效率和评价标准进行了一些探讨：袁庆明认为，②制度效率就是实施制度带来的收益与成本的比较，单项制度安排的效率主要取决于制度是否具有"普适性"，以及其他相关制度安排实现其功能的完善程度和生产过程的技术性质。制度结构的效率则主要取决于制度配置状况，制度配置存在制度耦合、制度冲突与制度真空三种状况。当存在制度冲突与制度真空时，制度结构的效率就会受到影响。要提高制度结构的效率，关键是要克服制度冲突与制度真空，实现制度耦合，并且对制度效率决定和测度进行一些探索。辛鸣则以制度的合理性、合法性和制度的现实性作为制度分析评价的标准，③对制度的效率性进行探究。

结合上述理论综述和分析，笔者认为，对中国特色政党制度的制度效率分析，应该是以新制度经济学分析制度效率的基本含义和理论为出发点，因此，对中国特色政党制度的制度效率分析的评价标准应该从制度的适应性或普适性及其适应性效率为分析标准进行。

3、中国特色政党制度效率分析的评价标准

政党制度的适应性是指一种制度、组织和程序适应环境挑战的能力及其续存能力。关于政党制度的适应性研究，最早要追溯到亨廷顿的研究。他认为，适应性是测度政治组织制度化的四大标准之首，是后天获得的组织性，也是适应环境挑战的能力，即环境挑战与时间考验的函数：环境挑战越多，经历的时间越久，则组织的适应性越强。④就政治的发展而言，重要的不是政党的数量，而是政党的力量和适应性。⑤而布卢斯·迪克森

---

① 柯武刚、史漫飞：《制度经济学：社会秩序与公共政策》，商务印书馆2000年版，第57页。
② 袁庆明：《论制度的效率及其决定》，《江苏社会科学》2002年，第34－37页。
③ 辛鸣：《制度评价的标准选择》，《中国人民大学学报》2005年第5期。
④ 杨光斌：《制度形式与国家兴衰》，《北京大学出版社》2005年版，第118－125页。
⑤ （美）塞缪尔·P.亨廷顿：《变化社会中的政治秩序》，王冠华、刘为译，三联书店1989年版，第12页。

则认为,适应性是以执政党为分析单位的,它被定义为一种政治体系的创设,即对社会不同领域的需求和利益更具反应性的政治系统的创建;它意味着从集权到民主的转变过程,是集权型政党在不牺牲既有政权体制的前提下,继续生存的一种改革途径。① 彼得·梅尔在自己1997年再版的《政党制度的变迁:研究途径与阐释理解》一书中认为:适应与控制并非仅仅是政党的能力,它们同样源于政党制度本身的结构和安排,以及政党之间相互作用下既定模式的稳定性。② 盖伊·彼特斯则认为:适应性,这个变量反映了政治制度内的关系适合它们应该调整和维持的社会关系程度。③ 在政党与外部政治制度、社会制度的复杂互动中,其适应性体现在组织内部的结构性适应和功能性调整。④ 从以上的研究中,我们可以看出,政党制度的适应性主要表现为三个方面:政党制度适应环境的组织性,政党制度结构和安排模式的稳定性,政党制度内部关系与社会关系的维持性。

因此,本节结合新制度经济学和政治学中的适应性研究认为,政党制度作为一种制度如果不具有适应性,不能适应社会环境的变化与时间的考验,其适应环境的组织性、制度结构和安排模式的稳定性、政党制度内部关系与社会关系的维持性是值得怀疑的,也就是说其制度效率性是会大打折扣的,更不用说其适应性效率,或是说其保护个人的生产活动成果与自由,降低交易费用,最大限度调动社会生产积极性,发挥社会的生产潜力。所以本文以制度的合理性(含一般性)、合法性(含稳定性)和现实性(含开放性)为分析评价制度效率适应性方面的标准。

首先,制度的合理性是指某一种制度是否遵守支撑该制度核心理念所规定的"逻辑",所表现出来的功能与价值是否与核心理念具有逻辑上的

---

① Bruce·J·Dickson, Democratization in China and Taiwan : The adaptability of Leninist Parties, Oxford: Clarendon Press, 1997 p5.

② Peter Mair: Party System Change: Approach and Interpretations, Oxford Clarendon Press 1997, p13.

③ (美)盖伊·彼特斯:《制度理论:问题与展望》,载于薛晓源,陈家望主编《全球化与新制度主义》,社会科学文献出版社2004年版,第160页。

④ 杨光斌:《制度形式与国家兴衰》,北京大学出版社2005年版,第118–125页。

一致性。具体包含着两个方面，既制度的具体内容与制度的内在规律是否相符合，制度的外在体现是否真正的合逻辑、合规范。制度的合理性主要表现为三个方面：一是形式合理性，这是制度合理性的最基本要求，是一种关于不同事实之间的因果关系判断，是客观的、不包含价值判断的合理性，主要表现为手段和程序的可计算性、形式的逻辑性。对于制度而言，就是其规则不会因时间、地点和对象的变化而变化。二是程序上的合理性，程序合理性就是指不考虑其内容如何，是否公平，也不考虑其形式如何，是否逻辑上一致，就是即使在这样的情况下，只要在一定的时间段内对于任何所涉及的主体都能前后一致的使用。它本身就具有了一定的合理性。三是制度的合规律性，合规律性也就是制度的运行和发挥作用合乎自然规律和社会历史规律。社会历史的发展总是表现出一定的趋势和方向，凡符合社会历史发展趋势的事物都具有内在的合理性。这种合理性只有通过整个社会历史，才能看到它的合理性。当然只有具有合理性的制度才具有效率性。

其次，制度的合法性是指制度的一种特性，这种特性不仅来自正式的法律或命令，更重要的是来自根据有关价值体系所判断的、由社会成员给予积极的社会支持与认可的制度规范的可能性或正当性。对于合法性的论述，马克斯·韦伯的定义得到了较广泛的认同，即合法性表明秩序系统获得了该系统成员的认同和忠诚，如果某一社会中的公民都愿意遵守当权者制定和实施的法规，而且还不仅是因为若不遵守就会受到惩罚，而是他们确信遵守是应该的，那么，这个政治权威所制定的制度法规就是合法的。制度合法性的本质就是公平与正义，制度的合法性就是应该使社会的基本权力和利益分配趋于公平合理。制度的合法性则强化了制度的稳定性，而制度的稳定性则使人们能形成对未来的稳定预期，从而达到减少生活不确定性的目的，进而降低生活稳定性的成本。没有稳定性导致的秩序，人类的社会生活是不可能的，制度的稳定性是制度存在的理由。[①] 制度的稳定性也是制度有效率的特征之一。

再次，制度的现实性，主要是就制度的可实现性和可操作性而言。一

---

① 卢现祥：《新制度经济学》，武汉大学出版社2004年版，第162页。

种制度不论是在理论上很完善、完美，还是在设计上完美无缺，如果缺少作为实现的功能，那么这样的制度是不具备现实性的。制度的现实性包括三个方面：一是任何制度必须与它的历史发展阶段相符合，不能超越历史发展阶段；二是任何制度都必须具有可操作性和可运作性，不能仅仅停留在理论阶段；三是任何制度都必须关注其存在和实施的成本，如果成本过于高昂，也会使制度失去其现实性；① 四是任何制度必须通过创新行动适应环境变化所具有的开放性。

此外，我们还可以以制度结构的社会性效率对中国特色政党制度的效率进行补充分析，制度结构的社会性效率主要表现为通过促进社会政治经济的发展而产生的社会效益，制度结构只有能为其涉及到的主体提供自由、平等、竞争的活动空间，使得每个主体都有实现自身利益和充分发展的机会，最大限度地开辟和调动各种社会资源和社会潜力，对社会资源实现合理、优化的配置，才具有效率性。

（二）中国特色政党制度效率的历史考察

中国特色政党制度是指中国共产党领导的多党合作和政治协商制度，是中国的一项基本政治制度，是具有中国特色的社会主义政党制度。它的形成与发展是中国共产党三代领导集体以及以胡锦涛同志为首的党中央新一代领导集体将马克思主义政党理论和统一战线学说与中国实践情况相结合的产物，是对马克思主义政党制度的创新，它经历了七个时期的历史变迁。在这里，我们只对其七个变迁时期中所产生制度效率的时期作一个简单的历史考察：

1. 1940——1949年，中国特色政党制度的产生与形成时期。1940年，毛泽东为中共中央起草《抗日根据地的政权问题》的党内指示中，明确提出了"三三制"的原则作为实现抗日民族统一战线政权的具体措施，以民主为主体，实施新型的政治制度。"三三制"是抗日根据地的抗日民族统一战线的政权制度形式，在"三三制"政权制度中，中国共产党据领导地

---

① 辛鸣：《制度评价的标准选择》，《中国人民大学学报》2005年第5期。

位，人员构成中，共产党员、非党的"左"派进步人士和中间派各占1/3。从这一政权制度构成结构来看，"三三制"政权的制度形式应当是中国特色政党制度在民主革命时期的雏形，是中国特色政党制度的萌芽。（注：中国共产党领导的多党合作和政治协商制度不仅包括了中国共产党与民主党派的合作，也包括与无党派人士的合作，因此"三三制"政权形式可以看作是中国特色政党制度的萌芽。）此后，随着民主革命的发展，民主党派组织格局的形成，中国共产党在多党合作中的领导地位的确立，1949年9月21日，新政协的召开标志着中国特色政党制度的正式形成。

根据当时历史的记载，陕甘宁边区政府的权力机构和执行机构均是由民选的代表组成的，边区的民众享有普遍的选举权，凡年满18岁的赞成抗日民主的中国人，不分阶级、民族、男女、信仰、党派、文化程度均有选举权和被选举权，体现了选举范围的广泛性和普遍性，真正的实现了人民群众参与政治和国家事务规律的普遍、平等、直接的原则。从"三三制"的人员选举及构成来看，它的选举得到当时边区人民的认同和拥护，而且它的选举过程表现出了合理性和现实可操作性，其人员构成也全部体现了它的合法性，因此"三三制"的人员选举及构成反映了当时这一政治制度的合理性、合法性和现实性，同时反映了它的适应性效率。"三三制"这种政治制度结构所影响的当时陕甘宁边区政府的政治制度安排，为抗日民主政权吸纳了大量的优秀人才，提高了当时边区的运转及工作效率，对解决当时所面临的各种困难确实起到了巨大作用，产生了制度效率。譬如陕甘宁边区在地理环境条件极差，生产技术水平也很低的情况下，却能解决几百万军民的衣食问题便是佐证。

2. 1950——1956年，中国特色政党制度的初期发展时期。自新政协召开之后，各民主党派都以《共同纲领》和政协章程的总纲作为自己的纲领，因此，中国共产党的领导和《共同纲领》就成为了中国特色政党制度的制度结构核心和基础。各民主党派通过参加政权，以政权合作的制度结构，体现了中国共产党领导的多党合作制度的制度安排，推动了建国初期经济社会的发展。与此同时，中国共产党的第一代领导集体也对中国特色政党制度进行了理论探讨和研究，1956年中国共产党在第八次全国代表大会宣布了与各民主党派合作共事的"长期共存、互相监督"八字方针，就成为了中国特色政党制度初期发展的标志。从新政协的召开及人员的组成来看，基本上囊括了当时的各个社会阶层或社会群体的代表人物，荟萃了一大批拥有很高的科技知识和管理经验的人才，反映了该项制度的合理性、合法性与现实性，同时通过对当时的政治稳定、经济恢复与发展、社会安定的考察，譬如民主党派的许多人士与国内外侨胞、工商界人士等有着广泛的联系，在三年过渡期的经济恢复中，他们发挥了联系广泛的作用，争取了海内外爱国人士的支持，为国民经济恢复发挥了积极的作用，确实反映了该项制度的适应性效率。

3. 1957——1976年，中国特色政党制度的曲折发展时期。由于1957年的反右斗争扩大化，使得中国特色政党制度在运行过程中出现了障碍，而1966年的文化大革命又把多党合作制度的制度结构和制度安排破坏了，因此严重地影响中国多党合作政治制度的发展，进而影响着当时整个经济社会的发展。这个时期是中国特色政党制度的曲折发展时期。

4. 1977——1979年，多党合作制度的恢复发展时期。中共十一届三中全会后，我国进入改革开放和社会主义现代化建设的新时期，多党合作制度也进入新的发展阶段。主要表现为中国共产党恢复了和各民主党派的合作关系；中共召开了一系列的会议，推动了多党合作的恢复；各民主党派召开了历史性的盛会。以邓小平为核心的中共第二代中央领导集体，在阐述了各民主党派的性质，总结多党合作正反两方面历史经验的基础上，提出一系列重要思想和重大方针政策，推动了新时期多党合作事业的恢复和发展。召开了第十四次统战工作会议重新激起了各民主党派参政议政的热情，使得社会主义民主政治步入了正常的发展时期。

5. 1980——1989年，中国特色政党制度的逐步完善与发展时期。多党合作在这个最重要的时期，完善与发展的标志是中国共产党与各民主党派合作的"八字方针"演变为"十六字方针"，即在"长期共存、互相监督"的基础上，演变为"长期共存、互相监督、肝胆相照、荣辱与共"，并把中国共产党与各民主党派的关系作了政治上的定位和理论上的梳理，在党的十三大会议上以决议的形式肯定了中国共产党领导的多党合作制度在中国社会主义政治制度的地位。

6. 中国特色政党制度的制度化、规范化、程序化发展时期。中共十三届四中全会后，以江泽民为核心的中共第三代中央领导集体，适应时代发展的要求，进一步坚持和完善多党合作制度，为多党合作事业的发展作出了新的贡献。1989年12月，中国共产党制定了《关于坚持和完善中国共产党领导的多党合作和政治协商制度的意见》，标志着多党合作制度走上了制度化轨道。在提出中国多党合作中的"四个坚持"的同时，阐述了民主党派进步性和广泛性的特点，确定了民主党派在中国政党体系中的参政党地位，进一步概括了中国政党制度的显著特征和衡量中国政党制度的四条标准；强调了在多党合作中必须保持宽松稳定、团结和谐的重要原则。1993年3月，八届全国人大一次会议将"中国共产党领导的多党合作和政治协商制度将长期存在和发展"载入宪法，中国特色政党制度有了明确的宪法依据。1997年9月，中共十五大把坚持和完善共产党领导的多党合作、政治协商制度作为我们党在社会主义初级阶段基本纲领的重要内容。2002年11月，中共十六大明确提出，要坚持和完善中国共产党领导的多党合作和政治协商制度，加强同民主党派合作共事，更好地发挥我国社会主义政党制度的特点和优势。

7. 2005年至今，中国特色政党制度进一步完善和成熟时期。中共十六大后，以胡锦涛为总书记的中共中央，从建设社会主义政治文明的高度，不断加强多党合作的制度化建设，有力地推动了中国特色政党制度的进一步发展。2005年2月，中共中央颁发了《关于进一步加强中国共产党领导的多党合作和政治协商制度建设的意见》，进一步明确了多党合作和政治协商的原则、内容、形式、程序等，使多党合作和政治协商制度进一步规范化、程序化，是多党合作制度进一步完善和成熟的一个标志。2006年2月，中共中央颁发了《关于加强人民政协工作的意见》，指出要充分发挥人民政协作为中国共产党领导的多党合作和政治协商的重要机构的作用，支持各民主党派和无党派人士参与国家重大方针政策的讨论协商及其履行职责的各种活动，使爱国统一战线的重要作用继续得到巩固和发展。2007年10月，中共十七大再次重申，要坚持和完善中国共产党领导的多党合作和政治协商制度，不断推进社会主义民主政治制度自我完善和发展。

从1980年至今，是中国特色政党制度逐步完善与发展的时期，也正好是中国改革开放的时期，社会的迅速变革，新的社会阶层的出现等已经深刻地影响到中国的政治、经济、文化、社会等领域，我们不否认社会主义市场经济体制的建立带来了中国经济的迅速发展，但根据诺斯的国家理论，国家既是经济增长的根源又是经济衰退的原因。国家是经济增长的根源，是因为国家界定了经济发展的基本制度或规则，而政治规则就是国家界定的基本规则之一，政党制度就是其中之一，所以，可以说中国共产党领导的多党合作制度反映了各个社会阶层的改革诉求，整合了各个社会阶层的智慧和力量，形成一种强大的发展共识，通过大众对现状的认同和增强各级政府机构的凝聚力而降低了交易费用和协调成本。① 这种强大共识的形成不仅有利于实现政治和社会的稳定，而且有利于改变人民的价值观和思维方式，进而影响到人民对改革开放的自主参与性和积极性。而中国特色政党制度正是整合和增强了人民对改革开发的热情和动力，达成一种强大的发展共识，同时也体现了中国特色政党制度的合理性、合法性和现实性，所以为中国的改革开放、经济发展作出了巨大贡献，反映了该项制度的适应性效率。

(三) 中国特色政党制度效率的理论分析

1. 中国特色政党制度结构的效率分析

中国特色政党制度的制度结构是共产党领导、多党派合作，共产党执政、多党派参政，共产党代表、多党派联系，政治协商、参政议政、民主监督构成了中国特色政党制度的制度安排。其实质是为我国人民提供了一种政治参与的制度结构，这种制度结构为人民参与政治的权利和利益提供了一种保障。

中国特色政党制度的政党制度结构是主次、交叉结构。中共是主政者，为执政党，是政党制度的领导核心，是国家政权的"轴心政治"力量，处于核心、主导地位。而各民主党派是参政党，相对共产党而言是"配角"，整体处在国家权力的边缘，但又参与国家权力的执掌，是一种新型的政党制度结构。具体表现为：一是中国共产党是对国家实行领导的执

---

① 单忠杰、沈坤荣：《解读中国经济增长：一个新的制度框架》，《新华文摘》2008 年第 5 期。

政党，八个民主党派是参政党，彼此都参加国家政权机构和人民政治协商会议组织，参与国家事务的管理以及政策法令的制定和执行。二是中国共产党在就国家大政方针作出决策和提出国家领导人选建议时，同各民主党派进行政治协商。三是各党派之间相互监督，主要是参政党对执政党和国家机构及工作人员的民主监督。四是中国共产党和各民主党派在政党制度结构中的关系是领导与接受领导，团结合作，为共同目标奋斗的关系。

从中国特色政党制度的制度结构来分析，中国特色政党制度具备了制度的合理性、合法性和现实性三个特征。首先是中国特色政党制度的合理性，中国共产党领导的多党合作制度自抗日战争期间诞生至今已是半个多世纪了，其表现出来的手段、程序等各种规则，几十年没有因为时间、对象、环境的变化而改变，具有形式上的合理性；共产党代表最广大人民群众的利益，反映着广大人民群众的政治诉求，各民主党派代表着各自联系的一部分社会群众，反映不同社会阶层或群体的政治诉求，共产党与各民主党派在一党领导制度，多党合作与政治协商制度结构框架中合作与协商国家大事，对涉及到的主体都一致，因此具有制度的程序合理性；中国特色政党制度是中国近代社会历史发展的必然结果，在中国近代史上先后出现多党制、一党制、多党合作制，但前两种政党制度最终都被淘汰出中国社会历史发展的进程，而且在中国社会历史发展的进程中，中国人民已经接受了政治生活中中国共产党领导的多党合作制度了，所以它也具有合规律性，这种合规律性在半个多世纪的历史中得到了证明。其次是中国特色政党制度的合法性，中国特色政党制度已成为我国政治生活的一部分，是我国的一项基本政治制度之一，它不光成为中国人民的意愿写进了国家宪法，成为了人民法律意志的一部分，而且在政治生活中，已经成为了人们的一种政治生活习惯了，成为人们社会价值观念的一部分，并且具有非常广泛的社会基础，使不同的社会阶层或群体都能够参与国家管理的政治权力得到了保障，政治利益得到了保护，体现了公平和正义。再次是中国特色政党制度的现实性，从中国特色政党制度的历史发展进程来看，不光理论越来越完善，制度设计安排也越来越全面，可操作性强的程序设计现实性很强。最重要的是它降低了决策成本，减少了决策失误，由此降低了整个国家决策制度中的成本费用。

对于中国特色政党制度结构的效率性，我们可以从两个方面进行分析，首先是该项制度结构的各种费用与收益与同类政党制度结构相比，费用要低，收益要高，说明了这项制度结构具有较高的效率性。由于中国特色政党制度对国家大事一般先是通过中国共产党和民主党派的调研，得出可行性结论，再进行协商探讨，作出决议。它不同于西方的政党制度结构在研究国家大事的模式，所以该项制度在国家大事管理方面的成本费用要低，效率要高。因为新制度经济学认为，交易费用是决定一种政治制度或经济体制结构的制度基础，交易费用的节约是制度有效率的标志，交易费用越低的制度，说明该项制度的效率越高。从中国特色政党制度的结构来看，它最重要的是降低了政治制度的交易费用，因此该项制度具有效率性。其次是中国特色政党制度结构的社会效率性，中国特色政党制度为社会的各个阶层或群体提供自由、平等的活动空间，使得每个阶层或群体都有实现自身利益和充分发展的机会，最大限度地开辟和调动各种社会资源和社会潜力，对社会资源实现了合理、优化的配置，因此具有适应性效率的。

总之，中国特色政党制度为中国人民提供了一种政治参与的制度结构，这种制度结构为人民参与政治的权利和利益提供了一种保障，因此其制度结构是具有合理性、合法性、现实性，是适应中国社会政治生活的政党制度，体现了该项制度的社会效率性。

2、中国特色政党制度安排的效率分析

国家政治和公共行政归根结底是决策行为，决策具有对理性追求的倾向。按对理性作用的不同认识，决策理论分为三类：绝对理性选择理论、排斥理性的非理性决策理论和以美国行政学家、管理学家和经济学家西蒙为代表的有限理性决策理论。西蒙认为，"理性就是要用评价行为后果的某个价值体系，去选择令人满意的备选行为方案。"由于环境的复杂性和人智能的局限性，人们不可能搜集到和充分分析处理决策中所需要的大量信息，因此也就不可能作出最佳决策。所以制度通过设计一系列规则来减少环境的不确定性，提高人们认识环境的能力并规范人自身的决策行为。[①]

---

① 转引自秦德君：《制度设计的前在预设》，《学术季刊》2002年第4期。

正是由于人的有限理性，在加上我国国情的内外环境复杂，所以中国特色政党制度就是通过设计一系列制度安排来克服人在决策中的有限理性。

制度安排是个体或组织之间可能的合作与竞争的方式的一种安排，它包括组织外部各个组织之间规章制度的确立，以及组织内部结构和组织要素关系的确立。中国特色政党制度的制度安排包括三个方面：政治协商、参政议政、民主监督。

（1）政治协商。中国共产党同民主党派进行政治协商，是中国特色政党制度运行的一项重要的制度安排。政治协商的形式主要有：民主协商会、小范围的谈心会、座谈会等会议形式，以及各民主党派中央向中共中央提出书面建议的形式。主要内容有：中共全国代表大会、中共中央委员会的重要文件；宪法和重要法律的修改建议；国家领导人的建议人选；关于推进改革开放的重大决定；国民经济和社会发展的中长期规划；关系国家全局的一些重大问题；通报重要文件和重要情况并听取意见，以及其他需要同民主党派协商的重要问题等，这些都体现了政治协商这项制度安排的合理性和可操作性，即现实性。政治协商的重要原则是把政治协商纳入决策程序，对一些重大问题在决策前和决策执行中进行协商，代表最广大人民群众的共产党和代表着不同社会阶层和群体的各民主党派共同协商国家大事，使广大人民群众或社会阶层通过政治协商这项制度安排间接地参与国家事务的管理，体现了科学民主决策，科学就是讲效率，民主就是讲公平，因此，政治协商制度反映了中国特色政党制度安排的效率。政治协商制度是根源于中国传统的"和合文化"理念的一种民主形态。[①] 传统的"和合"文化是中国人价值观念体系中的普遍理念，而政治协商正是因为体现了这种普遍理念，得到了人们的普遍认同，才具备了合法性。

（2）参政议政。参政议政是我国各民主党派、无党派人士和其他爱国人士参与国家政治生活的泛称。参政议政的制度安排是一个"参加"三个"参与"，主要内容有：参加国家政权，参与国家大政方针和国家领导人选的协商，参与国家事务的管理，参与国家方针、政策、法律、法规的制定

---

① 杨爱珍：《论多党合作中的政治协商》，《湖北省社会主义学院学报》2006年第4期。

和执行。① 参政议政这项制度安排，为众多的不同社会阶层和群体提供了能够表达他们各自利益和观点的一个程序，一个舞台，一个论坛，体现了多党合作制度中，人民群众都可以平等地通过参政议政直接参与国家事务的管理，权利和义务都得到了保障，体现了该项制度安排的合理性、合法性及现实性。

（3）民主监督。监督制度是现代民主政治的重要支柱之一，完整的监督制度包括宪法监督、议会监督、行政监督、司法监督、政党监督、社会监督等。我国民主监督主要指各民主党派通过提意见、批评、建议的方式对中国共产党的政治监督，是我国社会主义监督体系的重要组成部分之一。民主监督运行机制主要体现了对国家事务管理及国家大政方针实施的效果进行监督，以提高其效率，同时也反映了人民群众对国家事务管理权力的政治参与，从公民政治参与意义上讲，健全的监督机制为公民和公民团体提供了正常的组织和舆论渠道，提供了公平、平等的参与机会。因此，中国特色政党制度中的民主监督为社会各阶层、群体提供了政治参与的重要条件，这些基本上体现了民主监督这项制度安排的合理性、合法性和现实性。

此外，在中国特色政党制度结构所包含的各项制度安排：参政议政、政治协商、民主监督之中，参政议政是一种实现决策科学化的民主机制，政治协商实质是一种协商民主机制，民主监督是政党之间相互监督，实质也是一种对权力的监督，三项制度安排形成制度耦合，相互协调，统一作用于我国的民主政治。因此，中国特色政党制度结构内的各项制度安排之间不存在结构性矛盾，没有互相冲突和抵制的部分，从而能最大限度地发挥现有制度结构的整体功能，促进政党制度结构的效率性。

3. 中国特色政党制度功能的效率分析

制度是构成人与人之间相互关系的约束。设立制度，为的是调节行为，规范关系，形成稳定的社会秩序和整合统一的社会力量，促使现实向人所希望的方向发展。② 任何制度都是针对一种或多种需要产生的，制度

---

① 郑宪，王志功主编：《统一战线与多党合作》，华文出版社2002年版，第168页。

② 卢现祥：《新制度经济学》，武汉大学出版社2004年版，第136页。

在满足人需要的同时也限制了人的需要,因此从发生学的角度看,制度有满足人的需要和限制人的需要的两种功能。具体而言,包括了降低交易成本,为实现合作创造条件,提供人们关于行动的信息,约束机会主义、减少外部性,提供激励的功能。① 因此,参照新制度经济学里制度功能的分析,结合著名政治学家阿尔蒙德在论文《比较政治系统》中的结构-功能主义方法,在分析了中国特色政党制度的制度结构和制度安排之后,对中国特色政党制度功能适应性进行分析是必要的。

中国特色政党制度的功能主要体现在以下方面:② ①政治参与。中国特色政党制度为各民主党派的政治参与开辟了制度化渠道,把各种社会力量纳入政治体制,巩固和扩大人民民主专政国家政权的基础;调动各方面积极性,广集民智,广求良策,推动执政党和政府决策的科学化、民主化;在保持社会稳定的前提下,推进社会主义民主积极稳步发展。②利益表达。中国是一个人口众多的大国,存在不同的阶级、阶层和社会群体。人民内部在根本利益一致的基础上存在着具体利益的差别和矛盾。特别是随着社会主义市场经济的发展,经济体制深刻变革,社会结构深刻变动,利益格局深刻调整,思想观念深刻变化,中国特色政党制度能够有效反映社会各方面的利益、愿望和诉求,畅通和拓宽社会利益表达渠道,协调利益关系,照顾同盟者利益,从而保持社会和谐稳定。③社会整合。中国现代化建设的艰巨性和复杂性,要求政治制度具备高度的社会整合功能。中国特色政党制度以中国共产党的坚强领导为前提,又有各民主党派的广泛合作,从而形成强大的社会整合力。在建设中国特色社会主义大目标下,中国共产党紧密团结民主党派,形成高度的政治认同,促进政治资源的优化配置,调动各方面的积极性,引导和组织社会沿着现代化的方向不断前进。④民主监督。中国共产党与各民主党派互相监督,有利于强化体制内的监督功能,避免由于缺乏监督而导致的种种弊端。各民主党派反映和代表着各自所联系群众的具体利益和要求,能够反映社会上多方面的意见和

---

① 卢现祥:《新制度经济学》,武汉大学出版社2004年版,第139页。
② 中华人民共和国国务院新闻办公室:《中国的政党制度》,《光明日报》2007年11月16日版。

建议,能够提供中国共产党自身监督之外更多方面的监督,有利于执政党决策的科学化、民主化,更加自觉地抵制和克服官僚主义和各种消极腐败现象,加强和改进执政党的工作。⑤维护稳定。中国特色政党制度以合作、协商代替对立、争斗,避免了政党互相倾轧造成的政局不稳和政权频繁更迭,最大限度地减少社会内耗,维护安定团结的社会政治局面。这一制度既有中国共产党的坚强领导,又有各民主党派的广泛参与,能够有效化解各种社会矛盾和冲突,保持政治稳定和社会和谐。

尽管中国特色政党制度的功能表现为政治参与、利益表达、社会整合、民主监督和维护稳定五个方面,但可以把它概括为政治稳定和社会整合两个方面进行分析。政党制度的功能适应性一般更多的是政党制度对政党制度结构、政党制度目标及政党制度环境的内部回应。因此对于中国特色政党制度的制度功能适应性可以从它的政治稳定、社会整合两方面来剖析它的制度功能适应性。

(1) 政治稳定。政治稳定是指一定社会的政治系统保持动态的有序性和连续性。政党制度设立的首要功能就是为政党表达和凝聚民意,并使之上升为"公意"和立法,以及监督其实施等方面发挥作用,提供政党上的规范和保障,其实质就是提供实施和发扬民主的保障。① 中国特色政党制度中制度安排:政治协商、参政议政、民主监督,反映了我国人民在政治系统中的地位和作用,是人民群众政治参与的具体表现,反映了政治民主化的发展趋势。所谓政治参与,是指普通公民对政府决策施加影响的活动。在美国学者亨廷顿看来,一个国家的政治稳定和政治秩序取决于政府对公民政治需要的满足程度,也就是国家政治制度能否满足公民的政治参与。而我国的多党合作政党制度就是通过了这些制度安排,加强了我国人民的政治参与程度,促进了我国民主政治的发展。因为中国特色政党制度的这些制度安排不仅为人民群众的政治参与提供了条件,而且还能够促使人民群众通过政治参与和政府保持一致,从而促进了政治体系的稳定性,使之处于良好健康的发展状态。因此中国特色政党制度是适应世界民主政治的潮流和中国社会发展趋势的。所以它是具有适应性效率的。

---

① 梁琴、钟德涛:《中外政党制度比较》,商务印书馆2000年版,第17-20页。

（2）社会整合。现代社会已经从整体上被二元化为政治与经济、政治国家与市民社会，然后再细分为不同的利益集团，最后是个人从对共同体的依附中解放出来，成为自由的个体，社会越是分化，也就越需要整合；社会中越是相互独立的"分体"，也就越需要被整合为相互冲突、又相互依赖的整体。① 相互独立和自主的个体要想得到有效的整合，就需要一种能够使他们进行交换或交流的中介机制，这种机制就是现代制度中的市场机制和民主机制。社会整合的水平很大程度上取决于民主政治体系的吸收、同化、消解和融合社会各种利益和要求的能力。中国共产党作为执政党，不仅是中国工人阶级的先锋队组织，同时还是中国人民和中华民族的先锋队组织，汇聚了各方面的优秀分子。各民主党派、无党派人士具有人才荟萃、智力密集、联系广泛等优势。他们作为各自所联系的一部分社会主义劳动者、社会主义事业建设者和拥护社会主义的爱国者三部分组成的政治联盟，广泛团结着方方面面的社会力量，不仅在大陆，而且在港澳台以及海外都有很广泛的联系和较大的影响。中国特色政党制度保证了越来越多的社会群体逐步进入民主政治体系，在利益关系整合方面发挥着越来越重要的作用，也就更适应我国社会体制转型阶段的社会结构多元化发展的趋势了。因此体现了它的制度适应性效率。

从制度为实现合作创造条件来看。传统的经济学只强调经济当事人之间的竞争，忽略了合作，如果说竞争能够给社会带来活力和效率，那么合作能够给人们带来和谐、稳定的秩序和高效率。在社会生活中，人与人之间的关系，并非只有竞争关系，还有合作关系，但由于信息不对称和人的有限理性，人们往往不可能处理好竞争与合作的关系，因此从这个意义上讲，制度为人们在广泛的社会生活中提供了一个合作的基本框架。尤其是在复杂的社会事务管理中，制度则尤为重要。中国特色政党制度的制度结构和制度安排正是为我国社会的不同群体和阶层以及广大人民群众提供了合作的框架，整合了不同群体和阶层以及广大人民群众的利益和力量，因此它对和谐社会的构建和高效率的决策是有效率的，同时也保证了不同的社会阶层或群体都能参与，体现了它的公平。

---

① 邹吉忠：《论现代制度的秩序功能》，《学术界》2002 年第 6 期。

此外，中国特色政党制度不仅沟通了公民与政府间的信息交流，而且促进了公民的许多直接利益得到实现。一方面，政府可以集思广益，吸取公民好的意见和建议；另一方面，公民的意见和建议被政府采纳，又可以提高公民对国家与社会的满意程度，从而为经济发展提供了取之不尽的动力源泉，更好地发挥了中国特色政党制度的适应性效率。

（四）结语

任何政治制度价值与功能的实现都有赖于合理的制度结构和良好的制度安排。中国共产党领导的多党合作制度既是基于我国传统"和合"文化的理念，社会历史发展的选择，也是基于中国社会政治生活不同于西方社会政治生活的制度环境的选择，它的制度结构都具有合理性、合法性和现实性的适应性效率，但其制度安排是需要健全和完善的。以前我们很多人在讨论中国特色政党制度时总是不加区分地、笼统地提出一些改善的措施，有些是不切实际的。应该把中国特色政党制度区分为制度结构和制度安排，制度结构决定或直接影响着制度安排，制度安排决定或直接影响着制度效率。中国特色政党制度的主要制度结构具有合理性、合法性、现实性，是适应中国社会政治生活的政党制度，具有制度的适应性效率，政治协商、参政议政、民主监督构成了中国特色政党制度的制度安排。因此，在我国的政治生活中，制度结构已经适应了我国社会历史的发展，确立了我国政党制度的基本模式，产生了很好的制度效率，是不需要改变的。但社会发展的持续性及人的有限理性要求要不断进行制度变革与创新，才能适应社会的发展趋势，同时也应增强政党制度适应性效率的基本要求，因此，在加强我国社会主义民主政治建设的进程中，主要是加强中国特色政党制度中的制度安排建设，完善政治协商、参政议政、民主监督等各项制度安排，强化中国特色政党制度的适应性，提高中国特色政党制度的制度适应性效率，以应对国际、国内各种复杂的环境，克服我们的局限性，更好地推进我国的民主政治建设。

第二章 制度设计理论视域下的中国特色政党制度

中国特色政党制度就是中国共产党领导的多党合作和政治协商制度,是中国的一项基本政治制度,是符合中国国情的社会主义政党制度,它的产生、形成、发展是一种历史和现实的选择结果,是一种适应中国政治发展、社会发展、具有中国特色的社会主义政党制度。众所周知,任何政治制度价值与功能的实现都有赖于合理的制度结构和良好的制度安排。中国特色政党制度的制度结构是共产党领导、多党派合作,共产党执政、多党派参政,共产党代表、多党派联系,政治协商、参政议政、民主监督则构成了中国特色政党制度的制度安排。[①] 它既是基于我国传统"和合"文化的理念,社会历史发展的选择,也是基于中国社会政治生活不同于西方社会政治生活的制度环境的选择,其制度结构都具有合理性、合法性和现实性的适应性效率。因此,在我国的政治生活中,制度结构已经适应了我国社会历史的发展,确立了我国政党制度的基本模式,产生了很好的制度效率,是不需要改变的。但社会发展的持续性及人的有限理性要求要不断进行制度变革与创新,才能适应社会的发展趋势。因此,在加强我国社会主义民主政治建设的进程中,主要是加强中国特色政党制度安排的制度设计,来完善政治协商、参政议政、民主监督等各项制度安排,强化中国特色政党制度的适应性,提高中国特色政党制度的制度适应性效率,以应对国际、国内各种复杂的环境,克服我们的局限性,更好地推进我国的民主

---

① 熊必军:《中国多党合作制度效率的理论分析》,《社会主义研究》2009年第2期,第83—87页。

政治建设。

一、制度设计理论研究的启示

从逻辑上说,当人类产生了社会,有了社会生活,并在社会生活中感觉到有筹划、组织政治生活的需要,有了这样一种理性的自觉,人类就有了制度设计的行为。人类早期的制度设计,是随着野蛮向文明的过渡、部落制度向国家的过渡、地方局限性向民族的过渡而开始的,它贯穿着全部文明的历史并一直延续到现在。

制度是一个社会的规则体系。马克思称它为"具有规定和管理一切特殊物的、带有普遍意义的'特殊物'。"① 制度设计的问题一直是西方思想史上特别是当前政治理论界的焦点问题。对制度设计的最早研究可追溯到古希腊历史学家、号称"史学之父"的希罗多德对希腊波斯战争的研究。柏拉图在其名著《理想国》中也设计了一套完善而影响深远的社会制度,开人类进行大规模的制度设计之先河。亚里士多德的《政治学》和《雅典政制》以当时各城邦的政治制度为对象,对各种政体形式及政治原则进行了比较与分析。到了近代,制度一直是各门社会科学尤其是政治学研究关注的焦点。研究的基本目的,在于分析政治形式同政治原则之间的关系,即如何通过建立和完善一种政治形式来实现某种政治原则。它在社会各阶级为自己设计政治生活模式的过程中,有着重要作用。而现代西方所盛行的三权分立制度,更是人类进行制度设计的重要成果。

制度设计是以制度安排为核心的社会设计。制度设计是指在一定的社会历史条件下,历史主体依照一定的历史经验与制度传统,以某种理想制度目标为依归,对社会进行以理念创新、制度安排和组织建构为主要内容的制度设想、制度创新及其理论形态的研究。"在历史上,对制度设计可以区分为"理性主义"和"经验主义"两大基本范式。从柏拉图的理想国

---

① 《马克思恩格斯列宁斯大林论政治和政治制度》(上),档案出版社1988年版,第15页。

设计、莫尔的乌托邦设计,到空想社会主义政治设计,是理性主义设计范式的典型形态,基本特征是依据人类理性,推导和演绎社会,重建社会文明;从亚里士多德的城邦制度设计,到洛克、孟德斯鸠、联邦党人的宪政设计,是经验主义设计范式的典型形态,基本特征是依据历史经验和现实需要,设计与创设社会规则。"①在社会的发展历程中,从古希腊到今天,在人类的政治史上,制度的创制、设计一直是人类的基本政治实践之一,是一个历史事实,这也是政治或者政治学之所以可能与必要的初衷。这方面的文献大家都耳熟能详,如柏拉图的《理想国》、亚里士多德的《政治学》、莫尔的《乌托邦》、安帕内拉的《太阳城》、洛克的《政府论》、孟德斯鸠的《论法的精神》等等,都是进行社会设计和制度设计研究的典范。如果从涉及到制度设计的文献资料看,国外的不论是政治学领域,还是制度经济学领域的研究著作可以说是汗牛充栋,但国内政治学界对制度设计本身的关注,相关的文献却不是很多。其中复旦大学秦德君的博士论文《政治设计研究:对一种历史政治现象之解读》是为数不多的著作典范之一。但是我国政党制度的制度设计研究还是少之又少,基本上无人涉及。这里只从制度设计的前在预设、制度设计是否可能等方面阐述制度设计理论对中国特色政党制度进行制度设计的理论借鉴意义和启示。

1. 制度设计的前在预设②

任何一门科学研究都包含着一定的理论预设,所谓理论预设是指"为了一个正在进行的研究而假定为真实的事情","是尚未得到评价或检验的答案或结果,它是有待于证实或拒绝的对事实或事物之间关系的暂时性断言。"③理论预设的意义,不在于揭示制度的发生学意义,而在于揭示制度需求——制度自觉供给的矛盾,回应人类对于游戏规则的基本需求与基本价值追求以及如何来设定游戏规则等政治规则领域中极其基本的问题。制

---

① 秦德君:《政治设计研究—对一种历史政治现象之解读》,上海社会科学院出版社2000年版,第295页。
② 此处参阅了秦德君:《政治设计研究—对一种历史政治现象之解读》,上海社会科学院出版社2000年版,第84—108页。
③ (美)唐·埃思里奇:《应用经济学研究方法论》,经济科学出版社1998年版,第61页。

度设计的一般预设表明了制度化的选择,是人类秩序社会无法规避的命运。

(1) 休谟的"无赖原则"。在探讨制度设计时,英国哲学家、历史学家和经济学家大卫·休谟对人性的精辟论述一直作为制度设计的理论基础和逻辑前提,即在设计制度时必须持定"人人应当被假定为无赖"的原则。休谟说:"政治作家们已经确立了这样一条准则,即在设计任何政府制度和确定几种宪法的制约和控制时,应把每个人都视为无赖——在他的全部行动中,除了谋求一己的私利外,别无其他目的。"①这是一条制度设计的准则。其目的在于确保理性的制度安排在设计时尽可能减少发生无赖行径的机会。而且,这样的制度设计还必须达到以下效果:不仅可以防止"无赖"的冲动产生恶果,而且可以对"无赖"之徒的行径加以有效的控制,并使得他服务于公益。休谟说,这一准则在政治中应当是真的,但是在事实上是假的。就是说,将这一普遍假定当做描述性的模式为非真实的,而作为分析性的模式则又是真实的,可以得到正当的证明。休谟这一著名的论断,表达了这样一种自由主义的核心思想:既然所有的政治家和政治行动者在政治生活中,都可能成为"无赖",那就必须对他们实行制度上的制约,因此制度设计是必要的。

(2) 麦迪逊的非"天使统治"。美国宪政学家詹姆斯·麦迪逊在《联邦党人文集》中说:"如果人人都是天使,就不需要政府了。如果是天使统治人,就不需要对政府有任何外来的或内在的控制了。在组织一个人统治人的政府时,最大的困难在于必须首先使政府能管理被统治者,然后再使政府管理自身。毫无疑问,依靠人民是对政府的主要控制;但是经验教导人们,必须有辅助性的预防措施。"②麦迪逊的论断包含着两层预设:一、人不是天使,正因为如此,所以需要政府。因为政府的存在,表明了一种外在制约的存在。二、政府作为公共力量的代理人,其统治本质在任何意义上都绝不是一种"天使统治",就是说,不可能只行善不行恶——

---

① (美)斯蒂芬·L·埃尔金等:《新宪政论》,生活·读书·新知三联书店1997年版,第27—28页。
② (美)汉密尔顿等:《联邦党人文集》,商务印书馆1980年版,第264页。

而在麦迪逊看来,纯粹的善只能是"天使"之为,人类做不到。正因为如此,需要对政府这个管理被统治者的统治者本身,实施外在的和内在的控制,寻求"辅助性的预防措施"。这两个判断是统一的,即人不是天使;由人组成的政府也不是天使,政府是由人组成的,人的本性也是政府的本性。人必须有外在的制约,政府更必须有外在的控制。

(3) 孟德斯鸠的"局限存在物"和权力的"休止界限"。詹姆斯·麦迪逊关于政府非"天使统治"的论断,由人的特质出发考察和判定公共权威的特点,那么回眸人类这个社会存在物,究竟是一个什么样的存在,18世纪法国启蒙运动思想家、法学家和哲学家孟德斯鸠在《论法的精神》一书中,作了一个具有普遍性的理论预设:"人,作为一个'物理的存在物'来说,和一切物体一样,受不变的规律的支配。作为一个'智能的存在物'来说,……他是一个有局限性的存在物;他和一切'有局限性的智灵'一样,不能免于无知与错误;他甚至于连自己微薄的知识也失掉了。作为有感觉的动物,他受到千百种情欲的支配。……这样一个存在物,就能够随时忘掉他自己;哲学家们通过道德的规律劝告了他。他生来就是要过社会生活的;但是他在社会里却可能把其他的人忘掉;立法者通过政治的和民事的法律使他们尽他们的责任。"[1] 人类设计和创制各种政治的和非政治的规则便是理所当然的逻辑行为了。"一切有权力的人都容易滥用权力,这是万古不易的一条经验。有权力的人们使用权力一直到遇有界限的地方才会休止"[2]。这是孟德斯鸠另一个经典性的、对人类政治生活具有重大揭示意义和认识价值的理论预设,从事务的性质来说,要防止滥用权力,就必须以权力制约权力。总之,孟德斯鸠这一理论预设归纳包蕴了人类政治生活中的两条基本历史经验:一是滥用权力是权力界的普遍逻辑,二是对于"权力滥用",最符合"事物的性质"的做法,就是以权力制约权力。权力是一种物质力量,对于权力的制约和监督不能仅靠精神的力量、道德的力量,而必须有相应的物质力量。因此在制度设计中,对于权力边界的设置,只能以另一个权力的存在为逻辑前提。

---

[1] (法) 孟德斯鸠:《论法的精神》(上册),商务印书馆1961年版,第3页。
[2] 同上,第154页。

(4) 波普的"必要的恶"。英籍奥地利哲学家、政治思想家波普尔提出这样一个命题:"显而易见,国家尽管是必要的,但却必定是一种始终存在的危险或者(如我斗胆形容的)一种罪恶。因为,如果国家要履行它的职能,那它不管怎样必定拥有比任何个别国民或公众团体更大的力量;虽然我们可以设计各种制度,以使这些权力被滥用的危险减少到最低限度,但我们决不可能根绝这种危险。相反,似乎大多数人都将不得不为得到国家的保护而付出代价,不仅以纳税的形式,甚至还以蒙受耻辱的形式,例如在横行不法官吏的手下。"①波普尔这一命题,同样包含了两层含义:一是国家是必要的;二是国家是一种始终存在的危险或者一种罪恶。美国18世纪启蒙思想家潘恩也表达了同样的思想:"政府即使在其最好的情况下,也不过是一件免不了的祸害;在其最坏的情况下,就成了不可容忍的祸害;因为,当我们受苦的时候,当我们从一个政府方面遭受那些只有在无政府的国家中才可能遭受的不幸时,我们由于想到自己亲手提供了受苦的根源而格外感到痛心。"②没有国家的干预,自由就会死亡;国家过多干预,自由同样也会死亡,波普把这一社会现象称之为"自由的悖论"。同样新制度经济学家道格拉斯·C·诺斯从经济学的视角提出的"诺斯悖论"也认为,国家的存在是经济增长的关键,然而国家又是人为经济衰退的根源。"没有国家办不成事,但有了国家又有很多麻烦。"③

(5) 西蒙的"有限理性"。国家政治和公共行政归根结底是决策行为,决策具有对理性追求的倾向。按对理性作用的不同认识,决策理论分为三类:绝对理性选择理论、排斥理性的非理性决策理论和以美国行政学家、管理学家和经济学家西蒙为代表的有限理性决策理论。西蒙在《管理决策新科学》一书中认为,传统的"完全理性"的假设不符合人类行为的现实。他从人的意识和决策环境与人的能力等方面否定了"完全理性"的假设,提出了"有限理性"的假设。西蒙认为,"理性就是要用评价行为后

---

① (英)波普尔:《猜想与反驳》,上海译文出版社2001年版,第500页。
② (美)潘恩:《潘恩选集》,商务印书馆1981年版,第3页、第241页。
③ 卢现祥:《新制度经济学》,武汉大学出版社2004年版,第210页。

果的某个价值体系,去选择令人满意的备选行为方案。"① 由于环境的复杂性和人智能的局限性,人们不可能搜集到和充分分析处理决策中所需要的大量信息,因此也就不可能作出最佳决策。所以制度通过设计一系列规则来减少环境的不确定性,提高人们认识环境的能力并规范人自身的决策行为。诺斯亦对新古典经济学"完全理性"的假定提出了批评,认为不符合现实。"毫无疑问,人们处理信息时的思维能力是有限的。"②在诺斯看来,人的"有限理性"体现在两方面:一是环境的复杂性;二是人对环境的计算能力和认识能力是有限的。由此得出一个这样的结论:制度通过设定一系列规则能减少环境的不确定性,提高人们认识环境的能力并规范人自身的决策行为,从而提高决策的质量。

从上述制度设计的前在预设理论分析,我们可以得出一个结论,就是在人类社会发展的历史长河中,制度设计是必须的。尤其是以美国著名的行政学家、管理学家和经济学家西蒙为代表的"有限理性",以及诺斯对"完全理性"的批判表明,人拥有的知识能力和决策能力是有限的,不仅受到物质和环境不确定的影响与限制,还受到诸如记忆容量、判断准确程度、计算能力有限性的限制。这些制度设计的前在预设给我们的启示是:人类必须通过制度设计与制度创制,才能预防和弥补自身理性的不足。而且正是由于人的有限理性,再加上我国国情的内外环境复杂,以及经济社会的不断发展,所以中国特色政党制度必须通过设计一系列制度安排来克服人在决策中的有限理性及应对环境的变化。

2. 制度设计的可能

从制度设计存在的必要假设,我们知道了制度设计为什么要存在,为什么提出要对中国特色政党制度进行制度设计?但是制度设计是否可行?美国 200 多年前的立宪制度奠基者之一亚历山大·汉密尔顿在《联邦党人文集》的开篇就提出了这样一个问题:"人类社会是否真正能够通过深思熟虑和自由选择来建立一个良好的政府,还是他们永远注定要靠机遇和强

---

① (美)西蒙:《管理行为》,北京经济学院出版社 1991 年版,第 74 页。
② (美)诺斯:《制度、制度变迁和经济绩效》,上海三联书店 1994 年版,第 34 页。

力来决定他们的政治组织。"① 汉密尔顿这个问题至今令人深思，他事实上是提出了一个政治选择即制度设计何以可能的问题。

关于制度设计的是否可行的问题，19 世纪英国著名的哲学家、政治思想家和经济学家约翰·斯图加特·密尔在《代议制政府》一书中提出："一切有关政府形式的理论，都带有有关政治制度的两种互相冲突学说或多或少互相排斥的特征"。② 这句话实质阐述了两种观点：一是认为政治制度是可以选择的，是可以根据人们的需要去设计的："在有些人看来，政府严格地说是一种实际的艺术，除手段和目的问题外不发生其他问题。政府的形式和达到人类目的的其他手段一样，它被完全看做是一种发明创造的事情。既然是人制作成的，当然人就有权选择是否制作，以及怎样制作或按照什么模式去制作。"③二是认为政治制度是不可以选择和设计的，它是进化而非人为设计的产物："和这些人相反，另一种政治理论家则远远不是把政府形式等同机器，而是把它看成一种自然产物，把政治科学看成（好比说）自然史的一个分支。照他们看来，政府的形式不是一个选择问题。……政府不能靠预先的设计来建立。它们'不是做成的，而是长成的'。……在这学派看来，一国人民的根本的政治制度是从该国人民的特性和生活成长起来的一种有机的产物，是他们的习惯、本能和无意识的需要和愿望的产物，而决不是故意的目的的产物。"④密尔在这里提出一个关于政治制度的演进性和建构性的问题。

事实上，在西方的政治学说史上，关于制度的演进性和建构性的问题，即制度设计的可能性问题一直存在着旷日持久的争论。制度设计是否可能，取决于政治制度本身的性质，究竟是演进的、长成的，还是建构的、创制的。这两个问题事实上是一个问题，但在逻辑上却有先后之分，西方思想家对这个问题的辩难可谓仁者见仁、智者见智，也充分展示了理论的魅力。他们的观点或许并非泾渭分明，但大致上可以划分为两个阵

---

① （美）汉密尔顿、杰伊、麦迪逊等著：《联邦党人文集》，商务印书馆 2004 年版，第 3 页。
② （英）密尔著：《代议制政府》，商务出版社 1982 年版，第 5 页。
③ 同上，第 6 页。
④ 同上，第 7 页。

营：以哈耶克为核心的演进论者和以布坎南为核心的建构论者。站在演进性阵营的有弗里德里希·奥古斯特·冯·哈耶克的"自发社会秩序"、卡尔·波普的"渐进社会工程"和埃德蒙·柏克的"修缮工作"，他们认为政治制度是不可能设计的，称自己为"演进的理性主义"；而站在建构性阵营的则有古希腊的政治学家亚里士多德的"创始制度"、密尔的"人类设计"和詹姆斯·M·布坎南的"关于制度改革的维克塞尔准则"以及制度主义经济学家和现代宪政学者们。

哈耶克的社会理论思想内核和主线是"自发社会秩序"，在他看来，社会理论就源于这样一种发现，即人类社会中存在着种种有序的结构，但它们是许多人的行动的产物，而不是人之设计的结果。"自发社会秩序"所遵循的规则系统即制度是演进的而非人为设计和主观建构的产物，这种演进过程乃是一种竞争和试错的过程，这是制度演进的唯一方式。而任何人为的整体设计都最终会破坏这一秩序的"创造性"。[①] 哈耶克之所以认为制度是自发生成的，在于他所坚持认为没有超验存在的人类整体知识体系，而只有分立存在的个人知识，这种分立的个人知识是有限的，知识愈多而我们愈无知。坚持认为人的理性能力是有限的，人无法完全认识未知的不确定世界，那种认为凭借理性就可以预知建构制度所需要的一切细节的想法，是一种"致命的自负"。[②]所以他认为人类的制度绝不可能是经由人类的设计而创造出来的，因为人类自己并不拥有足够的智识和理性去做这样的创造。而那些号称按照人的理性设计的所谓制度，不是对他人形成强制，就是力图"建构一种乌托邦"[③]

美国乔治·梅森大学经济学教授詹姆斯·M·布坎南在其代表作《自由、市场与国家——80年代的政治经济学》一书中，对哈耶克的"自发社会秩序"展开了批驳。他认为"应该把文化进化形成的规则同制度严格区分开来。前者是指我们不能理解和不能（在结构上）明确加以构造的，始终作为对我们的行动能力约束的各种规则；后者是指我们可以选择的，对

---

① J. N. Gray, Hayek on Liberty, Oxford, 1984, pp. 134–135.
② （英）哈耶克：《致命的自负》，中国社会科学出版社2000年版，第53页。
③ （英）哈耶克：《自由秩序原理》（上），三联书店1997年版，第62页。

我们在文化进化形成的规则内的行为实行约束的各种制度。"① 布坎南的结论是"社会哲学的基本问题仍然是：我们应如何组织自己？如何把人与人组织起来，以便保持和平、自由和繁荣？如果我们把这个问题当作一个前提，那么我们就可以实际上改进我们的相互依赖的关系所由发生的社会结构。这个问题按其本意就否认了下列假设的有效性，即我们是被置于一种必然的历史进程之中，我们以及我们的体制都是一种生物上的演进的产物，如果我们想打破这种历史的必然性，其结果只能是自己遭殃。我们关于终极问题的提法却否认了上述假定。社会哲学家有一种道德上的责任去相信，社会改革是可能的……"②"社会改革"即制度设计是可能的。

　　关于制度设计是否可能的两种互相冲突的观点，或许那是一个历史性的悖论，但正如密尔所指出的"我们必须努力认真考虑两者的根本立足点，并利用两者中含有的全部真理。"③ 应当说，哈耶克的思想中不乏许多具有合理性的因素，但也存在某些理论上的缺陷。布坎南认为，政治就是一种解决个人评价和个人利益冲突过程的模式，而政治活动只有在规则内才能进行。而这个过程，就是制度设计的过程，所以在布坎南看来，制度设计是人类的史实，是毋庸论证的，而关键的问题是如何进行合理的设计。事实上，密尔也持相同的观点，在密尔看来，问题不在于政治制度能否设计，而在于如何设计："我们首先要记住，政治制度（不管这个命题是怎样有时被忽视）是人的劳作；它的根源和全部存在均有赖于人的意志。……在它们存在的每一阶段，它们的存在都是人的意志力作用的结果。所以，它们象一切由人做成的东西那样，或者做得好，或者做得不好。在它们的制作过程中，可能运用了判断和技能，也可能情况相反。另一方面，还须记住政治机器并不自行运转。正如它最初是由人制成的，同样还须由人，甚至由普通人去操作。它需要的不是人们单纯的默从，而是

---

①（美）布坎南：《自由、市场与国家——80年代的政治经济学》，上海三联书店1989年版，第116页。

②（美）布坎南：《自由、市场与国家——80年代的政治经济学》，上海三联书店1989年版，第383页。

③（英）密尔：《代议制政府》，商务印书馆1982年版，第7、8页。

人们积极的参加……"①

　　制度设计是否可能，美国著名政治学家文森特·奥斯特罗姆教授以《联邦党人文集》为基础，着眼于美国立宪实验的经验对制度设计是否可能这个问题进行了思考。他认为从历史上看，政治制度的选择，的确是强力和偶然性决定的，人类似乎还没有能力根据深思熟虑和自由选择来设计良好的政府制度。但是，美国的立宪实践，却是破天荒第一次以深思熟虑和自由选择为基础的。虽然政府的建立出于机遇和强力是人类社会普遍的现象，但是美国立宪实践表明，人们能够通过理性的行为和榜样，并基于深思熟虑和自由选择，来建立并维持立宪政府体制。②新制度经济学家诺斯说："制度是为人类设计的、构造着政治、经济和社会相互关系的一系列规则。制度可能是由人们创造处理的，如美国宪法；也可能仅仅是随着时间演进，如普通法。我对创立的制度和演进的制度都感兴趣。"③

　　也许宪政学家、美国马里兰大学政府和政治学系教授斯蒂芬·L·埃尔金的话可以为制度设计是否可能做一个结论："人类是否能够作出这样大规模的设计？毫无疑问，任何个人在一个短时期内是不可能的，但更为重要的是，很多人在一个长时期内是否可以做得到？人们可以反复探讨问题，修正错误，并在可能时增添新的内容。然而，即使如此，似乎也远不是容易的事，而别的做法似乎更糟。正如汉密尔顿很早以前说过的那样，如果不能'通过反应和选择'建立'良好的政府'，而且人类的'政治体制注定永远要依赖偶然事件和暴力'的话，那将是'人类普遍的不幸'。即使那些怀疑人类能够具有概括的合理性的人们也同意，大规模的设计是可能的，只要在设计过程中和在涉及那些操作制度者所需知识的数量方面考虑到人类合理性所受到的限制。"④恩格斯在论及立法的产生时指出："在社会发展某个很早的阶段，产生了这样的一种需要：把每天重复着的

---

①（英）密尔：《代议制政府》，商务印书馆1982年版，第8页。
②（美）奥斯特罗姆：《复合共和制的政制理论》，上海三联书店1999年版，中译本序第1-2页。
③（美）诺斯：《制度、制度变迁和经济绩效》，上海三联书店1994年版，第4页。
④（美）埃尔金等编：《新宪政论》，三联书店1997年版，第40-41页。

生产、分配和交换产品的行为用一个共同规则概括起来，设法使个人服从生产和交换的一般条件。这个规则首先表现为习惯，后来便成了法律。随着法律的产生，就必然产生出以维护法律为职责的机关——公共权力，即国家。在社会进一步发展的进程中，法律便发展成或多或少广泛的立法。"①这种"共同规则"产生的过程，事实上就是人类进行制度设计的过程，故人类社会在发展的历史长河中进行制度设计是可能的。正如新制度经济学家道格拉斯·C·诺斯所说的，制度"是一个社会的游戏规则，更规范地说，它们是为决定人们的相互关系而人为设定的一些制约。制度构造了人们在政治、社会或经济方面发生交换的激励机构、制度变迁则决定了社会演进的方式，因此，它是理解历史变迁的关键。"②在诺斯看来，以哈耶克为代表的"演进的理性主义"和以布坎南为代表的"建构的理性主义"所争执的制度的生长性和创制性是可以统一的："制度是人类的一种创造。它们是演进的，并为人类所改变"。③ 所以在社会中的所有人都可以通过他们自己的推算与估价，通过设计一种制度秩序来改进自己的状况。人类也只有通过理性的政治制度的设计，才能实现政治生活的制度化与规范化。因此对中国特色政党制度进行制度设计的理论探讨与实践探索既是必要的，而且从我国政党制度研究很少涉及制度设计的现状来看，也是应当的。

二、中国特色政党制度的制度设计原则和要求

任何真正的制度设计既不是脱离客观实际和国情条件的主观随意的胡思乱想，又不能不包含着设计者的主观目的和既定价值追求。中国特色政

---

① 恩格斯：《论住宅问题》，见《马克思恩格斯全集》（第18卷），人民出版社1964年版，第309页。
② （美）诺斯著：《制度、制度变迁与经济绩效》，上海三联书店1994年版，第3、6页。
③ （美）诺斯著：《制度、制度变迁与经济绩效》，上海三联书店1994年版，第3、6页。

党制度就是中国共产党一方面依据中华历史文化传统包括革命历史传统和现实国情的客观要求,另一方面依据马克思主义政党理论和统一战线学说,并把两个方面有机地结合在一起,所设计的中国共产党领导的多党合作和政治协商制度,是中国的一项基本政治制度,是符合中国国情的社会主义政党制度。这一独具特色的政党制度在半个多世纪以来,不断得到巩固和完善。但在国内社会高度分化和社会结构大变动的条件下,在世界经济全球化、政治多极化和社会越来越多元化的大背景下,这一制度的设计与运行现状之间的矛盾也日益显露,因此我们必须加强中国特色政党制度的制度设计理论研究和实践探索。

中国特色政党制度的构建是我国政党民族性和现代性、特殊性和普遍性的统一,因此在进行中国特色政党制度的制度设计时,首先坚持以马克思列宁主义、毛泽东思想、邓小平理论、"三个代表"重要思想和科学发展观为指导,坚持中国共产党的领导,坚持社会主义初级阶段的基本路线、基本纲领和基本经验,坚持长期共存、互相监督、肝胆相照、荣辱与共的基本方针,保持宽松稳定、团结和谐的政治环境,中国共产党和各民主党派都必须以宪法为根本活动准则,负有维护宪法尊严、保证宪法实施的职责。这些重要政治制度准则是中国共产党与各民主党派在长期团结合作中形成的政治共识,是我们在新世纪新阶段进行中国特色政党制度的制度设计时,必须遵守的首要原则。中国特色政党制度的合作模式是中国特色民主政治的本质反映,符合中国国情。但是也要符合世界民主政治发展的潮流和政党合作互动应有的一般规律,因此同样也应遵循制度设计的普遍性原则。

1. 科学性原则。科学发展观是当前我国政治、经济、社会、文化等领域发展的指导思想,科学发展观在中国特色政党制度的制度设计领域的指导意义就是,不断指导中国特色政党制度完善和发展的科学化,因此中国特色政党制度的制度设计首要原则就是科学性原则。

制度的科学性特征及制度设计的科学性必须具备什么特征,这是判断任何一个制度体系是否健全的根本标准。从制度的角度说,制度设计的科学性应该具备四个特征:① 一是必须要有为全体利益主体认可的、公平公正的关系规范和行为规范。在人类历史上,就曾经出现不公平、不合理的制度,这种不公平、不合理表现在一部分人占有了另一部分人的利益。所以,以往的制度是不民主的制度,是专制的制度,它既是制度的非理性,又是制度的非人性。科学的制度必须是民主的制度,它代表的应该是社会全体利益主体的利益,是社会全体利益主体平等博弈的结果。这就是制度的原则公平。二是必须要有科学的执行程序。原则公平的制度必须配套科学的制度执行程序,否则,原则再公平,制度运行不科学,制度执行的结果也可能是不公平的。一种制度不论是在理论上很完善、完美,还是在设计上完美无缺,如果缺少作为实现的功能,那么这样的制度是不具备科学性的。任何制度设计首先都必须具有可操作性和可运作性,不能仅仅停留在理论阶段,而要表现为程序运行科学,两者是缺一不可的。具有科学的可操作性,再加上科学的制度执行程序,制度执行的结果才能公平。三是必须设计制度公正执行的监督机制。有了原则公平的制度规章以及科学的制度操作程序,制度正义还不能最终得以实现,因为制度执行者有可能不按制度规章和制度执行程序办事,因此,还必须设计制度公正执行的受控机制或监督机制。现实生活存在制度正义的受控实现现象,即某种制度由于受到不同利益主体、社会全体公众的关注和舆论的监督,制度执行者受到来自社会巨大的压力,因此使制度正义得以实现。四是必须要有制度公正执行的自控机制,它解决的是制度正义的自动实现问题。制度正义的受控实现决定了制度具有科学性,但不具有完美性,因为制度正义的受控实现毕竟是消极被动的,在现实生活中,社会公众不可能对所有的制度都给予高度的关注,舆论的监督也是有限的,当某种制度的执行没有受到外部的监督压力时,或许这种制度的执行就走样了。因此,只有制度正义积极主动的实现才使制度达到完美的境界。而要使制度正义得以积极主动的实现,就必须设计制度公正执行的自控机制,这种自控机制把制度的严格执行与制度执行者的自身利益结合起来,使制度执行者产生严格执行制度的

---

① 陈朝宗:《论制度设计的科学性与完美性》,《中国行政管理》2007 年第 4 期,第 107–109 页。

内在动力，这才是根本的，是制度设计科学性的最高境界。

2. 普适性原则。这是中国特色政党制度进行制度设计时的基本原则。政党制度作为一种制度如果不具有普适性，不能适应社会环境的变化与时间的考验，其适应环境的组织性、制度结构和安排模式的稳定性、政党制度内部关系与社会关系的维持性是值得怀疑的。所谓制度的普适性，是指制度是一般的、确定的、稳定而又开放的系统。制度设计的普适性原则应遵循四个准则：一是制度的一般性。制度的一般性是指某一种制度是否遵守支撑该制度核心理念所规定的"逻辑"，所表现出来的功能与价值是否与核心理念具有逻辑上的一致性。具体包含着两个方面，即制度的具体内容与制度的内在规律是否相符合，制度的外在体现是否真正的合逻辑、合规范，主要表现为手段和程序的可计算性、形式的逻辑性。对于制度而言，就是其规则不会因时间、地点和对象的变化而变化；在一定的时间段内对于任何所涉及的主体都能前后一致的使用；制度的运行和发挥作用合乎自然规律和社会历史规律；制度执行不能因人而异、因时而异、因派而异、因地而异，制度对任何人的规范和约束都是同等的，而不能差别对待。例如，"法律面前人人平等"就体现了这一准则。二是制度的准确性。制度的准确性主要是针对制度目标的实现而言的，如果一项制度的目标能够被实现，不出现较大的偏差，我们就认为该制度是准确的。首先表现为制度设计的目标明确。一项制度在设计时首先要确定其目标，目标确立之后，围绕着该目标才开始具体制定各项规则。其次表现为制度设计的规则应简单确定，易于理解和把握。制度的功能是通过规则实现的。这些规则应是简单而确定的，不能出现概念或表述上的模糊，不应产生歧义否则就会有人钻空子，影响制度目标的实现。整个制度设计过程不能含糊其辞，要能够准确传达信息，易于人们理解。三是制度的相对稳定性。制度的稳定性首先来自于制度的合法性，合法性是指制度的一种特性，这种特性不仅来自正式的法律或命令，更重要的是来自根据有关价值体系所判断的、由社会成员给予积极的社会支持与认可的制度规范的可能性或正当性。对于合法性的论述，马克斯·韦伯的定义得到了较广泛的认同，即合法性表明秩序系统获得了该系统成员的认同和忠诚，如果某一社会中的公民都愿意遵守当权者制定和实施的法规，而且还不仅是因为若不遵守就会受到惩罚，而是他们确信遵守是应该的，那么，这个政治权威所设计出来的制度法规就是合法的。制度合法性的本质就是公平与正义，制度的合法性就是应该使社会的基本权力和利益分配趋于公平合理。制度的合法性强化了制度的稳定性，而制度的稳定性则使人们能形成对未来的稳定预期，从而达到减少生活不确定性的目的，进而降低生活稳定性的成本。没有稳定性导致的秩序，人类的社会生活是不可能的，制度的稳定性是制度与制度设计存在的理由。① 制度的稳定性是指一项制度因其与社会价值的相宜性而在时间维度上具有较长的延续性，这样可以使人们达成共识，在约定俗成的规则中形成行为惯例。制度的相对稳定性是指制度有其生存的社会环境，在既定的社会环境下制度有较强的稳定性，当社会环境发生改变的时候制度发生相应的变化。制度设计应该为人们提供行动指南，够形成人的行为预期。奥菲曾指出："一个运行良好的制度，可以使行动者从有目的的和策略性的考虑中解放出来"。② 四是制度的开放性。初始设计的制度总会由于信息不完全、设计者的理性局限和某些无法预知的事物而存在制度漏洞，再加上制度所运行的环境是在时刻变化着的，所以制度本身也存在着能否适应环境、能否对环境的变化适时做出相应的调整等问题。这就要求对制度修改必须做出一定的规定和要求，规定在什么情况下可以进行调整，什么情况下必须废除。否则，制度就会由于缺乏灵活性而导致扭曲运行，从而降低制度的效率。对制度修改的规定如果比较合理，制度就会具有一定的自我修复能力和自我更新能力；反之，就有可能导致由于制度的内在缺陷而引发的社会动荡，加大社会运行的成本。也就是说任何制度设计必须通过创新行动适应环境变化才具有开放性。

3. 效率性原则。这是中国特色政党制度进行制度设计时的根本原则。对于制度效率的评价分析，国内外的一些新制度经济学专家和学者进行了一些研究。美国新制度经济学家诺斯认为，有效率的制度就是指能够使每个社会成员从事生产性活动的成果得到有效的保护，能够给每个社会成员

---

① 卢现祥：《新制度经济学》，武汉大学出版社2004年版，第242页。

② Robert E. Goodin: The Theo－ry of Institutional Design, Cambridge University Press, 1996. p200.

以发挥自己才能的最充分的自由，降低交易费用，从而使整个社会的生产潜力得到最充分的发挥。① 在近几年的关注经济长期增长的研究中，诺斯提出了制度"适应性效率"概念，"适应性效率考虑的是一个经济随着时间演进的方式的各种规则，它有助于一个社会去获取知识、去学习、去诱发创新、去承担风险及所有有创造力的活动，以及去解决社会在不同时期的瓶颈的意愿。②"适应性指的是制度对经济变化进行调整的适应性，既包括制度内部不同方面之间的适应（正式制度、非正式制度及其实施之间的适应），又包括制度选择与制度环境之间的适应，还包括制度结构、制度安排对经济变迁的适应。③所起的功效就是优胜劣汰、奖励成功，效率低下的活动、组织或制度无法生存，鼓励全民充满活力参与到各种政治经济活动中来。好的制度设计应是有效率的制度设计，这里的效率指制度运作的效率。要提高制度的效率，制度设计需要做到：一是降低交易费用，减少信息成本。制度的功能之一是可以降低交易费用，但不同的制度安排会产生不同的交易费用。许多制度被设计出来的目的就是为了降低交易成本，有效率的制度能降低市场中的不确定性、抑制人的机会主义行为倾向，从而降低交易成本。科斯最早提出企业制度的存在就是为了降低交易成本。他认为，交易费用是获得准确的市场信息所需要付出的费用，以及谈判和经常性契约的费用。阿罗认为，交易费用是经济制度的运行费用。诺斯则说，交易费用是决定一种政治或经济体制结构的制度基础。科斯的制度起源理论揭示了交易费用与制度形成的内在联系：交易费用的存在必然导致制度的产生，制度的运行有利于稳定有序的秩序的形成，从而能实现交易费用节约。没有制度约束，斯密"看不见的手"带来的可能不是繁荣，而是社会经济生活的混乱。因此制度设计应追求交易费用最小化原则，选择交易费用最低，信息成本最小的方案，这样的设计方案需要的信息空间维数小，需要传递的指标也少。从中国特色政党制度的历史发展进程来看，

---

① 卢现祥：《新制度经济学》，武汉大学出版社2004年版，第162页。
② D·North, Institution, Institutional Chang and Economic Performance, NY, Cambridge University Press, 1990. p108.
③ 王玉海：《诺斯"适应性效率"概念的内涵及其对我国制度转型的启示》，载黄少安主编《制度经济学研究（第七辑）》，经济科学出版社2005年版，第76-82页。

不光理论越来越完善,制度设计安排也越来越全面,可操作性强的程序设计现实性很强。最重要的是它降低了决策成本,减少了决策失误,由此降低了整个国家决策制度中的成本费用。因为在中国特色政党制度中对国家大事一般先是通过中国共产党和民主党派的调研,得出可行性结论,再进行协商探讨,作出决议。它不同于西方的政党制度结构在研究国家大事的模式,所以该项制度设计在国家大事管理方面的成本费用要低,效率要高。因此我们在中国特色政党制度的制度设计时,更应遵循这一原则。二是激发人们合作的积极性,提高制度的效率。制度的一个功能就是使复杂的人际交往过程变得更易理解和更可预见,从而不同个人之间的协调也就更易于发生,[①] 以此增进主体之间的合作与交往。信息的不完全、理性的有限性及道德判断的分歧使人的行为往往难以确定,惟有在一定的制度框架下,人的行为才具有可预知性。因为一定的制度框架作为行为体责、权、利的明确划分和强制规范,就使每个行为体的目的、手段及与之伴随的后果之间具有客观的因果关系,因此每个行为体的行为不仅具有最大程度的可预知性、可计算性,而且具有相对的稳定性,把阻碍合作得以进行的因素减少到最低限度,给主体间的合作创造了条件,保证合作的顺利进行,因此,这样的制度设计才具有效率。中国特色政党制度本身就是一个理想的合作框架,已经能够很好地协调制度内各方代表的利益,从而避免了竞争和冲突,因而我们在制度设计探索时更应遵循这一原则。所以制度设计只有能为其涉及到的主体提供自由、平等、竞争的活动空间,使得每个主体都有实现自身利益和充分发展的机会,最大限度地开辟和调动各种社会资源和社会潜力,对社会资源实现合理、优化的配置,才具有效率性。

  4. 激励性原则。制度的激励功能就是通过提倡什么、鼓励什么或压抑什么的信息传达出来,借助奖励或惩罚的强制力量得以监督执行。制度的激励,可以规定人们行为的方向,改变人们的偏好,影响人们的选择。诺斯在分析西方世界兴起的原因时指出,"有效率的经济组织是增长的关键因素;西方世界兴起的原因就在于发展了一种有效率的经济组织。有效率

---

① 柯武刚、史漫飞:《制度经济学》,商务印书馆 2002 年中文版第 142 页。

的经济组织需要建立制度化的设施,并确立财产所有权,把个人的经济努力不断引向一种社会性的活动,使个人的收益率不断接近社会收益率"。① 试想一下,如果没有专利制度,那么我们今天的技术进步就要缓慢得多。社会是为人们提供一个偶然的、不确定的刺激机制,还是创造一个持续的、规则化的激励机制呢?结论是十分明显的,通过制度化而形成的激励机制,无疑是有利于整个社会进步的。

任何制度都有激励功能,但不同的制度产生的激励效应不一样,因此才有不同国家或同一国家不同时期中,人们的价值观念、生活态度、工作学习积极性和创造性的不同,才形成主体能动性或人的本质力量大小发挥的差异。同时也产生了制度激励相容的问题,激励相容指所制定的制度对每个参与者都能产生激励,使参与者在最大化个人利益的同时也满足国家(组织)所制定的目标和要求。依据该原则,制度设计应使个人利己行为结果与给定的社会目标相一致。所以班克斯在《制度设计:一个代理理论的透视》一文中提出"激励效率是制度设计的目标"。② 人是有限理性的经济人,在缺少有效激励机制的条件下,人们往往会产生机会主义行为。制度设计应引导人们如实传递信息,从而达到个人目标与社会目标的一致性。"上有政策,下有对策"这种现象何以存在原因就在于激励不相容。因此,制度设计应考虑到个人的需求和回报,使个人理性与集体理性趋于一致。显然,这类制度设计的对象应当是针对那些品位高尚的人。次优的制度设计是使行为者在追求个人利益的同时也满足社会目标。较差的制度设计所考虑的仅是整体和社会的目标,忽视了个人利益,片面强调集体利益而牺牲个人利益。最差的制度设计是仅对少数人的利益负责,而不顾整体和社会的目标。

因此中国特色政党制度的制度设计在遵循激励性原则时必须注意两个方面:一个是激励所引导的方向首先要符合社会整体利益,反映大多数社会成员的意志和利益。否则这种激励机制就会偏离大多数社会成员的利益

---

① 诺斯:《西方世界的兴起》,学苑出版社1988年版,第1页。
② Banks, Jeffrey S. The Design of Institutions: An Agency Theory Perspective, David L. Weimer: Institutional Design, Kluwer Academic Publishers, 1995.

选择偏好，设计的制度就难以被认同，甚至会遭到抵制。这时，激励的绩效就会被高额的制度实施成本所抵消，激励制度的投资收益就会很低，甚至得不偿失。另一个是激励的手段能够调节激励社会主体，产生激励反应。这种激励就应当是社会主体大多数人期望得到的，符合人的本性的东西。因此，中国特色政党制度要以其双向互动的激励相容为制度设计原则。

5. 协调性原则。制度的协调性是指制度本身应合理、完善，具有自洽性，在实施过程中能避免制度的乏力、变形、缺位、失调等状况。制度不协调有以下表现：一是制度乏力。制度的设计和执行不协调，有的制度虽已设计出来了，却得不到执行；有的制度虽得以实施，但起不到实际效果，或是效果脱离预期，使制度形同虚设。二是制度变形。某一制度设计出来本来是要解决甲问题的，但却引发了乙问题，而且要解决乙问题的难度并不比甲问题小，这就是制度变形。三是制度缺位。是指在有关制度的设计过程中，执行者为了减少制度对自己行为的约束，尽量使得制度的设计内容不完整，各种规定过于笼统，以致无法执行或歪曲执行。四是制度冲突。一方面表现为"上有政策，下有对策"式的纵向层级间的冲突，另一方面表现为外部环境的横向冲突。制度的外部环境包括制度环境和文化环境。如果制度制定出来后不被当地文化认同，人们就会从心底排斥它，最终也难以得到实施。五是制度失调。这主要指制度体系不完善，致使出现功能失调。制度建设滞后，不适应时代发展的需要，制度的设计与执行不能统一都是制度失调的表现。

6. 帕累托改进原则。帕累托改进是指在不减少任何一方福利的条件下，通过改变现有资源配置而提高另一方的福利，它是实现帕累托最优的途径和方式。制度设计应遵循帕累托改进原则，即在尚未达到帕累托最优的条件下，在不损害其他人利益的基础上增加一部分人的收益，从而提高整个社会的福利水平，维护社会的稳定和发展。

前面阐述的是中国特色政党制度进行制度设计时，必须遵循的普遍性原则，这是制度设计时的普遍性表现。而阐述我国多党合作合作制度的制度设计时的要求，其实质要说明的就是制度设计时的特殊性。

1. 制度设计应与意识形态建设及文化观念相结合。意识形态、文化观念可以被定义为关于世界的一套信念以及与之相联系的价值观、道德观念等。意识形态和文化观念是个人与周围环境达成"协议"的工具，它以世界观的形式出现从而简化决策过程。好的意识形态能降低社会运行的费用。同时一致的意识形态可以替代规范性规则和服从程序，成功的意识形态在很大程度上决定着制度设计的方向和进程，能减少强制执行法律及其他制度的费用。而且当人们的经验与意识形态不一致时，他们便用新意识形态来节约认识世界和处理相互关系的费用。总之，意识形态和文化观念既可以促进也可能阻碍制度设计，既可以降低也可以增加制度设计的成本。无论维持和推翻现有的秩序，离开成功的意识形态都是不可能的。当国家权利主体面对众多公共选择时，"意识形态便成为决定性因素"。在诺斯看来，意识形态对人的行为的影响与利益效用一样明显，在某些条件下可能是决定性的。"当个人深信一个制度是非正义的时候，为试图改变这种制度结构，他们有可能忽视这种对个人利益的斤斤计较。当个人深信习俗、制度和法律是正当的时候，他们也会服从它们"。对政党来说提高意识形态一致性程度是降低政治协商成本、促进合作发展、增强政党制度的合法性、维护社会稳定的重要保障。人们的意识形态不同，效用函数往往也不同，那些受意识形态影响较深的人对精神因素则有更大的偏好。他们往往宁愿牺牲物质因素而保全精神因素，这样会减少因金钱物质诱惑而导致投机行为的可能性。在制度设计时，要把严密的制度设计与道德激励结合起来，把对恶的防范制裁和对善的引导性追求结合起来，防止政治权力的滥用和异化，使公共利益和人民的权益得到最大限度的维护。意识形态也同样存在着个体理性和集体理性的矛盾。个体理性的核心是个体收益的最大化，集体理性的核心是社会收益的最大化。计划经济条件下人们多关注于集体利益，市场经济条件下个人利益突出了。制度设计应在维护集体利益的同时尽量考虑到个人的利益要求。因此制度设计又是在个体选择与集体行动的博弈均衡中展开的，体现了公平与价值的追求。"尽管制度设计有时候仅仅与程序和实施相关，但是通常情况下，它们只指实质性的价值；而这些价值恰恰是由制度设计的正当性以及通过对这一设计而取得的公正结果所体现出来"。① 所以，制度设计与意识形态建设及文化建设应并重，特别是大力提倡道德、诚信等规范，创造良好的舆论氛围和文化环境，借此提高人们的道德水平，这对有效约束政治、经济、文化等方面的机会主义行为具有特别重要的意义。因此我们在进行中国特色政党制度的制度设计时，必须投资于意识形态教育，培育一致的和成功的符合时代特征的意识形态。因为成功的意识形态既能保持社会的连续性和稳定性，又能满足制度不断创新设计的要求，为制度设计提供强大动力。

2. 要注意制度设计不能简单地照搬和移植。所谓制度移植就是制度从一个国家或地区向另一个国家或地区的推广或引入。制度移植在发展中国家的制度变迁中占有相当大的比重。如拉丁美洲国家90%的制度是从欧美国家移植的。对于一个国家来讲，制度设计的途径主要有两个，一是制度创新，二是制度移植。发展中国家对于发达国家的制度移植有两种情况：一种是主动移植，如现在一些转型国家从发达国家学习有利于经济发展的制度；另一种是被动移植，如殖民时期的制度移植。所以在制度设计过程中是可以进行制度移植，是因为：第一、一些制度在世界范围内有共同性，能够移植；第二、制度移植可以降低制度变迁的成本。第三、制度供给也受诸多因素制约，成本高昂，因此，借用其他国家制度设计的经验教训推动本国制度设计，可以大大减低制度设计的费用，同时缩短制度供给与制度变迁之间的时滞避免制度短缺，加速制度设计过程，因此制度移植扩大了制度设计的选择范围。奥菲在《东欧转型中的制度设计》一文中认为，② 制度在演化过程中产生了相应的文化基础设施。"复制"或移植制度时尽管缩短了制度演化的过程，但由于缺少与制度原型相应的文化基础设施，复制出来的制度常常会运作困难甚至产生事与愿违的结果。文化基础设施就像是制度的软件，不过它不像电脑的软件那样容易被替换。例如某一制度在国外可能很先进，但引进本国可能并不适用。因为制度不仅是可

---

① Ian Shapiro, Stephen Macedo. Designing democratic institutions. New York University Press, 2000, p86.

② Claus Offe, "Designing institutions in East European transi – tions", in Robert E. Goodin: The theory of institutional design, CambridgeUniversity Press, 1996.

以选择的和移植的，还是内生的，制度移植可能比技术移植更困难，因为一个制度安排的效率极大地依赖于其他有关制度安排的协调，而且有些制度规范是植根在一定文化土壤基础之上的，如果这些制度规范离开了其相应的文化土壤，就很难奏效了。因此制度的设计应立足国情，适应国情，同时也应结合中国国情以制度创新为主。所以科拉姆的《次优理论及其对制度设计的含义》一文中认为：① 在有些情况，初始条件的微小变化，或者游戏规则的微小变化，会引起大相径庭的结果。因此，制度设计者在考虑制度借鉴和移植时必须慎重。如果有的制度安排对"初始条件"的变化很敏感，那么在一个地方有效率的制度如果被移植到另一个地方，就可能变成无效率的制度；如果有的制度安排对"规则"的变化很敏感，那么制度移植时要么不对规则作丝毫改动，要么就要对规则作大的改动，否则移植后的制度安排就达不到最优。反过来，如果制度安排对初始条件或规则的变化都不敏感，那么就可以大胆进行制度移植。尤其是对于立足于中国历史文化传统基础和中国现实国情的需求，并依据马克思主义政党理论和中国共产党的多党合作理论的指导，所具中国特色的中国特色政党制度的制度设计来说，我们更应该必须正确处理好制度设计与制度移植的关系，来加强制度设计，推进中国特色政党制度的不断发展与完善。

3. 要注重制度设计中的惯例。克罗斯克利在《制度设计中的惯例与规范》一文中对考察了制度设计中的"惯例"与"规范"。② 惯例是制度结构中的重要组成部分，但制度设计者通常面临四个问题：一是由于情况复杂、局中人沟通困难、参与者频繁变换等原因，制度所需"惯例"的自发出现可能会很缓慢和困难；二是无效率的惯例可能会自发形成；三是有的惯例对"环境"变化的反应很慢；四是不同群体会产生不同的惯例，而一旦两个群体合在一起时不同的惯例就会相互干扰。制度设计者必须解决以上这些问题。一项制度往往以某个特定的惯例组合作为其结构的一个潜在

---

① Coram, Bruce Talbot, "Second Best Theoriesand the Implications for Institutional Design", in Robert E. Goodin: The Theory of Institutional Design (NewYork: Cam‐bridge University Press, 1996.

② Croskery, Patrick. "Conventions and Normsin Institutional Design", David L. WeimerInstitu‐tional Design (New York: Kluwer Academic Publishers, 1995.

因素。根据理性选择对惯例的阐释，当假定策略条件不变时，制度设计就可以预料，一旦一套惯例是适宜的，它将可以自我维持，而且也可以自发地形成。制度设计的任务是引导惯例的形成，并产生一个有效的惯例组合。但是惯例形成过程中可能是缓慢的，有时候非最优惯例可能会自发确立，而且某些惯例可能不会随着事物的变化而有效的改变。因此"如果环境十分复杂或交流非常困难，或相关参与人频繁发生变化，惯例的形成将十分缓慢。"①因此，设计者需要大量的复杂的技术标准，尽管可以预料这样的标准在长期中可以自发地形成，但标准化团体的工作，无论是私人的还是政府的，都能使该过程变得容易。标准化团体能使给定的标准变得突出，并加速对他的接收进程。一般来说，制度设计者的任务是使惯例具有突出性。一种惯例的复杂程度取决于它所使用的环境。例如，一个制度越重要，需要投入的认知资源就应该越多。然而，惯例的效率并不严格受限于惯例本身的复杂程度。由于惯例组合在一起构成了更大的框架甚至更高的文化，在形成新惯例时，就产生了利用现存框架来约束成本的可能性。当惯例被预料会随着周围的环境的变化而稳定的变化时，周围的框架就变得尤为重要。已有的框架可以帮助参与者预测变化的方向和范围。由于惯例的形成在某种程度上完全取决于初始的突出因素，因此，当惯例的形成彼此孤立时，它们之间就存在着很大的差异，这就需要考虑文化的融合。

4. 要注重制度设计的初始制度设计。由于路径依赖的存在，初始制度设计至关重要，但更为重要的是整个社会的纠错机制，以及主要责任者的心胸和责任意识。诺斯认为，"路径依赖"类似于物理学中的惯性，事物一旦进入某一路径，就可能对这种路径产生依赖。这是因为社会乃至经济生活与物理世界一样，存在着报酬递增和自我强化的机制。这种机制使人们一旦选择走上某一路径，就会在以后的发展中得到不断的自我强化。"路径依赖"理论被总结出来之后，人们把它广泛应用在选择和习惯的各个方面。在一定程度上，人们的一切选择都会受到路径依赖的可怕影响，人们过去做出的选择决定了他们现在可能的选择，人们关于习惯的一切理

---

① 戴维·U. 韦默：《制度设计》，上海财经大学出版社 2004 年版，第 137 – 138 页。

论都可以用"路径依赖"来解释。制度变迁中也存在路径依赖现象，而路径依赖有两种不同的情况。一种情况是某种初始制度设定之后，具有报酬递增的效果，促进了经济的发展，其他相关制度安排向同样方向协调，导致有利于经济增长的进一步的制度变迁。这是一种良性的路径依赖。另一种情况是某种初始制度设定之后，由于违反人类通行的价值理念，受到人们内心的抵制，不仅效率低，甚至阻碍了生产活动，出现负效率，只是由于既得利益者特别是权力执掌者的维护，才会延续下来，但此时该社会进入了低效率的"锁定"状态。这是恶性的路径依赖。总之，一旦初始制度选择错了，制度就会沿着错误的轨迹向前演进，对社会造成极大的破坏，并最终将整个社会"锁定"在低效率的陷阱里。因此我们一定要注重制度设计时的初始制度设计。

三、中国特色政党制度的制度设计路径

历史证明，中国特色政党制度是与我国的国情、党情相适应的，具有独特的政治优势，但也容易出现权力过分集中、监督乏力、权力腐败等现象；我们现在面临的问题不是政党制度再选择，而是如何通过制度设计来发展、完善的问题。从总体上讲，中国特色政党制度有原则性、宏观的规定，但宏观制度缺乏中观、微观的制度支撑，制度化、规范化、程序化水平不高，从而导致了政党制度运行中的一些问题。同时，新时期，我国经济社会结构的变化对政党-国家-社会之间的关系产生了一定影响，依法治国、社会主义民主政治建设、和谐社会建设等要求增强政党制度的民主政治功能、社会整合功能；而且对政党制度的运行机制、运作方式等也提出了新的要求。

制度文明是人类文明的内核所在，它不仅是现代文明的重要支撑，而且是现代文明的重要标志。邓小平同志说过："制度问题带有根本性，全局性，稳定性和长期性。"[①] "制度好可以使坏人无法任意横行，制度不好

---

① 《邓小平文选（第5卷）》，人民出版社1994年版，第333页。

可以使好人无法充分做好事，甚至会走向反面。"①深刻地说明制度设计的重要性。因此我们只有通过有效的制度设计，才能保证和巩固中国特色政党制度半个多世纪以来不断发展与完善的成果。众所周知，世界上的任何制度都具有普遍性和民族性（或一般性和特殊性）两重性，中国特色政党制度的民族性就是它的"中国特色"，它的普遍性就是政党政治是现代文明社会民主政治的主要表现形式。因此在对中国特色政党制度进行制度设计时，我们必须坚持制度的普遍性和民族性两重性考量。

此外，制度设计的辐射面很广，如果从整个社会结构系统上考察，它主要有理念、制度和组织三个轴心指向。美国著名社会学家、结构主义流派代表人物塔尔科特·帕森斯在《现代社会的结构与过程》一书中，将社会系统分为三个结构层次："用作社会系统参照的三个层次分别是价值、制度和集体。价值被表述为规定系统成员取向的总领域，而独立于系统结构、情境或目标的特殊内容。制度是规范模式，它规定了位于系统的不同地位、不同情境、掌握或服从不同制裁的局部个人被期望（指定的、允许的或禁止的）行动的范畴。另一方面，集体是从事角色活动的个人的群体或组织，这些群体或组织在它们作为局部所处的系统中有某些功能意义。"②也就是说，社会系统有价值、制度、集体（组织）三个结构层次，这种区分是有道理的。秦德君博士也在其《政治设计研究——对一种历史政治现象之解读》认为，人类政治文明的大厦填满了各种家什，然而其中最为基本的，乃是理念、规则和组织体系这些骨架性内容。理念是社会的价值判准，制度是社会的规则体系，而组织是理念和制度的负载体，它既是理念与制度的产物，又是理念与制度再生的结构动因。③中国特色政党制度的制度结构是共产党领导、多党派合作，共产党执政、多党派参政，共产党代表、多党派联系；政治协商、参政议政、民主监督则构成了其制度的主要制度安排。而制度设计是以制度安排为核心的社会设计，因此，中国特

---

① 《邓小平文选（第5卷）》，人民出版社1994年版，第146页。
② （美）塔尔科特·帕森斯：《现代社会的结构与过程》，光明日报出版社1988年版，第160页。
③ 秦德君：《政治设计研究——对一种历史政治现象之解读》，上海社会科学出版社2000年版，第40页。

色政党制度的制度设计主要是围绕着政治协商、参政议政、民主监督等各项制度安排展开。众所周知，完整的制度设计可以向人们提供一整套较为明确的信息，可以激发公民参与政治的热情，并使其转化为合理有序的政治参与，为人们的行为选择设立了一个合理的空间，进而借助于奖惩机制，不断对人们的行为进行双向的奖惩，从而对政治行为选择进行引导。因此对中国特色政党制度进行制度设计时，应从宏观、中观、微观三个层面进行制度设计的框架构想，从理念、制度、组织的三个角度进行制度设计的路径设想，从理念化、制度化、程序化三个过程进行制度设计的可操作性应对措施思考。

1. 宏观层面

对于中国特色政党制度宏观层面的制度设计来说，从理念的角度看，它是一个理念化的过程。理念是关于人类社会发展的最一般的价值系统。"按照社会学的设想，价值被审慎地规定在高于目标的一般的层次上。"[①]"在信念的层次上，价值的'理由'超越经验的知识，而根植于宗教和哲学的领域"[②]价值分为个人价值系统与社会价值系统。政治理念设计是社会价值系统设计。这种设计一是在政治、社会、历史、文化交互作用的条件下，对社会一般价值予以抽象、提升乃至理论确立。它确立一种群体价值，对人类生存秩序、社会正义、公共政治生活本质、政权合法性基础、政治关系以及政治发展等方面，确立起一种根本态度与根本准则。因此在中国特色政党制度的制度理念设计中，首先是要把坚持马克思主义、毛泽东思想、邓小平理论、"三个代表"重要思想和科学发展观的指导不动摇，坚持中国共产党的领导不动摇，坚持中国共产党与其他民主党派的长期共存、互相监督、肝胆相照、荣辱与共的基本方针等等纳入我国政党制度的价值理念设计中去，因为这些中国特色政党制度的根本性准则和基本方针是经历了半个多世纪的实践检验，已经成为我国政治生活中的基本准则了，但是我们还是应当把其作为价值理念来设计宣扬，使之成为中国特色

[①] （美）塔尔科特·帕森斯：《现代社会的结构与过程》，光明日报出版社1988年版，第140页。

[②] 同上，第142页。

政党制度中的核心价值理念,这是中国特色政党制度设计时的基本价值取向,从思想上引导人们的政治观念、参与政治生活的价值取向。

其次,要把中国特色政党制度的主要特性——"合作"理念纳入制度理念设计中去。几千年来,中华民族就独立自主地创造了不同于西方世界的、独具特色的中华文明,也基本形成了中华民族的一个重要的哲学与政治概念:"和"。所谓"和",是讲各种不同的事物需要互相补充和有机配合。与"和"相反的概念是"同","同"是事物的单一性。最早提出"和同"论的是西周末年的太史伯。后来孔子赋予"和"与"同"更加广泛的意义,明确提出"君子和而不同,小人同而不和。"孟子提出:"天时不如地利,地利不如人和"。荀子提出:"万物各得其和以生。"《中庸》提出:"和也者,天下之达道也。"因此,在中国传统文化中更多地具有"和"、"中庸"、"和而不同"、"政通人和"、"和为贵"、"和气生财"、"家和万事兴"、"非攻"、"兼爱"、"无为"即不相竞争反映"合作"的思想。此外,在中国古代政治理念的设计中,老子的"道",孔子的"仁",孟子的"义",到后来康有为等人设计的"大同社会"等等,无一不体现着"合作"的思想。所以,中国古代政治文明形成了"尚中庸、喜和谐、重合作"的思想,为以"合作"为主线的中国特色政党制度提供了丰厚的文化营养,因此中华传统文化的"和合文化"精神是中国特色政党制度的文化基础,而中国特色政党制度中,中国共产党和其他各民主党派的合作本身就是这种中华传统文化"和合精神"、"和而不同"集中体现。此外马克思在他早年的哲学著作《德意志意识形态》中就指出:"社会关系的含义是指许多个人的合作。"并且对政党合作展开了一系列的论述(关于马克思主义的政党合作思想已有专门撰文阐述,故这里不再细说)。因此我们应当要把"合作"的理念明确提出作为中国特色政党制度理念设计时的考量,这是中国特色政党制度的民族性的价值取向。

第三,要把正义、自由、平等、法治、民主、宪政等理念纳入中国特色政党制度理念设计中去。人类社会的正义理念、自由理念、平等理念、法治理念、民主理念、宪政理念等,是人类在漫长的历史发展中经自觉提升而铸就的,成为人类政治生活最基本的"核心概念"。这些是人类政治生活的普遍性准则,我们应当进一步把它们引入中国特色政党制度的制度理念设计中去，这是中国特色政党制度设计时普遍性考量的价值取向。

2. 中观层面

在中国特色政党制度中观层面的制度设计中，从制度的视角来看，则是一个制度化的过程。制度的基本意义是向人们提供规约和可预见性。"制度的存在是为了降低人们相互作用时的不确定性。这些不确定性之所以产生，是所要解决的问题的复杂性以及个人所有解决问题的软件（用一种计算方法）不足的结果。"所以"制度提供了人类相互影响的框架，它们建立了构成一个社会，或确切地说一种经济秩序的合作与竞争关系"。① 政治制度是保证社会合理存在与有秩序运行的基本规则。美国政治学家G·A. 阿尔蒙德说，"政治制度是负责维持社会秩序或改变这种秩序的合法制度。"②政治制度是政治设计的主要维度。政治理念和政治制度构成的关系是："价值规定了行为的总方向。然而，价值并不告诉个人在既定的情境中干些什么。"因此，要"价值通过合法与社会系统结构联系的主要参照基本点是制度化。"③因为"价值系统自身不会自动地实现，而要通过有关的控制来维系。在这方面要依靠制度化、社会化和社会控制一连串的全部机制。"④因此中国特色政党制度设计中观层面制度设计的主要维度是制度化的设计。

当我们从制度化的视角来考察中国特色政党制度的制度设计时发现，从中国共产党和各民主党派的第一代领导人一开始设计与创建中国特色政党制度时，就以马克思主义的政党合作思想及传统政治文化的"合作"理念为指导，以中国的现实国情为基础开始了制度化的设计。譬如1949年第一届中国人民政治协商会议通过的《中国人民政治协商会议共同纲领》，就是中国特色政党制度设计的制度化开始。随后的1956年中共八大报告明确了"长期共存、互相监督"作为多党合作的基本方针；1982年十二大报告的"长期共存、互相监督、肝胆相照、荣辱与共"的十六字方针；1989

---

① （美）诺斯：《经济史中的结构变迁》，上海三联书店1991年版，第3页。
② 杨祖功、顾俊礼：《西方政治制度比较》，世界知识出版社1992年版，第5页。
③ （美）塔尔科特·帕森斯：《现代社会的结构与过程》，光明日报出版社，1988年版，第145页。
④ 同上，第141页。

年颁发了《中共中央关于坚持和完善中国共产党领导的多党合作和政治协商制度的意见》（即著名的"14号文件"）；2000年颁发了《中共中央关于加强统一战线工作的决定》；2005年颁发了《中共中央关于进一步加强中国共产党领导的多党合作和政治协商制度建设的意见》（通常称为2005年5号文件）；2006年颁发了《中共中央关于加强人民政协工作的意见》等等都是制度化设计的结果。此外1993年与2004年两次宪法修正案的序言的第十自然段末尾规定："中国共产党领导的多党合作和政治协商制度将长期存在和发展。"如序言的最后一句："全国各族人民、一切国家机关和武装力量、各政党和各社会团体、各企业事业组织，都必须以宪法为根本的活动准则，并且负有维护宪法尊严、保证宪法实施的职责。"第五条第三款规定："一切国家机关和武装力量、各政党和各社会团体、各企业事业组织都必须遵守宪法和法律。一切违反宪法和法律的行为，必须予以追究。"等等。但是如果从中国特色政党制度的民族性与普遍性两重性来思考，以现代民主政治制度的制度化为标准，以"合作"理念为核心，就会发现当前中国特色政党制度的制度化程度还有待进一步提高，即要以适应我国经济社会结构变化与政治生态的变化来发展完善中国特色政党制度的制度化设计。因此对于中国特色政党制度的中观层面的制度化设计应当从国家制度、执政党制度建设与参政党制度建设两个层面进行。

首先是国家制度层面。现代民主政治的发展表明，政党在推动现代民主政治中的作用是十分重要的。政党不仅是现代政治组织的独特形式，而且是它的中心。特别是"中国共产党是社会主义事业的领导核心，既是执政的力量，也是领导的力量。作为执政的力量，是政治制度的实际操作者，作为领导的力量，可以不依赖政治制度，即国家制度，而拥有实际的政治力量。"中国共产党是我国政治制度总体设计者和推动者，决定着整个政治制度发展的取向、路径和方式。从我国政党制度的实践看，中国共产党在1989年和2005年相继颁布了关于加强中国共产党领导的多党合作和政治协商制度建设的意见，提出了一系列理论观点和政策主张，推动了我国政党制度向制度化、民主化和现代化发展，体现了执政党追求民主的坚定意志。但是从多党合作制度是我国基本政治制度的"合作"的本质特征来分析，政党制度的制度化设计在国家法律层面上的展开还是不够的。

无论是中共中央颁布的中发［1989］14号文件还是中发［2005］5号文件，说到底还是共产党的政策主张，是从执政党的角度规范了执政党与参政党的关系、规范了参政党的政治地位和活动方式等等，这些还是属于政策规范的范围。尽管有我国宪法规定"中国共产党领导的多党合作和政治协商制度将长期存在和发展"、在宪法序言的最后自然段和总纲的第五条中有"各政党和各社会团体"的文字，但是没有对政党制度及八个民主党派有比较详细的阐述，相对而言，全国人民代表大会和民族自治地方的自治机关等都有专门章节作较为详细的阐述，因此宪法对我国政党制度的规范就显得比较薄弱。不难看出，在政党制度的制度化建设上尚存在"政策具有最高权威"的痕迹。政策的确是一切政党一切实际行动的出发点，但是政策毕竟不是制度，特别是国家与社会日趋分离的当今中国，全能政治渐行渐远，政策的张力和控制力远不及在权力高度集中的计划经济年代，执政党只有将其政策主张及时转化为国家法律，在国家制度的框架中对中国特色政党制度进行制度化设计，才能推动中国特色政党制度的更好发展，使中国特色政党制度的民主性和科学性得以保证。

其次是执政党制度建设与参政党制度建设的制度设计。任何制度的建立，都是与社会主体对社会秩序及社会发展需要的理性思考和选择，制度执行的情况，也与执行者有很大关系，尤其在社会转型中的中国。因此，建设高素质的执政党和参政党的制度设计就显得特别重要。因为中国特色政党制度的坚持和发展，政党合作模式的完善，取决于共产党的领导水平和执政水平，也取决于民主党派的合作能力和参政能力。因此从两者总的方面来看，制度设计要按照依法治国、依法执政、依法参政的时代要求，完善中国共产党的领导体制与执政体制，建立合理有效的民主党派参政议政机制、联系社会机制；完善政党制度的运作机制与运作程序，科学规范政党的执政与参政方式，合理规范中共与民主党派之间政治协商、合作共事、民主监督的体制、方式。从执政的角度分析，中国共产党要适应世界民主潮流，加强对共产党执政基本规律的探索，要根据形势的发展和任务的要求不断完善党的领导方式和领导方法，不断提高党的科学执政、民主执政、依法执政的能力，不断推进党内民主，并要在政党制度的框架内优化政党合作模式，使执政党和参政党之间有适度的张力，实现共产党领导与民主党派的独立性之间的相互平衡，并要积极地按照民主规则创新运行机制，自觉地将自己置于制度的约束之下。同时，在实行对外开放、发展市场经济的国策下，社会结构也出现了新的变化。在社会阶层日益多元化，中间阶层日益壮大的情况下，执政党要加强自己的执政基础建设，不断巩固其原有的产业工人阶级基础，进一步将阶级基础扩大到白领、金领和第三产业阶层；将社会中间阶层的优秀分子吸收到党内来，使社会中间阶层始终团结在党的周围，成为维护政治稳定的坚定力量。从参政党的角度分析，民主党派是政党，应该具有政党所具备的一般职能，能够在利益表达和整合中发挥作用。民主党派只有成为"人民控制公共权力的延伸之手"，才能在政党政治中发挥更大的主动精神。作为现代政党的参政党，要提高顺应政治环境的变化和联系社会的能力，在国家与社会日益分离的今天，民主党派能否与社会保持良好联系，并能够很好地整合社会资源，提升自身在社会上的地位和作用对于政党发展是很重要的。要有自己独立的地位、价值和本党特色的纲领，引导自身成员树立政党意识和责任意识，能够在坚持四项基本原则的基础上自主的展开活动。要提高本党成员对本党的认同态度，现在有的党派成员往往把参政党看成是交谊组织或者是曲折入仕的途径，这对民主党派的凝聚性起了负面影响。此外，民主党派要加强自身的代表性建设。政党代表一定的社会利益群体执掌或参与国家权力，以实现对社会利益的权威性配置。因此政党必然要维护它所代表的阶层和群体的利益，政党也一定要为它所代表的群体认可。我国的民主党派是各自所联系的一部分社会主义劳动者、社会主义事业建设者和拥护社会主义爱国者的政治联盟。民革、民盟、民建等政党都有自己所联系的界别，这些界别就是各民主党派所代表的群体（比中国共产党的阶级基础和社会基础要广泛得多）。民主党派自然要表达这些阶层的利益要求，这也是政党代表性的体现。政党的代表性问题是关系到政党合作的社会基础。现在，民主党派的代表性问题遭遇了理论与实践的困惑。一是各民主党派议政的角度雷同，缺少特色。二是各民主党派与自己所联系的那部分群体缺少沟通机制，政党对自己所联系的群体的利益诉求不够敏感，所在的群体对自己政党的认知度也不是很高。我们知道，政党总是作为一定阶级、阶层或利益群体的代表者及利益诉求的反映者而存在。如果说，民主党派的代表性是全方位的，什么都能表达，其结果是政党的代表性弱化了，政党的特色也就黯淡了，那么，政党之间合作的合法性就会受到挑战。民主党派要使自己不丧失社会基础，有足够动力，就要在吸纳新的社会力量时，做到在党内界别结构发生变化的情况下保持特色与创新发展有机统一。

3. 微观层面

而对于中国特色政党制度微观层面的制度设计来说，从组织的视角审视，它应该是一个程序化的过程。"组织是'一个由有意识协作（合作）行动并由两人或两人以上力量组织的体系'。"[①]"当人们为了协调一个集团的活动以到达既定目标而确定出明确程序时，便产生了组织。"当然，"并非一切集团都是组织，与自发形成的集团不同，只有按照正规程序建立起来的集团才算得上组织。"[②]迪韦尔热认为："组织的定义可以概括为基于一定物质基础（规章、设备、技术、办公室等）之上的某类集体成员的角色构成。政党、工会、社会运动、压力集团、行政机构、公共企业和半私有企业等等都属于这个范畴。"[③]在制度与组织的相互关系中，制度是"基本规则"，这一规则不仅创造了一系列的机会，也会形成约束，组织是在既定约束下为了捕捉这些机会以实现一定目的而成立的。如果运用博弈论来分析，这里所指的制度就是博弈的规则，而组织就是博弈的主体之一。但是在很多情况下，一些人在使用制度和组织两个概念时，并不完全加以区别，有时候往往用制度概念来代替组织。譬如说人民政协这个统一战线组织就称之为人民政协制度。组织的创立和运行既受制于既定制度，又体现既定制度。也就是说中国特色政党制度的主要组织形式——人民政协制度既受制于中国特色政党制度，又体现了中国特色政党制度。"制度

[①] （美）詹姆斯·Q. 威尔逊：《美国官僚政治》，中国社会科学出版社1995年版，第33页。

[②] （法）莫里斯·迪韦尔热：《政治社会学——政治学要素》，华夏出版社1987年版，第159页。

[③] 同上，第158页。

设计要求构造'恰当的逻辑',引导制度及其成员。"①所以当我们进行我国多党合作的制度设计时,要构造合作的程序逻辑,并引导各民主党派成员及无党派代表人士加强合作。因此,中国特色政党制度的微观层面的制度设计就是对人民政协制度进行合作程序化的设计,也包括中国特色政党制度中,中国共产党执政党和民主党派参政党在各级政权组织中合作程序化的设计,主要集中体现在政治协商、参政议政、民主监督三个方面。

(1) 政治协商。中国共产党同民主党派进行政治协商,是中国多党合作制度运行的一项重要的制度安排。当前政治协商的制度设计形式主要有:民主协商会、小范围的谈心会、座谈会等会议形式,以及各民主党派中央向中共中央提出书面建议的形式。主要内容有:中共全国代表大会、中共中央委员会的重要文件;宪法和重要法律的修改建议;国家领导人的建议人选;关于推进改革开放的重大决定;国民经济和社会发展的中长期规划;关系国家全局的一些重大问题;通报重要文件和重要情况并听取意见,以及其他需要同民主党派协商的重要问题等。政治协商这项制度安排设计的重要原则是已经把政治协商纳入程序化,对一些重大问题在决策前和决策执行中进行协商,代表最广大人民群众的共产党和代表着不同社会阶层和群体的各民主党派共同协商国家大事,使广大人民群众或社会阶层通过政治协商这项制度安排间接地参与国家事务的管理,已经反映了这项制度设计的科学性、民主性及效率性。尽管该项制度设计已经是程序化了,但是面对结构逐步转型、利益明显分化、冲突日益频繁的社会,还是远远不够的。而"民主治理视角下的合作行动作为一种设计的结果,不同于危机设计的命令型合作,也不同于理性设计的纪律型合作和渐进设计中的协作型合作,而是一种回归政治平等的协商型合作。"②因此,人民政协作为我国政治协商制度的组织形式,面临着进一步程序化、规范化的挑战,在某些方面还存在一些值得讨论和思考的问题。其中最重要的一条是政党合作与协商的内容非常广泛,有宏观问题有微观问题,有原则性问题

---

① 戴维·L 韦默:《制度设计》,费方域、朱宝钦译,上海财经大学出版社2004年版,第199页。

② 孔繁斌:《论民主治理中的合作行为》,中国知网。

有策略性问题，有相互关系问题有共同面对的问题，但是关于这些差异性很大的问题的合作和协商并没有在理论和方针层面形成分类合作与协商机制。因此我们要在各党派之间，特别是中国共产党与各民主党派之间的纵向合作与协商机制，要从重大政治问题协商机制、民主党派政权参与协商机制、政策合作协商机制和工作沟通协商机制[①]等四个方面，从大到小、从宏观到微观来完善协商机制的制度设计。在重大政治问题协商机制方面，首先中国共产党要发挥领导作用，其次各党派最终要形成统一的意志和声音，这方面主要是协商的具体程序设计方面。在民主党派政权参与协商机制方面，共产党作为执政党负责干部管理，要将推荐民主党派人士担任各级国家机关领导职务作为一项重要政治任务，要与各民主党派协商、制定好各民主党派干部担任国家机关领导职务的范围、数量、层次、程序的有关规范，并使之制度化、规范化，使之不会因个别领导人的喜好、注意力而更改。在政策合作协商机制方面，在进行制度设计时要注意切磋原则和选优原则。我国的各民主党派在许多专业领域是有一定优势的，如果有一个好的政策性合作协商机制，就能够更好地发挥它们的优势，使我们的政策制定得更好更科学。在工作沟通协商机制方面，制度设计就是如何使其经常化和系统化的问题。同时，还要根据社会分化的现实，在人民政协组织之中，建立专业化的横向协商机制，例如党际协商机制、党与社会团体之间的协商机制、以及政党与社会团体和集团、公民个人之间的协商机制等等。

（2）参政议政。参政议政是我国各民主党派、无党派人士和其他爱国人士参与国家政治生活的泛称。参政是指民主党派在中国共产党的领导下参加国家政权，通过其成员为代表在政府担任领导职务、人大代表、政协委员等，是一种直接的政治参与形式；而议政是由民主党派对国家和社会政治生活中的诸多问题进行调研、发表议论、提出意见和建议。参政与议政虽是两种不同的政治参与方式，但彼此之间是相互渗透、相互促进的。民主党派的参政议政是其作为参政党最重要、最基本的职能，因为这是参

[①] 闫志民等：《我国合作型政党制度的理论与实践研究》，中央社会主义学院网站政党制度研究中心。

政党政治功能和政治作用的内在要求,也是实现多党合作的主要制度安排之一。参政议政的制度设计是一个"参加"三个"参与",主要形式有:参加国家政权,参与国家大政方针和国家领导人选的协商,参与国家事务的管理,参与国家方针、政策、法律、法规的制定和执行。具体而言,就是通过出任政府领导职务、选任人大代表、担任政协委员等三种途径进行参政;通过提案工作,参加各种会议和以媒体为中介为党和政府献计献策;民主党派成员在视察调研过程中了解社情民意、发现有价值的发展思路和社会问题,及时向执政党传递相关信息,做到下情上达等方式进行议政。参政议政这项制度设计,已经为我国众多的不同社会阶层和群体提供了能够表达他们各自利益和观点的一个程序,一个舞台,一个论坛,使得人民群众都能够公正、平等地通过参政议政直接参与国家事务的管理,权利和义务都得到了保障。

2005年中共中央颁发的《中共中央关于进一步加强中国共产党领导的多党合作和政治协商制度建设的意见》(以下简称《意见》)对于进一步充分发挥民主党派和无党派人士参政议政作用作出了更加制度化、规范化、程序化的规定,增强了民主党派和无党派人士参政议政的力度和可操作性。然而民主党派的参政和议政之间并不是等量齐观的。相比较而言,参政的功能表现得更为正式一点,也更为制度化和更为有效,它有自己的规则和运行的轨迹,民主党派成员无论是担任政府领导职务,还是在人民代表大会中拥有代表身份和在人民政协中拥有委员的头衔,这些职位中都设定了对应的权力范围和义务约束,使得民主党派在一定程度和一定范围内能够有所作为的。但总体上,民主党派成员担任政府部门领导,人数比较少,地位比较低,管辖范围比较窄,担任正职比例小。执政党在民主党派参政问题上中央一级和省级做的相对较好一些,而有些地方领导对多党合作制缺乏应有的认识,因此经常会给民主党派参政设置一些人为的障碍。民主党派的议政主要表现为发表议论、提出意见和建议,还有参加调研和提出议案等,但还是缺乏一个能够全面、有效吸纳和反馈的机制用来处理民主党派的议政。在议政方面,民主党派近几年在人大和政协的提案,从整体情况来看质量并不高,而且有游离于普通民众实际需求之外的倾向,以至于近几年两会期间出现山寨版的提案更符合民情的现象,究其根源在于民主党派的参政是对以往政治惯例的制度化路径依赖,缺乏可操作性的程序。而且目前参政议政的路径主要通过出任政府部门实职和当选为人大代表与政协委员,然后通过人大和政协来进行参政议政,存在着参政议政的路径比较单一的问题,不能很好地满足人们渴望参与国家政治生活的参政议政需求。新兴的参政议政途径如网络参政议政还没有纳入制度化的设计中去。因此参政议政的程序设计还存在有待进一步加强的地方,国家制度层面的程序化设计还比较全面,但是到地方性制度层面的参政议政的程序化设计则不是很完善。因此,我们首先要完善国家制度层面的参政议政制度设计,加强对地方参政议政制度层面的制度设计;其次对参政议政的制度设计要程序化、规范化,具有可操作性;第三是要完善对参政议政的提案或意见建议的提交、采纳、办理、结果的一整套程序的制度设计;第四要加强对新兴参政议政途径如网络参政议政等政治参与方式的制度设计。

(3)民主监督。监督制度是现代民主政治的重要支柱之一,完整的监督制度包括宪法监督、议会监督、行政监督、司法监督、政党监督、社会监督等。我国民主监督主要指各民主党派通过提意见、批评、建议的方式对中国共产党的政治监督,是我国社会主义监督体系的重要组成部分之一。民主监督运行机制的制度设计主要体现了对国家事务管理及国家大政方针实施的效果进行监督,以提高其效率,同时也反映了人民群众对国家事务管理权力的政治参与,从公民政治参与的意义上讲,健全的监督机制为公民和公民团体提供了正常的组织和舆论渠道,提供了公平、平等的参与机会。特别是近些年来,随着民主监督逐步向制度化、规范化迈进,围绕民主和团结两大主题,人民政协积极履行民主监督职能,针对党和国家的方针政策、国家重要事务提出了许多重要的意见和建议,对党和政府的科学化、民主化决策起到了重要作用,在社会上产生了较好的影响,是我国民主政治发展的重要表征。然而,由于思想上、制度上和机制上等方面的原因,人民政协民主监督存在着一些问题,比如民主监督意识不够强、民主监督的规范化程度不够高,民主监督形式与其他监督形式横向合作机制缺乏等。所有这些发展中的问题都必须通过一定的制度设计逐渐加以解决。针对人民政协民主监督中存在的现实问题,考虑到我国政治制度的基本状况,在民主监督的制度设计方面,有必要建立以下制度:① 一是设计建立公示制度和听证制度。中国共产党的十六大报告指出:"各级决策机关都要完善重大决策的规则和程序,建立社情民意反映制度,建立与群众密切相关的重大事项社会公示制度和社会听证制度"。西方国家的监督机制的有效性,从一定程度上讲是建立在政务公开的基础之上,没有监督主体对监督客体运作状况的了解,监督是不可能取得较好的效果的。在设计公示制度时,除涉及国家机密、商业秘密和个人隐私外,有关政务信息都应及时向人民公开,听证制度要针对社会热点问题,人民群众关心的问题,以民主党派为主,邀请群众代表参加,请有关部门就特定问题进行专项说明,并直接答复和办理有关意见和建议。二是设计建立民主监督情况发布制度。公开应包括人民政协在履行民主监督职能过程中的程序、结果等方面的公开。人民政协可每隔一段时间,就社会比较关注的热点、难点等问题进行民主监督,并将结果公布于众,接受社会的监督。三是设计建立民主评议制度。可以由政协出面组织民主党派及各界人士,依照政协职能,围绕团结和民主两大主题,针对人民群众普遍关心的热点、难点和重点问题,定期或不定期对有关部门的工作及作风进行检查、评议,提出批评意见和建议,供有关部门参考。四是设计建立民主监督的横向合作制度。人民政协的民主监督属于一种非权力监督。但在民主监督的制度设计中,并不是要建立起刚性的约束制度,将政协的民主监督改造成权力性的监督形式。因为这样一来,政协也成了我国的权力机关,这并不符合我国的基本政治制度。但是如果政协的民主监督与其他的监督形式相配合,形成监督的"合力",民主监督在现实中就能产生一定的影响和监督效能。可以通过一定的制度设计,将人民政协的民主监督与党委的政治监督、人大的权力监督、政府部门的行政监督、检察院和法院的司法监督、新闻媒体的舆论监督和社会公众的群众监督有机结合起来,互相配合,优势互补,形成合力,共同发挥作用,把人民政协的民主监督积极稳步、扎实有效地向前推进。五是进一步设计完善民主监督的保障制度。民主监督的保

---

① 王邦佐、罗峰:《人民政协民主监督的理论支撑、现实意义和制度设计》,《政治与法律》2007年第5期。

障制度，是政协搞好民主监督的基础性条件。可以参照人大代表的身份保障制度，明确规定对政协委员提出的批评、意见和建议要做到发言免责。同时也可以考虑对于省级及其以下的民主党派对同级中共党委和政府的监督，采取可以同时向上一级中共党委和民主党派中央报告，从而获得更高层面的支持和保障，也使监督的角度更宽、力度更大。

价值决定政党的目标取向与合法性基础；制度决定政党的结构与功能；程序决定政党的运行方式与手段。对于中国特色政党制度的制度设计来说，这三个方面辩证统一，相互决定，缺一不可。

第三章 现代化视域下的中国特色政党制度

政党政治的兴起，是当今世界一个普遍性的政治现象。据统计，目前全世界200多个国家和地区，绝大多数国家和地区都是政党政治。政党政治已经成为现代国家普遍实行的治理形式，是现代化和现代政治的产物。政党的出现是政治现代化的要求，长期以来，大多数人或研究者都把政党与民主联系到一起，认为"政党的出现是由于民主政治发展的需要。"[①] 但我们看到不仅仅在民主的国家，在威权国家，甚至在斯大林统治下的苏联和希特勒统治下的德国，政党都是一样的出现和存在，所以可以说政党和民主并没有必然的联系。政治现代化和政治民主化并不是等同的，但说政党是人类社会现代化进程的结果是没有异议的。因此，本文从现代化视域的角度，运用一些政党现代化的理论，通过分析中国现代化运动和中国特色政党制度之间的相互关系，来探索当前在中国的现代化进程，中国特色政党制度应当如何实现自身的现代化即政党现代化，同时又适应并推进中国社会的现代化发展，实现中华民族伟大复兴的梦想。

一、现代化与政党及政党制度现代化

现代化作为一个世界性的历史过程，是指人类社会从工业革命以来所经历的一场急剧变革，这一变革以工业化为推动力，引起传统的农业社会

---

① 周淑真：《政党和政党制度比较研究》，人民出版社2001年版，第6页。

向现代工业社会的全球性大转变,它使工业主义渗透到经济、政治、文化、思想各个领域,引起深刻的相应变化。①或"指 18 世纪工业革命以来人类社会所发生的深刻变化,它包括从传统经济向现代经济、传统社会向现代社会、传统政治向现代政治、传统文明向现代文明转变的历史过程及其变化,它既发生在先进国家的社会变迁里,也存在于后进国家赶超先进水平的过程中。"② 一般而言,现代化包括了学术知识上的科学化、世俗化,政治上的民主化、法治化,经济上的工业化、市场化,思想文化领域的自由化和民主化,社会多元化等。③ 政治民主化既是现代化的产物,又推动着现代化向更高层次发展。作为政治民主化重要内容——政党的产生及政党的现代化,从本源上来讲,它是由现代化本身引起的,现代化本身引起的一系列变化就是政党产生及政党现代化的基本条件和直接动因。

(一) 政党及政党制度是现代化的产物

现代化作为一个世界历史进程,反映了人类社会从传统农业社会向现代工业社会所经历的巨变。这一进程始于西欧,扩展于北美和欧洲其他地区,然后蔓延向亚非拉美许多国家。早期西方国家的现代化属于内生型或原生形态,是一个经济社会内在的、渐进的自发演变过程,经历了一个漫长的时间。而晚近的亚非拉美许多国家的现代化则大都属于外生型或后发生态,那是在西方冲击和国际环境影响下导致的社会激变,时间短而集中,往往采取突变的即革命的方式。

许多政治学者认为,现代化的产生过程不论是内生型的还是外生型的,政党及政党制度都产生于现代化的过程中,所以现代化是政党及政党制度产生的根本原因。在现代化进程中,现代民主政治的发展是各国现代化的重要组成部分,其核心内容是政治民主化。政治发展中最基本的是社

---

① 罗荣渠:《现代化新论》,北京大学出版社 1993 年版,第 16—17 页。
② 中国现代化战略研究课题组:《中国现代化报告(2003)—现代化理论、进程与展望》,北京大学出版社 2003 年版,第 3 页。
③ 胡伟等:《现代化的模式选择:中国道路与经验》,上海人民出版社 2008 年版,第 16 页。

会主体的成长与成熟。在现代化的进程中,社会主体不再像之前的资本主义社会那样,只是社会中的某一阶层或某一集团所构成的社会精英,而是由享有同等政治权利的社会公众所构成的社会大众。对于现代政治发展来说,社会主体的成长与成熟,是社会大众的成长和成熟。社会大众是否成熟,主要体现在能否作为自觉的力量,通过积极的社会参与和政治参与,合理地把握和决定社会的发展方向,从而在全面推进社会进步的同时,更好地实现自身的利益。[①] 因此,政党及政党制度的产生必须具备两个基本条件:一是社会上的个体对权威当局的态度普遍改变,相信主权在民,作为民众的一分子,相信自己有权利、有能力和有责任参与政治,影响政府决策,实现政治变革。二是社会上有抱负有组织能力和才干的政治人物,能得到公众的支持,作为赢得和维持政治权力的基础,而能成为政党的领导人,即有政治中心人物的出现。这两个条件的相互作用,就产生了社会大众自己的组织,在国家政治生活中就有了自己的代表,对国家、对政治产生了自己的影响力,这样政党及政党制度就获得了诞生或生存的基础。而政党及政党制度的产生的这两个条件都与社会现代化相密切联系,社会现代化最重要的是在传统社会向现代社会的转型过程中,随着科技教育的普及,人们的文化程度和知识水平得到了提高,人们的心理状态、思想观念、思维方式发生了根本性的变化,以及经济的发展,才会促使这两个条件的出现。而且随着经济市场化与工业化产生的日益严重的贫富差距问题,也要求政府出面干预,使得政府的功能备受重视,人们也开始都想借政府之力达到自己的目的。于是知识分子领导的群众运动逐渐形成,当群众终于以团体的力量影响政府、压迫政府、甚至推翻政府时,政党就应运而生了。所以美国著名的政治学家亨廷顿说:"社会力量的多样化以及社会力量之间的日趋频繁的相互作用,是产生政治组织和程序并从而产生政治机构的先决条件"。而"组织是通向权力之路,同时也是政治安定和政治自由的先觉条件。"[②]并且,亨廷顿通过研究认为:"为了尽量减少政治

---

① 周淑真:《政党和政党制度比较研究》,人民出版社2001年版,第42页。
② (美)塞缪尔·P.亨廷顿:《变化社会中的政治秩序》,上海人民出版社2008年版,第9页。

意识和政治参与的扩大酿成政治动荡的可能性，必须在现代化进程的早期就建立现代的政治体制，即政党制"。[1] 政党及政党制度的出现是现代政治发展的一个重要标志。近代殖民地半殖民地国家或地区的政党产生与西方国家不同，这些国家或地区一般都是在面临着国家与民族的危亡之际，本国或本地区的知识分子或有识之士为了民族与国家的"救亡图存"，在"被动"学习西方的现代化运动中，西方国家政党的力量和功能启发了他们，促使他们组织起来，建立民族主义、民主主义性质的政党。以图通过政党组织民众力量，推翻帝国主义、封建主义的统治，争取民族独立和民族解放，建立新的国家政权来推进自己国家与民族的现代化运动，维护国家与民族的独立和发展。

（二）政党及政党制度现代化是现代化进程的产物

关于现代化进程研究，已有许多学者认为，从18世纪到21世纪末的现代化过程包括第一次和第二次现代化两大阶段，不同阶段有不同规律和特点，第二次现代化不是人类历史的终结，将来还有新的现代化。[2] 那么如何来理解两次现代化过程中政治现代化的"民主化"的特点呢？从政党及政党制度角度来看，我们如果把第一次现代化进程的政治民主化理解为政党及政党制度的出现是现代民主政治产生的主要标志，那么第二次现代化进程的政治民主化是否就是政党及政党制度的现代化呢？

越来越多的政党在用"政党现代化"这个词来概括政党本身的改革和调整或自身的变化。政党是政治的最重要的组成部分。处在社会现代化进程的政党，说到底，是不同的社会阶级、阶层或集团进行政治参与的工具。因此，在现代化的进程中，随着社会生产力的不断发展，人民自主意识和民主意识的不断提高，人们对政党的要求也必然提高。政党过去习以为常的组织结构、体制和运作方式会逐渐变得落后或不适应。在这种情况下，如何适应社会政治经济发展的要求，不断改善政党内部的组织运作机

---

[1] （美）塞缪尔·P. 亨廷顿：《变化社会中的政治秩序》，上海人民出版社2008年版，第334页。

[2] 何传启：《东方复兴：现代化的第三条道路》，商务印书馆2003年版，第7页。

制，寻求新的有效的活动方式，对整个社会现代化运动的发展做出积极有力的回应，是每一个政党都会面临的问题。因此，政党现代化在现代化运动的不断深入进程中出现是必然的，否则政党如果不适应现代化发展的要求，要么会在国家的政治生活中被淘汰，要么给这个国家的政治经济社会发展带来消极影响，延缓甚至阻碍其现代化的进程。①

政党是以取得政权或对政权施加影响为目的的政治组织，是上层建筑的一部分。上层建筑要与经济基础相适应，而经济现代化的推进促使经济基础在不断的变化，因此作为上层建筑之一的政党必然随着经济基础的变化而发生变化。所以，在巨大的世界性现代化浪潮前，政党必须要顺乎世界潮流，适应现代化进程的要求，适时调整自身的组织结构和运作方式，以便更有效地影响政权和政治运作。所以，对于产生于现代化运动之中，又领导着现代化运动的政党来说，客观上就存在着一个如何不断改革或调整自身来适应整个现代化进程的问题，这种与现代化联系在一起的改革就是政党的现代化。

现代化是一个经济基础不断变革，不断带来社会结构、文化和意识形态变化的过程。尤其第二次现代化运动的科技革命指引着现代化一步步地深入，推动了通信技术和媒体的作用进一步得到发展和增强，二者的相互作用促进了整个社会的大发展：社会阶层结构逐渐改变，中间阶层的崛起；公民社会的发展；公民政治参与空前高涨；政治团体的作用增强、意识形态弱化；现代政府理念逐步生根发芽；权力分散的呼声日益高涨等等，这些直接推进了政党的现代化变革。政党是现代化进程的产物，在现代化过程中产生，也必然随着现代化的发展而发展。作为一定阶级、阶层或集团利益的代表，任何政党不可能一开始就能建立起并拥有在什么情况下都绝对适用的模式或活动方式。相反，历史的经验表明，政党只有在改革和适应中才能求得生存和发展。因此，第二次现代化运动中的政治现代化，对于政党来说就是政党现代化了，所以政党现代化是现代化进程的产物。

在当今世界政治经济社会发生重大变革的时代，政党及政党制度的改革是不可避免的。政党及政党制度只有在不断变革的情况下，才能更好地

---

① 王长江：《政党论》，人民出版社2009年版，第284页。

适应时代的变化。当然，政党现代化不是千篇一律的，具体到每个国家的每个政党，由于政党及政党制度的类型不同，历史文化传统不同，政党现代化的含义肯定是不一样的。譬如美国的民主党和共和党两党，政党现代化就是消除长期存在的涣散、活动不规范的状态，使政党变成"紧密结合、有纪律、有纲领和责任的"的党。对于英国保守党来说，政党现代化同时包括两方面的内容：在下层，要扩大民主，推进党的民主化；在上层，则要克服松散状态。与英美等国政党相比，日本政党现代化问题更多地体现在克服党的运作的若干非民主传统上。① 等等。同时西方国家政党现代化增强了政党的功能，促进这些国家公众文明有序的政治参与，加快民主化、法治化的进一步完善，也就推进了现代化进程的进一步深入。

二、现代化与中国政党制度

从现代政治发展史来看，现代政党的产生主要有两种情形：一是现代国家制度的产物，如英国的政党，就是在英国议会制运行中逐渐产生和发展起来的；二是为确立和建设现代化国家制度而诞生的，许多发展中国家的政党是由此出现的，不论是为了结束前资本主义的政权或体制而形成的革命性政党，还是为了迎接民主共和体制的确立、议会的开设与选举的开放而诞生的政党都属此类。② 然而，政党不论产生于何种情形，其内在的根源都来自社会的现代化转型与社会结构分化，因此，对中国的政党制度产生、发展与变迁的考察必须置于中国近现代的现代化背景之下。

（一）近代中国的现代化运动催生了中国的政党与政党制度

翻开近代中国的现代化史，我们就会发现，从 1840 年被迫启动现代化到 1949 年完成现代化主权独立的国家建立，中国的现代化运动产生类型是

---

① 王长江：《政党论》，人民出版社 2009 年版，第 285-286 页。
② 林尚立：《政党、政党制度与现代国家》，《中国延安干部学院学报》2009 年第 5 期。

典型的后发性的外生型。中国现代化的发展与挫折交替出现，呈现近代中国政治发展演变的城头变换大王旗的场景，从而也可以说是中国政党交替变换的场景。由此可见，中国现代化的进程主导了中国政党形态的缘起，中国现代化的特殊要求和道路决定了近代中国政党的开端和发展。

1、中国政党与政党制度产生的现代化背景。中国的现代化是在特殊的历史背景下以一种被动的方式启动的。首先，西方主要国家已经进入了第一次现代化运动时期，先后完成工业化而进入对外扩张阶段，因此使得中国的现代化进程，一开始就遭遇了与西方不同的两大危机：一是主权危机，二是政权危机。主权危机因帝国主义势力对中国严重侵犯而起，政权危机因封建政权腐败和外敌压力下分崩离析而起。① 自鸦片战争以来，中国屡遭西方列强侵略，亡国灭种的民族危机迫在眉睫，与此同时，国内的政治衰败使中国无法有效地建立起真正的政治权威来应付民族危机、改变中国在世界体系中的依附性地位，政治权威的缺失引起了社会认同和文化认同的危机，各种危机交织在一起形成中国社会空前的整体性危机。传统的体制已经无法应付危机和挑战，因为中国传统政治已走到穷途末路，所以，只能向外寻求中国政治发展的新动力，寻求现代化新的推力，这就是政党的力量。其次，中国的现代化既遇到了后发国家所面临的相同困境，又背负着中国特殊国情所带来的沉重包袱。在自然方面，地理环境的多样性和封闭性，自然灾害的频发，人口的相对过剩和自然资源的相对匮乏；在社会方面，民族构成的多样性，绵延不断的民族纷争，贫富差距和社会分化造成的来自社会底层的动乱，尤其是农民战争此起彼伏，以血亲为纽带、家族为取向的宗法关系构成社会基本关系；在经济方面，长期的以自给自足为特征的小农经济主导下的二元经济结构，由于长期受封建顽固势力阻挠，资本主义处于艰难萌芽状态；在思想文化方面，主体发育于"农业—宗法"社会的，以儒家学说为核心，兼容法、道、佛众家思想而形成的伦理型文化。所有这些构成了中国现代化要承受的沉重遗产，构成了近代中国现代化运动的特殊性，以及政党产生的特殊背景。所以一开始，中国的现代化运动、政党产生的主要任务就是以"救亡图存"为主，承担着

---

① 林尚立：《当代中国政治形态研究》，天津人民出版社2000年版，第60页。

两项任务：一是为推翻帝国主义的压迫，争取主权而进行的民族革命；二是为推翻封建势力的压迫，争取政权而进行的民主革命。这就要求着中国政党要具有与西方主要国家的政党的不一样的特征和功能，也就是说，尽管我们向外学习了西方现代化运动进程中产生的政党及政党制度，但由于中国现代化运动的国情、历史文化背景的不同，就要求中国现代化运动的对政党及政党制度的选择，肯定与西方国家的政党及政党制度不一样。

2、中国政党制度必须应对中国现代化的危机和挑战。中国的现代化是一个面临深刻危机的超大规模社会的后发国家的现代化，它所面临的危机和压力，变迁过程的矛盾性、复杂性和艰巨性对政党和政党制度提出了特殊需求。首先，中国政党应提供与现代化运动相适应的价值理念。政党制度是民众追求人民主权的政治价值理念在社会制度层面的外化，它不能违背人类现代化历程中的民主政治潮流。中国政党制度的民主政治的核心价值理念是实现人民当家作主，团结一切可以团结的力量，集全国人民之力量，精诚团结合作为中华民族独立和解放、为实现中华民族的复兴和繁荣提供政治条件。这个目标是由中国现代化在全球体系中的地位决定的，也是出于应对中国所面临的民族危机的现实需要。与日本推动现代化的主要动力来源于当时的天皇政权（明治维新）不同，中国尽管有洋务运动、清末新政等促进现代化的推力，但戊戌变法的失败让人们清楚地看到，只有用暴力革命的方式才能取得政治革命的成功，才能消灭中国现代化进程中的政治障碍。亨廷顿曾经说过，革命的两个条件是："第一，政治制度无法为新生社会力量参与政治和新的社会精英进入政府提供渠道；第二，迄今被排除在政治之外的社会势力具有参与政治的愿望，这种愿望通常产生于社会集团的某种象征性或物质性要求，而且只有在政治领域中施加压力，这种要求方可实现。期望甚高的集团或不灵活的制度乃是制造革命的原材料。"[①] 所以，清政府的统治不可避免地导致了革命，以政党的形式集合各方力量、推翻清王朝就成为了历史的一种走向。其次，中国政党制度应具有与现代化运动相适应并促进现代化运动的适应性结构。这种适应性

---

① （美）塞缪尔·P. 亨廷顿：《变化社会中的政治秩序》，上海人民出版社 2008 年版，第 228 页。

结构能够使它既能发挥不断扩大政治参与的功能,融合各阶层利益,又有利于形成统一的意志和团结的力量,为社会政治参与提供制度化的组织、程序和途径。因此,为了适应中国现代化运动的需要,中国政党制度的适应性结构应既有结构的多元性,又有核心的一元性,具有一党制与多党制所不具有的特点和优势。"这种崭新的政党制度,完全摆脱了传统政治文明对政党的桎梏,同时体现了中国的大一统的色彩,满足了超大社会对一个强有力的核心的需求,又能顺应历史发展潮流,扩大政治参与的范围,促进政治民主化,是一个创造性的突破。"[①] 再次,中国政党制度应具备社会整合、社会认同和社会稳定的基本功能。能够将来自不同民族、不同社会阶层等异质政治资源、利益和需求整合起来,吸收并同化于制度体系之中。但中国社会近代以来的各种不可调和的利益和冲突,表现为长期的外来侵略、内战、贫穷与落后,经济社会发展的极大不平衡,以及不同性质的文化冲突,使得中国政治资源成弥散性分布。因此,中国的政党及政党制度又遭遇了不同于西方政党及政党制度的整合背景。近代中国现代化运动一直在寻找一种具有高度整合政治资源功能的政治体系来与弥散性政治资源相适合。从中国政党制度所对应的社会阶级结构来看,中国政党制度的选择在一定意义上是社会各阶级阶层力量对比和折冲的结果。在现当代中国,工人、农民是基本社会阶级,因此,中国的现代化客观上要求中国有一个以工农联盟为基础的强有力的核心政党,同时,还必须建立一种能够容许其他合法政党以合法的方式申述其所关注的利益诉求的政党制度,集合所有的中国社会力量才能完成中国的现代化运动的两大任务。政党制度的出现和存在是适应经济发展而不断分化的利益群体转化为政治力量的需求,同时也是民族国家和公民角色的历史运动所要求的社会整合和提供合法性的需求。政党履行功能的根本方式就是寻求文化认同或者叫意识形态认同。政党的意识形态及其衍生的政治纲领成为政党动员和联系其社会基础最一般也是最根本的手段。所以,在中国现代化过程中,只有能够吸取中国传统文化和西方文化的精华,把西方先进文化本土化,创造出引导

---

① 王趣飞:《中国政治文明与中国政党制度》,政治学研究网,http: www. pssw. net.

中国现代化发展的先进文化，才能主导意识形态，才能承担民族认同、政治认同和文化认同的功能。现代性有助于社会稳定，而现代化孕育着社会不稳定。现代化过程中，问题不在于消灭不稳定，而在于控制不稳定。一个具有适应性的政治体系应既能提供制度化的参与又能保证政治稳定。政治稳定的程度取决于政治结构和政治文化相适应的程度。现代化造成了社会成员的参与意识与能力的提高。如果政治结构的发展相对滞后，不能有效地吸收政治参与，制度化的参与受挫必然导致各种政治力量通过各种非制度化的途径进入政治领域，从而造成政治不稳定。亨廷顿认为，政治动乱和政治参与成正相关，而与政治制度化水平成负相关的关系。所以，要想政治稳定，就需要建立强大的政党制度。所谓强大的政党制度，不在于形式，而在于整合社会资源和社会力量的能力和适应性，在于它为广泛的政治参与所提供的制度化水平。

（二）现代化进程中的中国政党制度选择

由于近代中国的现代化运动属于外生型、被动式的，所以一开始，近代中国的现代化运动就经历了一个曲折而漫长的探索时期。首先是清朝统治者集团内部的有识之士率先学习西方的现代化运动，即洋务运动的"器物、技术"现代化运动，而甲午战争的惨败宣告了洋务派的现代化运动失败。这使得进入十九世纪末二十世纪初，中国现代化的切入点转移到政治（制度）领域，而政治领域发育迅速的是中国政党。尤其是民国初年，在夺取政权的动力作用下，无论是革命党人，还是立宪党人都希望籍政党之力而获得组阁权。正如宋教仁所言，"吾党主张将来宪法上仍采用责任内阁制，并主张正式政府由政党组织内阁，实行（际）担负责任。"尤其是1911—1913年之间，在《临时约法》规定的责任内阁制所开辟的政党通向权力的诱引下，"集会结社，犹如疯狂，而政党之名，如春草怒生，为数几至近百。""党会既多，人人无不挂名一党籍。遇不相识者，问尊名大姓而外，往往有问及贵党者。"[①]当时中国政党多达300余个，被称为"政党

---

① 转引自杨爱珍：《当代中国政党制度研究》，学林出版社2004年版，第21页。

林立的时代"。尽管民国时期政党林立,有三百多个政党,但大多数政党似流星转瞬即逝,没留下什么痕迹,最终只形成了三大政党竞争格局,即国民党、共和党和民主党展开国会席位竞选,结果是国民党大获全胜,但由于袁世凯的破坏和对政党的镇压,民国初期的竞争型政党制度在中国政治文明史上最终以失败告终。民国初期的竞争型多党制的失败及其后在军阀时期无形政党的流行,不是说中国现代化不需要政党来组织和推动,实际上,这种现象本身预示着中国需要强有力的革命党来打倒反现代化的力量——军阀,而不是依靠软弱的议会党。这就是1921年中国共产党诞生和1924年中国国民党改组的历史根据。由此,中国的政党制度出现新的转换。

民国初期的竞争型多党制议会政治的夭折引起了以孙中山为代表的资产阶级革命派和以陈独秀、李大钊为代表的具有初步共产主义觉悟的先进分子的思考。他们共同感受到建立强有力的革命党来代替议会党用以扫除中国现代化的政治障碍——军阀的必要性和紧迫性。李大钊说:"近二三年来,人民厌弃政党已达极点,但是我们虽然厌弃政党,究竟也要另有团体以为代替,否则不能实行改革事业。……我们现在还要急急组织一个团体。这个团体不是政客组织的政党,也不是中产阶级的民主党,乃是平民的劳动家的政党。"陈独秀也认为"只有以共产党代替政党,才有改造政治的希望。"所以,诞生于中国现代化遭遇重重阻力的北洋军阀和帝国主义统治期间的中国共产党是中国人民开始探索一种现代化新范式的标志。

就在中国共产党诞生前后,孙中山总结辛亥革命以来政党政治实验的教训,明确提出了"以党治国"的主张。在孙中山看来,"民国有如婴孩,其在初期,惟有使党人立于保姆之地位,指导而提携之,否则,颠坠如往者之失败矣。"具体地说,就是先组织一个强有力的革命党"扫除恶劣的政治",革命胜利后,"以党为掌握政权之中枢",实现从"立党革命"到"以党治国"的转换。按照这个设计,从1922年起,孙中山接受共产国际和中国共产党的帮助,着手改组国民党。通过吸收共产党员加入国民党实现第一次国共合作,使改组后的国民党成为一个与下层社会广泛联系、具有现代化高效率权力体系的革命政党,有力地推动了国民革命的迅速进展。北伐战争推进到长江流域后,蒋介石、汪精卫等国民党领导人背叛孙中山亲手缔造的国共合作，屠杀共产党人，共产党被迫转入地下，第一次国共合作破裂。随后，国民党蒋介石在南京建立了一党制的政权——国民政府，开始实行专制独裁统治。1928年10月3日，国民党中央执行委员会通过了《训政纲领》，宣布进入"以党治国"的训政时期，在对孙中山党治模式进行了重大修改后，逐渐形成了国民党一党专政的政治体制。抗日战争爆发后，迫于严峻的民族危机，国民党一方面被迫承认共产党和其他政党的合法地位，实行第二次国共合作；另一方面，借口维护民族利益，加强一党专政体制，特别是强化蒋介石的个人专制独裁。抗战胜利后，中国出现了有利于和平民主的内外部环境。政党组建活动迎来了继民初之后的又一次新高潮，先后产生了100多个政党。可是中国并未就此赢来一个民主宪政的新时代。国民党顽固坚持一党独裁，破坏1946年旧政协会议确定的和平建国方针，抛弃政协会议达成的各项议案，发动内战，结果经济上崩溃、政治上孤立、军事上失败，最终导致国民党一党独裁统治在大陆的崩溃。国民党的垮台同时也标志着由国民党一党主导的现代化进程在大陆的终结。

中国共产党自一诞生起，就开始探索适合中国现代化运动所需要的政党制度。在革命根据地时期，曾实行过"左"的政策，搞关门主义。直到抗日战争时期才逐渐走向成熟，具体表现就是抗日根据地实行的"三三制"民主政权。"三三制"原则规定，在抗日民主政权中，无论在民意机关还是在行政机关，共产党员占三分之一，进步力量占三分之一，中间势力占三分之一。实际上，三三制政权下的政党制度包含两个方面内容，"一方面保障一切抗日党派的合法地位，另一方面又保持共产党在政权中的领导地位。"这样一种由"共产党主导"和"多党派参与"两个方面构成的政党制度就是后来中国共产党领导的多党合作的政党制度的雏形。"三三制"的政党合作模式取得了显著的政治效果：它充分调动了各阶级、阶层、党派和群众团体的抗日积极性，扩大了人民政权的社会基础，沟通了中小资产阶级和人民政权的联系，形成了一种平等互惠的政治格局，增强了各民主党派与中共合作的信心和决心。"三三制"的推行不但在抗日根据地和解放区实现了新民主主义宪政，而且推动了全国民主政治化运动。抗日战争胜利后，中国共产党总结"三三制"政权的经验，适时提出了联合政府主张，受到了民主党派的欢迎和支持，却遭到了国民党的抵制和破坏。国民党为维护其一党独裁的专制体制，不惜发动内战，选择用武力方式来消灭共产党，用政治迫害来对付民主党派，结果无论在战场上还是在政治上国民党都遭到了失败，到 1949 年 9 月，中国共产党取得了决定性的胜利。与此同时，遭到国民党迫害的民主党派受共产党政治主张的影响逐渐向共产党靠拢，并先后宣布接受中国共产党的领导。至此，中国共产党领导的多党合作的政党制度水到渠成。1949 年 9 月 23 日召开的新政协，《共同纲领》的制定标志着中国共产党领导的多党合作和政治协商制度的初步确定。毛泽东对于共产党和民主党派的合作给予高度重视，曾打过生动比喻说："一个党同一个人一样，耳边很需要听到不同声音。"后来在研究前苏联的一党制的政党模式进一步指出，苏联"把其他党派搞得光光的，只剩下共产党的办法，很少能听到不同意见"，看来"还是几个党好"，因而提出在了共产党和民主党派是"两个万岁"，并制定了"长期共存、互相监督"的方针。1956 年，中共八大报告正式确立了"长期共存、互相监督"作为多党合作的基本方针。1982 年，中共十二大报告发展了八字方针，提出了中国共产党同民主党派"长期共存、互相监督、肝胆相照、荣辱与共"的十六字方针。1989 年中共中央颁发了《中共中央关于坚持和完善中国共产党领导的多党合作和政治协商制度的意见》（简称 14 号文件），是同各民主党派充分协商后制定，肯定了共产党领导的多党合作和政治协商制度是我国的一项基本政治制度，肯定了各民主党派在国家政治生活中的参政党地位和作用。1992 年中共十四大把完善共产党领导的多党合作和政治协商制度，作为建设中国特色社会主义理论和政治体制改革的重要内容。1993 年八届人大一次会议通过的宪法修正案，把"中国共产党领导的多党合作和政治协商制度"载入了宪法，上升为国家意志。1997 年中共十五大又把坚持和完善中国共产党领导的多党合作和政治协商，提高到建设中国特色社会主义政治的高度，列入社会主义初级阶段的基本纲领，提出继续推进政治协商、参政议政、民主监督的制度化、规范化。2005 年，中共中央颁发了《中共中央关于进一步加强中国共产党领导的多党合作和政治协商制度建设的意见》（通常称为中央 5 号文件），对中国特色政党制度建设问题提出了一系列新的理论观点和政策思想，成为指导新世纪新阶段我国多党合作事业的纲领性文件。2006年中共中央颁发了《中共中央关于加强人民政协工作的意见》，对人民政协的性质、地位、作用等进行了较为完备的系统的阐述。2007年发布了《中国的政党制度》白皮书，概括了几十年来特别是改革开放以来，我国多党合作积累的主要经验，全面介绍了中国政党制度的形成、主要特征和基本内容。是对中国特色政党制度的建立、发展、完善的一个全面总结。

回眸历史，综观民国时期现代化运动对中国政党及政党制度的选择，尽管不可否认民国初期竞争型多党制和蒋介石一党独裁制对中国现代化运动曾经有过促进与推动作用，但更多的是使后来者去思考：现代化运动既孕育了、催生了政党及政党制度，同时又需要它来推动、完成现代化运动。那么必然就要求诞生于现代化过程之中的政党及政党制度适应现代化运动的发展与要求，也就带来了一国现代化运动对一国政党及政党制度的选择。而中国共产党及其领导的多党合作制度即中国特色政党制度，正是适应中国现代化运动的需求而成功地成为了中国现代化运动的选择，这绝不是偶然。因此，对民国时期的政党运动的失败原因剖析，及对中国共产党及其领导的多党合作制度成功的分析，更应从现代化运动的视角来审视或考察。

首先，民国初期竞争型多党制尝试失败的现代化视角考察。其一，民国初期的竞争型多党制没有为民众提供政治参与的制度化渠道，缺乏社会民众基础，没能真正体现人民主权的价值理性，因此，它不可能真正唤起民众的政治热情，为推进中国现代化提供动力支持。后来，孙中山重组中华革命党同样是得不到人民支持而难有大的作用。其二，没能塑造出一种为民众所认同的政治见解，来承担为多党政治提供合法性辩护和为最广泛地争取和团结民众奠定思想基础。所以梁启超说，第一届国会选举时，"未闻有一政党发表政纲，建旗帜以卜人民之祈向，又未闻有一选举区焉，开政党演说之会。此实普天下立宪国所无之现象，普天下之政党所未睹之前例也。"[①]即便有，也是空洞的政治纲领，党纲混同。同盟会有过鲜明的政治纲领，但满清政府一倒，就失去了主要斗争目标。政党的主要纲领则

---

① 梁启超：《梁启超选集》，上海人民出版社1984年版，第627－628页。

发生变化，除了有"统一"、"共和"主张外，其他主张与各政党无原则区别。其三，在多党竞争中，没有形成凝聚社会民众、整合各种社会政治资源的政治权威。其四，政党聚变神速，具有朋党、会党之气。这种变迁大都以党魁的利益为出发点，其聚散离合变幻莫测，速度之快也令人惊叹，其特点与传统的朋党、会党没有多大区别。此外，党员跨党现象十分普遍。一个人同时加入几个党的事情并不罕见，譬如梁启超有3个党籍，赵秉钧有8个党籍，黄兴、伍廷芳等人有11个党籍。所以，民国初期这种政党政治与西方近代资产阶级意义上的政党还有相当距离，这也就决定它们在民国初期的政治生活中，也不可能像西方政党那样，适应现代化运动的需求，担负起整合和沟通各个方面的利益诉求，成为推动中国现代化运动的组织力量选择。

其次，蒋介石一党独裁制缺乏适应现代化变迁的价值取向和制度结构。其一，蒋介石一党独裁制未能建立起一种与现代化运动相适应的意识形态，既不能为推动中国现代化进程提供精神资源，也无法为一党独裁提供合法性辩护。其二，蒋介石一党独裁制建立的统一权威和秩序体系，由于其创建权威和秩序的方式违背了民主理性，结果貌似强大的独裁体系因基础薄弱而内部极其脆弱，最终演变为现代化变迁的阻碍力量。这样脆弱的权威体系，无力维护国家主权和民族的根本利益。结果，在其统治大陆20余年间，中国没能形成一个稳定的制度化秩序，无法有效地组织和实施大规模的现代化建设事业。其三，蒋介石一党独裁制的组织和影响未能深入到社会底层和辐射到社会生活的各个方面形成社会整合，创造社会统合和政治稳定，反而由于一党独裁制造成的外部监督机制的缺失和内部制度化水平过低导致了统治集团腐化堕落，引起了强烈的社会不满，而导致社会动荡不安。其四，蒋介石一党独裁制固有的利益表达途径不畅通和体制的不健全缺陷严重限制了社会政治参与，因而各种社会群体必然选择制度外的方式表达自己的要求和谋求自己的目标，面对来自体制外的广泛政治参与，尤其是中共和民主党派进行的宪政运动的挑战，结果非但一心祈求的社会统合和政治稳定局面没有出现，反而越发加剧了社会冲突和政治动荡。可见，由于一党独裁制不能创造出与中国现代化相适应的价值取向和制度结构，因此尽管蒋介石一党独裁制一方面在某些领域有所推进和成就,而另一方面由于未能把东西文化与中国政党制度的现代性结合起来,未能适应当时中国社会的转型,即现代化运动的需求,不能把中国现代化运动所需要的新要求、新内容纳入政治制度的框架,缺乏制度创新的能力,因此蒋介石一党独裁制不能提供适应现代化运动需求的政治现代化过程,各种群体的要求必然超出这个过程而用其他方式表达出来,逐步形成新的社会和政治中心,而这个中心就是中国共产党领导的多党合作制度,最终取代了蒋介石一党独裁制。

第三,中国共产党领导的多党合作制是中国政党制度在否定了竞争性的多党制和一党独裁制之后出现的一种崭新的政党制度形态,它是在中国现代化历程中形成发展起来的,它的确立适应了中国现代化对政党制度的特殊性需求。① 其一,中国共产党领导的多党合作制塑造出了为社会成员所认同的主流意识形态,既为中国现代化提供了精神动力,又为人民民主政权提供了合法性诠释。近代以来,中国始终在寻找一种能迅速推进中国现代化实现社会变革的精神动力。在这样的背景下,西方的一些社会思潮被陆续介绍到中国,中国本土文化也出现了许多新的形态,两种文化对中国现代化提出了各种各样的方案,但在促进中国现代化发展上收效甚微。中国共产党把马克思主义本土化,使马克思主义与中国社会现代化变迁的实际相结合,产生了本土化的马克思主义:毛泽东思想。毛泽东思想对现实不合理社会的批判和对未来社会的描绘对正在经受苦难的中国人产生了极大的吸引力,同时,中国革命在毛泽东思想的指导下取得了前所未有的成功,又为中国共产党的地位提供了无可争辩的合法性诠释。正因此,各民主党派才能接受共产党的领导,才能把马克思主义毛泽东思想作为指导思想,同时也实现了中国现代化相应地由资本主义取向朝社会主义取向的新范式转换。其二,中国共产党领导的多党合作的政党制度提供契合中国现代化变迁所需要的社会政治权威,这是一种自清亡以来在中国第一次真正建立起现代意义上的稳定而又广泛的社会政治权威。在中国这样一个聚集了强大的反现代化力量的超大规模的社会里,进行现代化建设特别需要有

---

① 娄胜华:《中国现代化与中国政党制度的选择》,《南京社会科学》2001 年第 1 期,第 129—133 页。

一个强有力的政治权威能承担起任务艰巨的社会整合。它把几千年来游离于政治之外的庞大农民整合到政治体系之中使之成为社会革命和现代化的动力基础，通过民主党派把民族资产阶级和小资产阶级团结起来，扩大了中国现代化的动力群体。可见，中国共产党领导的多党合作制组织和影响深入社会基础范围之广、程度之深是以往多党竞争和一党独裁时代无法比拟的。它消灭了割据一方的军阀，实施了对各种军事力量与暴力手段（如军队、警察、民间武装等）的集中性控制；完成了大陆的统一，并通过政治组织网络确保其影响有效地深入到社会基层，甚至是偏远的农村；建立了一套统一的公共符号系统与思想体系维持了深入持久的社会动员。所有这些足以表明，引领中国现代化走向自主性和总体性建设阶段的政治权威是在1949年才取得的。正如毛泽东所指出的那样，"领导中国民主主义革命和中国社会主义这样两个伟大的革命到达彻底的完成，除了中国共产党之外，是没有任何一个别的政党（不论是资产阶级的政党或小资产阶级的政党）能够担负的。"其三，中国共产党领导的多党合作制的政治协商、参政议政等制度安排既为人民参与政治提供了制度化的途径，又为中国现代化建设创设了近代以来少有的政治稳定。有序的积极的社会政治参与是一种支持性参与，会有益于社会政治稳定。中国共产党领导的多党合作制提供了一种有序化的民主参与渠道，它所以能较长久地维护和促进社会政治稳定，避免由于民众参与政治而引起的不稳定，关键在于它回应了现代化运动对社会稳定的需求。正因此，在中国出现了相对较高的政治参与和相对长久的政治稳定并存的局面。这是此前多党制和一党独裁制社会所无法提供而又是中国现代化建设所必须的政治前提。其四，中国共产党领导的多党合作制具有明显的适应中国现代化所要求的政党结构。中国现代化要求中国的政党制度是一个核心的党处于领导地位与多党派的共同参与这样两个层次组成，既不能是多层次的，也不能是单一层次的。这样一种既有结构的多元性、又有核心的一元性的政党结构具有一党制、多党制所不具备的特点和优势，能够把中国现代化运动所需要的新要求、新内容纳入政治制度的框架，既避免了多党制的容易造成的政治不稳定，又避免了一党制无视社会需求脱离社会监控而导致严重的内部腐败，既体现了严格的统一与权威，又促进并保障了决策的科学化与民主化，适应了现代化变迁中政治生活的不断进行制度创新的需求，满足社会对于稳定与发展及权威与自由的需要。

最后，从政党自身组织力量的对比，多党制、一党独裁制的失败，中国共产党领导的多党合作制成功也是必然。美国政治学者亨廷顿在研究了发展中国家现代化发展的经验后指出："一个现代化中政治体系的安定，取决于其政党的力量。一个强大的政党能够使群众的支持制度化。政党的力量反映了大众支持的范围和制度化的水平。凡达到目前和预料的高水平政治安定的发展中国家，莫不至少拥有一个强有力的政党。"[1] 对于以国家为主导的现代化发展来说，形成强大的政党领导，是现代化取得最终成功的关键，因为，强大的政党能够创造和保证现代化发展所需要的安定政治局面。所以当我们仔细考察民国初期竞争型多党制中的各党派时，就会发现没有一个组织力量强大得足以承担起中国现代化运动动力作用的政党，即便是当时宋教仁自认为"自斯而后，民国政党，唯我独大。共和党虽横，其能与我争乎?"藐视强大的国民党在他遇刺后也是一盘散沙。政党的成立与壮大必须有一定的社会集团支撑，与特定的社会集团保持密切联系，但民国初期的政党基本上只是在少数人在为数众多的弱小而短暂的同盟会和集团之间相互竞争，缺乏社会民众基础和持久组织，形不成强大的组织力量，再加上多党竞争本身就很容易造成资产阶级政党分裂，更是无法承担像中国这种国情的现代化任务。而蒋介石领导的国民党，有学者经过多年的潜心研究，认为"国民党仿照俄共实行一党专政，而在实际运作中，其组织散漫，又像西方议会政党。国民党是一个弱势独裁政党。"[2] 相比之下，中国共产党及其领导的多党合作制，其组织力量、团结力量、动员力量比国民党要强大得多，才得以推翻帝国主义、封建主义这两个强大反中国现代化运动的敌对势力，才得以完成现代化运动所需要的民族独立、民族解放、社会稳定等基本条件，成为中国现代化运动的正确选择也

---

[1] （美）塞缪尔·P. 亨廷顿：《变化社会中的政治秩序》，上海人民出版社2008年版，第341页。

[2] 王奇生：《党员、党权与党争——1924—1949年中国国民党的组织形态》，华文出版社2010年版，第409页。

是必然的了。

从某种意义上说,民国初期的竞争型多党制尝试失败、蒋介石一党独裁制以及中国共产党及其领导的多党合作制度的成功,其实质既是中国现代化运动对中国政党及政党制度的选择问题,又是由什么样的政党及政党制度来主导中国现代化进程的一种理性的制度选择。

三、中国特色政党制度现代化的路径选择

中国的政党制度产生于近代中国以"救亡图存"为目的的现代化运动之中,在经历了将近半个世纪的现代化选择之后,中国的现代化运动最终选择了中国共产党领导的多党合作制度,它实质是一种基于传统历史文化和近代中国现代化运动现实使命的双重选择:民族性与现代性的选择。这种选择回应了中国现代化的政治需求,解决了中国现代化运动所需求的民族独立和国家独立的两大根本性问题,建立了现代化运动所需求的现代国家。如果当我们将政党的产生放到现代化过程中去考察,我们就会发现只有产生于现代化的进程之中,并具有或获得了现代性的政党及政党制度才能回应现代化运动的需求,才能获得现代化运动的选择。从近代中国现代化运动对政党及政党制度的选择,从中国共产党的成立到中国共产党领导的多党合作制度的确立,说明了中国共产党与中国特色政党制度的出现不是偶然的,而是中国现代化运动必然的选择,是中国传统历史文化和世界现代化运动中民主政治的现代性的双重选择。但是,从世界现代化运动的历史及中国现代化运动历程来看,始于近代的中国现代化运动虽历经了100多年,如果与西方的现代化运动相比,仍然是比较早期的现代化运动。因此,对于中国共产党及中国特色政党制度来说,除了已经完成的民族独立与民族解放,建立一个民主政权和民主制度,为现代化准备条件,还必须领导和推进中国的现代化进程,完成中国现代化运动的任务。所以,作为领导和推进中国现代化运动的中国共产党及中国特色政党制度首先必须自身实现现代化,即政党及政党制度现代化。尤其改革开放以来,中国社会阶层结构的深刻变化,中间阶层的日益崛起,民众政治参与意识的高

涨，科技的飞速发展，现代服务型政府的构建，全球化的不断推进等等，这些都是世界政党政治现代化的动因和条件。因此，自身的要求，外部条件的变化就要求着中国共产党及中国特色政党制度必须实现政党及政党制度的现代化了。

政党现代化的概念，国外学者多数是在政治现代化研究中涉及到或使用，但没有谁作出明确的定义。在国内，最早的是刘德骥教授等在主编的《邓小平建党思想》结束语中首次使用了这个概念。其后，有十多位学者都在自己的著作或文章里提到或使用了这一概念，但大多数学者对政党现代化的研究都从执政党的角度思考较多。从目前的资料来看，对政党现代化有比较明确界定的是中共中央党校的王长江教授，他认为，"政党现代化，就是政党适应客观环境及其变化的需要，适应社会现代化的发展进程，使自身结构、功能、机制和活动方式不断科学化、制度化、规范化的过程。"[①]也有学者认为，政党现代化就是政党适应客观环境及其变化的需要，适应现代化的发展进程，使自身的价值观念、指导理论、阶级基础和社会基础、队伍素质、组织结构、功能机制和活动方式不断科学化、规范化和制度化的过程。但是如果我们仔细梳理这些看法与观点，就会发现它们实质上只是对政党现代化的一种表现形式的概括，基本上尚未涉及到政党及政党制度现代化的本质属性——政党现代性，只有从本质属性出发才能真正地理解政党及政党制度现代化的基本内涵与特征。

现代性，作为一种时代意识，既是对历史事实的一种陈述，也是一种价值诉求，是伴随着启蒙时代、宗教改革和工业革命时代的到来而产生的人类的一种自觉意识。首先现代是一种理念和价值取向，即在传统和现代的关系中，它是一种现代取向，它倡导解放人，倡导人的主体性与个人价值；其次现代性是社会发展的一种历史状态与历史秩序，这就是在经济上实行市场经济，在政治上实行民主政治，在文化上倡导自由、平等、博爱；再次，现代性是人的一种存在方式，它尊重人的正当利益，注重人的能力发挥，确立理性的权威，崇尚人的自立，维护人的权利；最后现代性还是一种反思精神，它包含着对现代化进程中的进步与代价的一种审视、

---

① 王长江：《政党论》，人民出版社2009年版，第284–285页。

反思和批判。

政治现代性是人类经过启蒙运动、宗教改革和工业化革命三大运动对以往的认识和思想进行颠覆后所取得的最显著的成果。政治现代性的内涵极其丰富，其发展向度主要表现为：现代民主、政治制度和政党政治三个层级。作为政治制度中的核心———政党，主要通过政党内部的选举、决策，党员的发展和管理，规章制度的制定等内容，实施其政治录用、利益表达、利益综合和资源配置等政治行为。现代政治制度正是通过政党这个政治工具，在国家（公共权力）和公民（市民社会）之间起着桥梁的作用，使两者避免直接发生冲突，过滤一些不和谐的因素，确保社会的稳定。政治体系的合法性与民主性通过政党组织公民参政、议政，经由理性、合法的渠道，进行利益表达和沟通，从根本上完成了民主形式的转化，体现了"主权在民"的思想。因此，"政党现代性就是指基于民众的合法性认同，为充分保障民众的民主与自由等各项权利，实现社会公共性要求，严格依照有关法治程序获取公共权力，引领政治参与的本质属性和状态。政党现代性的内涵具体体现在：① 一是政党的合法性问题，政党的合法性是由围绕"权力与服从"而产生的价值观念原则、法律规范原则、治理绩效原则和认同机制原则等诸多政治元素构成。二是政党的民主性，政党的民主性是指充分保障全体党员的人权和自由，尊重他们为全面实现政党的公共性而在一切问题享有最终决策的权利。三是政党的法治性，政党的法治性是指以政党章程和国家宪法作为政党活动的总规范，并依据政党法律和国家法律对政党实行全面规制的政党治理模式。政党法治性是政党现代性的重要内容之一，它包含民主与法治、权利与义务等丰富的制度意蕴，融会法律至上、权力制约、依法执政等诸多价值目标，涵盖政党内部活动和外部活动等全部政党生活，贯穿政党自身事务管理和领导，并体现于政党执政的整个政治行为的全过程。四是政党的参与性，在现代社会中，公民的政治参与主要通过政党来实现，政党成为了公民与政府保持沟通与联系的桥梁与平台。政党的政治参与作为民主制度的一种政治机制，

---

① 赵戭斐：《政党政治与政治现代性》，中央编译出版社2010年版，第77—78页。

它为公民提供了持续参与公共权力，实现政治社会化以及充分保障自身的政治主体性地位提供了长期稳定的机制。"

政党政治作为现代化发展的一个重要维度，不但是现代文明的产物，同时也是现代化发展进程的产物。其自身所包含的内涵与特征是随着时代的发展而体现出与时俱进的特点，如何定义和正确把握政党现代化的内涵，既要了解现代化的一般意义以及政党自身的特殊性，又要在政治实践中把两者结合起来，这是政党制度在现代化进程中政治现代化演进中所遭遇的难题，同时更是中国特色政党制度在推进中国现代化进程以及自身现代化所必须解决的问题。历史形成的基本结论表明：任何一个政党，无论其性质如何，也无论其经历如何，只有通过自身变革，才能化解政党政治危机，只有实现政党现代化，才能实现政党政治的健康发展。[①] 所以，我们在理解和探索中国特色政党的现代化时，应以政党的合法性、民主性、法治性及参与性为衡量标准，从提升政党及政党制度的合法性，增强政党及政党制度的民主性，建构政党及政党制度的法治性，提高政党及政党制度的参与性等方面着手推进。

（一）加强政党建设，提升政党及政党制度的合法性

政治领域中的合法性问题，一直是人们探讨权利和权力等关系时无法绕过与回避的一个重大理论问题。合法性又表述为"正当性"、"证明为有效"或"被授予权威"等。合法性概念是20世纪社会学和政治学的一个核心概念，西方在二战后对合法性问题进行了大量的研究，而中国则主要是从20世纪90年代以来才开始的。法国学者雷蒙·阿隆认为，政治合法性的关键在于"统治权利"，合法性就是对"统治权利"的承认。从这个角度讲，它试图解决一个基本的政治问题：同时证明政治权力与服从性。[②] 作为政党及政党制度，其主要功能就是作为一种平衡和保障机制来解决现代民主制度中民主与自由的平衡、权利与权力的平衡，有效规范政治民主的运作，真正实现民主政治的制度化和法制化，落实多数原则，确认和保

[①] 王韶兴主编：《政党政治论》，山东人民出版社2011年版，第532页。
[②] （法）雷蒙·阿隆：《民主与极权主义》，加利马尔出版社1976年版，第52页。

护公民权利原则，实现法律面前人人平等原则等。美国著名的政治学者李普塞特认为，"合法性是指政治系统使人们产生和坚持现存政治制度是社会的最适宜制度之信仰的能力。"①可以说，合法性是人们对一种政治系统或制度的支持或认同。因此，政党及政党制度的合法性也应该是围绕着"权力与服从"而产生的诸多政治元素构成展开。而作为政党及政党制度的价值观念、法律规范、治理绩效及认同机制等核心要素，可以概括为两点：一是合民意性，二是合法律性。这样，政党及政党制度的合法性就是指政党及政党制度获得的公共权力必须得到民众的认同、拥护和支持，必须在宪法和法律规定的范围内行使。因此，政党及政党制度必须走民主化的道路，通过制度化、规范化和程序化的渠道，积极发挥其政治职能，真正成为公民广泛有序地参与国家政治生活、行使当家作主权力的工具。②这样才能使政党及政党制度在国家的政治体系，社会公众心目中获得它的合法性。

对政治合法性在中国传统政治中的探讨，就是统治者及研究者、甚至民众所公认的"民意"或"民心"，自古就有"得民心者得天下"、"水能载舟，亦能覆舟"的政治思想，充分说明了合法性对政治统治的重要意义。孙中山先生曾提出："人民心力为革命成功的基础。"毛泽东根据中国革命的经验，指出了中国共产党的合法性就在于，"共产党人的一切言论行动必须以合乎最广大人民群众的利益，为最广大人民群众所拥护为最高标准"。邓小平提出的"有利于人民群众生活水平的提高"，江泽民提出的"代表最广大人民群众的利益"，胡锦涛提出了以"人民群众满意不满意"为党的工作标准。这些言论与观点说明政党及政党制度的存在、发展及其权力的行使，必须以民众的同意、拥护和支持为基础，即获得政治合法性。长期以来，中国共产党领导着中国人民完成了民族独立与民族解放，为中国的现代化运动创造条件，自身也获得了执政党地位的合法性，并领导中国人民取得了现代化建设的一系列成就，得到了人民群众的拥护；民

---

① （美）马丁·李普塞特：《政治人——政治的社会基础》，上海人民出版社1997年版，第55页。

② 赵崴斐：《政党政治与政治现代性》，中央编译出版社2010年版，第82页。

主党派在参与民族解放与民族独立的现代化运动中，在参与中国现代化建设中，贡献出了自己的力量，得到了中国共产党和中国人民的支持，获得了参政党的地位。从这两方面来看，都反映出了中国共产党及中国特色政党制度的合民意性。我国的宪法明确规定了中国共产党的执政地位，明确规定"中国共产党领导的多党合作和政治协商制度将长期存在和发展"。在宪法序言的最后一句："全国各族人民、一切国家机关和武装力量、各政党和各社会团体、各企业事业组织，都必须以宪法为根本的活动准则，并且负有维护宪法尊严、保证宪法实施的职责。"等等。以上都能反映中国共产党及中国特色政党制度的合法律性。但是，我们不能忽视的是改革开放以来，中国社会结构的巨大变化以及全球化冲击下的影响，对中国共产党及中国特色政党制度的合法性的弱化影响。因此，我们必须从以下几个方面加强政党建设，提升政党及政党制度的合法性，促进中国共产党及中国特色政党制度对现代化运动的适应性。

一是推进政党意识形态和价值观念的现代化。意识形态"是指对于世界、社会和人的思想、感情和态度的整个体系。这个术语特别用于指政治学中的思想、感情和态度—公开主张的或缄默地接受的信条。根据这种信条人们激发政治行动或证明政治行动的合理性。"[①]《布莱克维尔政治学百科全书》认为，"意识形态是具有符号意义的信仰和观点的表达形式，它以表现、解释和评价现实世界的方法来形成、动员、指导、组织和证明一定的行为模式或方式，并否定其他行为模式或方式。"[②]罗伯特·达尔对意识形态的解释是："政治体系中的领袖通常维护一套多少持续和统一的信条，这些信条有助于说明和证实他们在体系中进行领导的合理性。一套这种类型的信条常常被叫做一种意识形态。"[③]意识形态是政党的标志和阶级属性。王长江教授认为，符合时代和人们变化要求的意识形态，应该是顺应求变的意识形态，应该是能对环境变化及时做出回应的意识形态，应该

[①] （英）邓肯·米切尔主编：《新社会学词典》，上海泽文出版社1987年版，第168—169页。

[②] 《布莱克维尔政治学百科全书》，中国政法大学出版社1992年版，第345页。

[③] （美）罗伯特·达尔：《现代政治分析》，上海泽文出版社1987年版，第78页。

是能把社会的大多数都聚集起来的意识形态，这样的意识形态，才是现代化的意识形态。① 因此，在时代和社会结构发生深刻变化之后，不论是执政党还是参政党，在意识形态方面必须作出调整，实现政党意识形态的现代化，才能适应现代化运动的要求，也是政党现代化的必然要求。所以，政党意识形态的现代化主要是指政党在坚持其原有意识形态主体的前提下，为适应环境和时代的要求而对其进行补充、调整、发展和完善，即坚持把马克思主义作为主导意识形态的灵魂和核心，始终使马克思主义在国家的意识形态中占统治和主导地位，同时也应给予理论学说创新。当前，社会多元化的发展趋势进一步增强，不同的社会阶层和群体，在利益愿望和要求方面也不完全相同，甚至相矛盾。这样一来，则要求中国共产党和中国特色政党制度就必须把这些并不完全和谐的内容整合在一起，使之成为一个大体有一致性的，至少不带矛盾性的东西，就要求政党的意识形态必须越来越具有包容性。因此，当前中国政党及政党制度的意识形态的现代化应当表现为坚持性和包容性的统一。

　　二是加强执政党和参政党的制度性建设。西方一些政党及政党制度运行模式经过几百年的演进和发展，政党及政党制度本身、政党与国家政权的关系等已被逐步纳入了制度化和法制化轨道。在这种情况下，政党始终处在一种相对超脱的位置，即使是执政党组阁的政府出了问题，民众考虑更多的是政府本身的问题，而不会迁怒于执政党而使之出现合法性危机。相比之下，由于中国现代化运动的需求和传统政治文化的影响，在中国特色政党制度中，形成了共产党直接执政、等级执政、一线执政、长期执政，各民主党派长期参政的政党运行模式，当政府出现合法性危机时，矛盾和焦点势必都会集中到执政党身上，这样一来执政党随时都会遇到合法性危机问题。此外，随着改革开放的进一步扩大和深化，社会中介组织、团体和利益群体等的出现，使得政党、国家和社会原来高度一体的关系变得相对自由。这些必然要求政党对国家、社会的领导方式发生变革，政党对国家的领导应调整到党对国家制度的有效运作和控制，政党对社会的领导则体现为它对社会的有效动员和整合，使社会在新的发展条件下依然能

---

① 王长江：《政党现代化论》，江苏人民出版社2004年版，第233页。

够聚合在政党的周围，同时政党必须寻求社会的认同和支持。同时，政党、国家和社会的活动必须在宪政制度框架下得以规范，这样使得民众对政党政治合法性的考量焦点转移到政府建构或政治制度方面来，把政党政治的合法性危机就转移到制度性的合法性基础之上，有效地避免了政治合法性危机对执政党的威胁。因此，我们必须加强执政党在国家政权中的执政为民和参政党在国家政权中的参政为民等制度建设。

三是巩固执政党的执政基础，增强参政党的参政代表性。随着改革开放的进一步扩大和深化，经济的发展催生了新的社会力量，新的社会力量需要一定的政治机制来表达利益诉求和政治诉求。政党制度就是社会情绪的"调节器"，也是释放社会紧张的"安全阀"。而"调节器"和"安全阀"的作用都要在政党互动中实现。政党在互动中，一方面通过制度建设拓宽参与渠道，有效地扩大政治参与，缓解参与危机，促进政治稳定。另一方面扩大政党的社会基础和阶级基础，吸纳各种新生的社会力量，使之成为推动社会发展的政治资源。

执政基础，是指执政党执掌国家政权所依赖的基本条件。从广义上来讲，执政基础包括经济基础、政治基础、思想基础、阶级基础和群众基础等。其中，阶级基础和群众基础是政党赖以生存和发展的两大依托，是政党的命脉所在。阶级基础决定党的阶级性质，群众基础体现党的代表性和党的社会影响力、凝聚力。阶级基础是政党产生和存在的重要条件，而群众基础则是政党进行执政的必要条件。对于中国共产党来说，他的阶级基础是工人阶级，群众基础则是支持他的各阶级、各阶层的联合体。在实行对外开放、发展市场经济的国策下，社会结构也出现了新的变化，社会阶层日益多元化，中间阶层日益壮大。社会结构和阶级、阶层的变化导致中国共产党必须进行卓有成效的改革，不断巩固其原有的产业工人阶级基础，进一步将阶级基础扩大到白领、金领和第三产业阶层，将社会中间阶层的优秀分子吸收到党内来，使社会中间阶层始终团结在党的周围，成为维护政治稳定的坚定力量。

我国的民主党派是各自所联系的一部分社会主义劳动者、社会主义事业建设者和拥护社会主义爱国者的政治联盟，是接受中国共产党领导、同中国共产党通力合作的亲密友党，是进步性与广泛性相统一、致力于中国特色社会主义事业的参政党。参政党的代表性是各民主党派参政议政的基础，也是民主党派的特色与存在的基础，更是参政党走向政党现代化，具有政党现代性的合法性基础。我们知道，政党总是作为一定阶级、阶层或利益群体的代表者及利益诉求的反映者而存在。如果说，民主党派的代表性是全方位的，什么都能表达，或者什么都不代表（这种现象可以通过每年政协会议的提案就能了解），其结果是政党的代表性弱化了，政党的特色也就黯淡了，那么参政党的合法性就会受到挑战。这就必然要求民主党派必须增强自己的代表性：首先是成员的代表性，即各民主党派在吸收新成员时，要选择具有特定代表性的民众，不能吸收为个人在经济、社会、政治等方面谋取个人利益或反应个人利益诉求的民众；其次是组织的代表性，即各民主党派要与自己所联系的那部分群体建立沟通机制，了解他们的利益诉求；第三是参政主题的代表性，即要求各民主党派在参政议政方面要选择具有代表一定利益群体的代表性问题进行参政。

（二）强化民主建设，增强政党及政党制度的民主性

政党是现代政治文明的创新产物和现代民主政治的重要载体，民主性自然就是政党的当然属性和资质，是政党制度不可缺失的组成部分。民主的本意就是人民当家作主。政党的民主性就是指充分保障全体党员的人权与自由，尊重他们为全面实现政党的公共性而在一切问题享有最终决策的权利。因此政党的民主性就包括了所个特征：一是公共性，二是人权，三是自由。公共性是政党民主性的基础，而人权、自由则是政党民主性的支点，这三个方面构成了政党民主性的主要内容。[①] 对于政党制度的民主性就是充分利用自身的制度功能，保障公民的自由和人权。在我国社会主义民主政治体系中，人民民主是社会主义民主政治的最高形态和根本目标，中国共产党是民主政治体系的主导，人民是民主实践的主体，因此，中国共产党及中国特色政党制度的民主性应该就是人民民主，包含着三重维度：即在党内竞争民主，党际协商民主，党外（社会）参与民主。

[①] 赵戬斐：《政党政治与政治现代性》，中央编译出版社2010年版，第85－86页。

一是党内竞争民主。政党的民主性首先主要是通过党内民主反映出来，而党内民主则更多是通过党内民主选举体现出来，其核心内容是政党候选人挑选的民主化。党内民主的拓展主要通过扩大党员在候选人挑选和提名中的发言权来增强党员的参与意识和提高政党的内聚力来体现的。政党候选人挑选的民主化意味着有更多的人在挑选候选人方面享有发言权和参与权，增加党内选举的竞争性，形成党内的竞争性民主。同时党的民主化是政党发展的动力。只有民主的政党，才能最大可能地把民众吸引到自己周围，才能集中党的成员和党的支持者的智慧更好地科学执政与参政。因此对于执政的中国共产党来说，应该通过完善保障党员民主权利的制度，通过各种途径和方法，确保党员对党内事务的选举权、知情权、参与权和监督权等各项权利的落实。完善党的重大决策的规则和程序，建立社情民意反映制度，建立与群众利益密切相关的重大事项社会公示制度和社会听证制度，完善专家咨询制度，实行决策的论证制和责任制。完善党的选举制度，从根本上改变以任命或变相任命代替选举，由少数人选，在少数人中选，甚至以集中为借口，"一把手"个人说了算的现象；同时，要改革候选人提名制度，要扩大直选范围，扩大差额选举的比例，还可以实行竞选，真正体现选举人的意志。完善党内监督制度，公开党内权力运作过程，建立弹劾罢免制度。

二是党际协商民主。协商民主就是指政治共同体中的自由、平等公民，通过参与立法和决策等政治过程，赋予立法和决策以合法性的治理形式。其核心概念是协商或公共协商，强调对话、讨论、辩论、审议与共识。[1] 简单地说，就是公民通过自由而平等的对话、讨论、审议等方式，参与公共决策和政治生活。民主不仅仅体现为自由选举，更主要地体现为参与决策，决策不是领导拍板的过程，而是民主协商的过程。民主协商不是既得利益集团"俘获"政府的共谋，也不是政府为自己已有的决策提供理由而召集举行的"论证"会议，而是各利益团体就某些公共事物充分表达各自利益和意见，通过讨论协商最终产生公共政策。[2] 这是协商民主的

---

[1] 引自陈家刚：《协商民主与政治协商》，《学习与探索》2005年第6期。
[2] 燕继荣：《协商民主的价值何在？》，《学习时报》2007年1月16日版。

核心价值所在。中国特色政党制度的制度结构是共产党领导、多党派合作，共产党执政、多党派参政，共产党代表、多党派联系，这种特色政党制度中的主体之间是友好、平等、相互尊重、相互支持的关系。具体讲政治上是领导和接受领导的关系；法律地位上的平等关系，即都以宪法和法律为根本活动准则，共同维护宪法和法律的尊严；在国家政权和政治生活中是执政党与参政党的关系；组织上的独立关系，即各政党都独立自主地处理内部的事物。从这四层关系中，可以看出共产党的领导主要体现在政治上的领导地位，是政治原则、政治方向和重大方针政策领导，参政党主动接受领导。由于有共同的根本利益和政治基础，中国共产党和民主党派可以通过协商、协调各种特殊利益，合理分配各种社会资源。因此，人民民主在中国共产党与各民主党派之间的建设，更多地体现了平等性、协商性，其维度表现为协商民主。所以，在中国特色政党制度中的中国共产党与各民主党派之间，我们大力发展协商民主，完善协商民主机制，扩大协商民主主体，增强它的包容性，增加协商民主的内容，拓宽协商民主的领域和渠道，还要明确协商的法律地位，使协商成为民主决策必不可少的法律程序，并作为整个社会主义民主政治运行的原则而存在。

　　三是党外（社会）参与民主。民主意味着参与，这似乎是一个不言自明的命题。参与式民主主张民主不仅是一种政治制度，更是一种生活方式，自由和个人的发展只能依靠公民在社会和国家事务中直接地不断地参与才能实现。参与式民主在代议制民主的基础上要求扩大直接民主的有效范围，丰富民主政治的合理内核，符合民主直接化的要求，代表着当代社会政治生活从精英民主趋向大众民主的发展方向。参与式民主理论的核心概念是公民参与，主张通过公民的讨论、协商来制定公共政策，解决公共事务的问题。在当代中国，经济的发展为普通民众参与国家政治生活、参与社会公共事务的讨论提高了经济基础。而现代科学技术的进步，特别是通讯技术、信息技术、互联网技术的迅猛发展，更是为公众参与公共事务的讨论、协商提供了可行的条件。互联网使得公众能够了解相关的包括政治信息在内的各种信息，发表自己的看法，相互讨论、相互沟通、相互协商，能够直接参与到一些政治、经济、文化、社会等方面，甚至包括法律法规的制订、政府官员的任命与罢免等事务中，很多公共事务已经不可能回避民众的参与了。而社会主义民主政治的本质就是人民当家作主,因此人民民主在党外(社会)领域的维度表现就是参与民主。人民民主通过公民的参与民主实现以公民权利制约政府权力,有效地克制国家机关可能发生的腐败现象和政治弊端;通过广泛的公民参与,特别是在基层社会治理中的公民直接参与,培养民主意识,提高民主能力,养成民主习惯,为整个国家政治生活的民主化奠定坚实的基础。

(三)完善制度设计,建构政党及政党制度的法治性

法治作为一种法律学说和法律实践,是人类社会在漫长的历史中应对危机及实现秩序的一种制度设计,从人类漫长的历史积累的经验来看,法治是迄今为止的最合适的制度选择。政党及政党制度的法治性是政党现代性的重要内容之一,它包含着民主与法制、权利与义务等丰富的制度意蕴,融汇法律至上、权力制约、依法执政等诸多价值目标,涵盖政党内部活动和外部活动等全部政党生活,贯穿政党自身事务管理和领导,并体现于政党执政与参政的整个政治行为的全过程。政党法治的现代性属性,实质是一种政党治理。它要求执政党要强化宪政意识,为执政党由传统威权型政党向现代治理型政党转变提供理念支持,形成执政党依法执政、参政党依法参政的法理型政党制度运行模式。政党现代化的法治性含义在现代化运动中有着双重含义:其一,由于政党不是存在于国家之外或国家之上,所以政党活动必须限定在国家宪法和法律范围之内,而不能凌驾于宪法和法律之上,因此,国家的法治精神和法治原则同样适用于政党及政党制度。其二,法治国家建设的有效性和真实性有赖于政党法治建设的有效性和真实性,政党生活特别是执政党生活法治化的发展方向和发展质量,对国家生活的法治化建设既有重要的引导、示范作用,也是判断国家法治建设的重要指标。[①] 在我国的现代化运动实践过程中,国家法治建设要靠政党法治建设来引导和推动,而国家法治建设的健康发展,又为政党生活的法治化提供了重要的政治环境和实践基础。经历了1993年与2004年两

---

① 赵宬斐:《政党政治与政治现代性》,中央编译出版社2010年版,第98页。

次修正的我国宪法已经提供了政党法治的根本法和规范依据,宪法在序言中写明,"中国共产党领导的多党合作和政治协商制度将长期存在和发展。""全国各族人民、一切国家机关和武装力量、各政党和各社会团体、各企业事业组织,都必须以宪法为根本的活动准则,并且负有维护宪法尊严、保证宪法实施的职责。"总纲第五条第三款也规定:"一切国家机关和武装力量、各政党和各社会团体、各企业事业组织都必须遵守宪法和法律。一切违反宪法和法律的行为,必须予以追究。"因此,进一步探索政党法治的理论依据、法律原则、法律规范体系等诸项内容,是实现政党法治,提高执政党的执政能力及参政党参政能力的内在要求,是推进具有中国特色社会主义政治文明的必要之举。这里需要说明的是,政党及政党制度的法治性并不是一定要建立一个什么政党基本法,其实世界上实行政党政治的国家有 100 多个,但制定了政党基本法的国家只有 39 个。[①] 而且一些明文设立政党基本法的国家还不是很民主的国家,如伊朗等,而欧美一些发达国家并没有明文设立政党基本法,却实现了政党法治化,如英国也是在 2000 年才颁布了"政党法、选举和公民投票法案"等,说明了政党现代化的法治性实现与该国是否设立政党基本法关系并无直接关联。对于我国政党及政党制度的法治性建设,近几年来,已有一些专家学者作了一些突破性的研究。但目前来看,成果不多,尤其是实践性的制度设计研究太少。而"现代化是一个创新、选择、淘汰和学习交替进行的过程。"[②] 因此,我们要在宪法和法律规定的范围内,适应现代化运动的需求,不断完善中国特色政党制度的法治性制度设计,建构政党及政党制度的法治性,使执政党与参政党通过制度化、规范化和程序化的渠道,积极发挥其各自的政治职能,管理政党、国家、社会事务,使中国特色政党制度真正成为公民广泛有序地参与国家政治生活,行使当家作主权力的工具,推动中国现代化运动的进一步深入。

---

① (芬兰)劳瑞·卡尔维尼:《全球比较:政党法治法制化》,《当代世界与社会主义》2011 年第 1 期。

② 何传启:《东方复兴:现代化的第三条道路》,商务印书馆 2003 年版,第 7 页。

（四）扩大参与途径，提高政党及政党制度的政治参与性

政治参与是现代政治文明中公民的一项重要的政治行为，是指普通公民通过各种合法方式参加政治生活直接或间接地影响政治体系的构成、运行方式、运行规则和政策过程的政治行为。现代政治制度中，由于政党政治的普遍存在，政党制度成了现代国家政治结构的核心部分，对公民的政治参与的影响至关重要。广义的政治参与是面向全体公民而言；狭义的政治参与是普通公民影响或试图影响政治决策的行为。在现代社会中，公民的政治参与主要通过政党来实现，政党成为了公民与政府保持沟通与联系的桥梁和平台。公民通过政党实施政治参与不仅是影响或试图影响公益分配的行为，而且是深入政治体制的各个层次，通过直接或间接的合法途径影响公共政策以使其有利于自身利益的行为。政治参与在中国现代化运动的重要性，正如美国著名的政治学家亨廷顿认为，一个处于现代化之中的社会，其政治共同体的建立，应当在"横向"上能将社会群体加以融合，在"纵向"上能把社会和经济阶级加以同化。……，未来的稳定在很大程度上取决于该国用以面对现代化和政治参与的政治制度具有什么样的性质。组织政治参与扩大的首要制度保证就是政党及政党体系。① 这样才能及时地将现代化过程中产生的新的社会阶层、社会群体成功地吸纳到执政党和参政党现行的、可承受的政治体系中来，将社会上各种同质的和异质的利益要求、政治诉求有机整合起来，使各阶层都感到有话语权，形成引导公民有序的利益表达、沟通协调和政治参与的机制。因此，对中国共产党及中国特色政党制度而言，有必要"使政党制度具有吸收和同化社会各方面广泛参与政治的能力，为社会政治参与提供制度化的组织、程序和途径，保证各阶层、群体和政党参与政治的制度化和规范化，使政策的输出反映社会的要求。"② 从而提高中国特色政党制度的社会整合能力，扩大中国共产党的社会基础和阶级基础，提升执政合法性。而"现代化带来的政

---

① （美）塞缪尔·P.亨廷顿：《变化社会中的政治秩序》，上海人民出版社2008年版，第332—333页。

② 赵晓呼：《政党论》，天津人民出版社2003年版，第329页。

治参与的剧烈膨胀反过来会威胁政治稳定；通过制度化的途径来逐步容纳日益增长的政治参与要求是保持现代化过程中政治稳定，从而保证政治现代化取得成功的关键。强有力的政党制度的形成是提高制度化水平的核心。""一个强有力的政党体制有能力做到两条：第一条是通过体制本身扩大政治参与，从而达到先发制人并紊乱或革命的政治活动无法展开。第二条是缓解和疏导新近动员起来的集团得以参与政治，使其不至于扰乱体制本身。"①只有这样，才能使中国现代化运动处于一种稳定的环境中，现代化过程中不断被激活的政治资源才能得到充分的利用和开发，不断增长的社会政治参与需求，才会被有序地整合进政治体制内，可能发生的社会动荡才会得以避免，才能满足人们日益高涨的民主要求，从而使之高度认同我国的政治体系，自觉有效地抵制西方政治制度和意识形态的影响。

---

① （美）塞缪尔·P. 亨廷顿：《变化社会中的政治秩序》，上海人民出版社 2008 年版，第 344 页。

第四章 社会学理论视域下的中国特色政党制度

社会学中的制度分析认为，个体是社会的基本单位，个体行为是集体行为的起点和原始动力，集体决策只不过是个体选择的结果，制度也是单个个体之间的关系形式，个体是制度组织的基本元素，个体的性质是制度设计和变迁的依据，因此当代中国的社会选择问题就成为了中国特色政党制度在坚持与完善过程中必须关注的一个现实和理论问题。同时社会学领域中的合作主义强调社会和谐和合作的制度安排，对中国特色政党制度如何构建和谐政党关系的制度安排有着重要的启示意义。因此本章主要运用了社会学领域中社会选择理论、合作主义理论对中国特色政党制度进行一些研究与思考。

一、社会选择理论与中国特色政党制度[①]

在人类社会变迁的过程中，人是社会活动的主体，但人的活动总受社会条件的制约。人与社会既相冲突又求平衡。人们通过选择寻求自己的位置，社会通过选择不断变化发展，政治通过选择不断推进民主的发展。尤其是在当代社会中，随着社会经济的进步与发展，由于个体人和"社会人"的主体性同时加强，多元、分化的社会结构已经呈现在我们面前。一方面，随着社会分工或分化程度的提高，社会整合力增强，个体的存在发

---

① 原文内容曾发表于《上海市社会主义学院学报》2011 年第 5 期。

展受社会的影响和作用越来越大。另一方面，个性的发展，尤其是主体意识的增强，个体人更加试图摆脱社会的压力，追求愈来愈大的自由活动空间和行动上的更大的自主性。这两种力量的强化，必然使两者整合协调的难度增大，冲突明显。作为当代中国的政党制度，中国共产党领导的多党合作和政治协商制度的其中一个功能之一就是社会整合，但是由于中国现代化建设的艰巨性和复杂性，要求政治制度具备高度的社会整合功能。[①] 因而如何实现对社会各个阶层的有效整合，推进中国经济社会的发展，当代中国的社会选择问题就成为了中国特色政党制度必须关注的一个现实和理论问题。

（一）社会选择理论

社会选择是一类基本的社会活动，是人们在互动过程中对他人或物的取舍或扬弃。人们对社会选择问题的关注由来已久，最早是在经济学领域。早在18世纪，法国著名经济学家孔多塞发现，遵循少数服从多数的规则，就会出现被选对象无法比较优劣的问题。[②] 这就是著名的投票悖论，也被称为孔多塞效应。博尔达也指出，按照多轮受控多数规则，会导致不合理的选择。[③] 从这些现象中可以看出，直观上可行的"社会选择程序"却潜伏着不协调性。但是由于当时认识水平以及学科发展的限制，社会选择理论始终处于萌芽状态。20世纪20年代，福利经济学的诞生激起了人们研究社会选择的热潮，至20世纪50年代，著名经济学家肯尼思·阿罗发表了著作《社会选择与个人价值》，提出了著名的阿罗不可能性定理，[④] 即在一个社群中，成员在他们的资源分配上个人偏好的总和并不足以说明

---

① 中华人民共和国国务院新闻办公室：《中国政党制度（白皮书）》，《光明日报》2007年11月16日版。

② M. Condorcet. Essai sur l AnalyseàLa ProbabilitéDes Voix．Paris：L Imprimerie Royale, 1785.

③ J. Borda. M. Choiceémoire Sur Les Elections au Scrtin．Paris：Mēmorires de I Acadēmie des Sciences, 1781. p72.

④ （美）肯尼斯·阿罗：《社会选择与个人价值》，四川人民出版社1987年版，第43—57页。

作为整体的群（集体）的偏好，标志着社会选择理论的初步形成。从阿罗的思想可以看出，社会选择理论研究的是个体偏好与集体选择之间的关系，研究资源如何通过集体行动和政治过程来进行最优配置。

继阿罗之后，社会选择理论的中坚人物阿玛蒂亚·森在20世纪六七十年代对"阿罗不可能性定理"的约束性条件进行了研究，他认为，社会选择理论主要研究在一个偏好多元的社会里，就社会利益达成一个有说服力的聚合性如何可能的问题。"阿罗不可能定理"并没有错，但只会发生在决策信息缺失的情况之下。"阿罗不可能定理"的出现主要是没有充分考虑个人理性选择所依赖的信息基础，随着获得信息的增加，人们对持续获益的途径会有更清醒的理解，达到社会理性选择的可能性也在不断增加，自由、民主、共同体、合作、社会公正都是在相互获取信息的增加中得以实现的。民主的多数票决定规则，如无约束条件，有可能导致不合意甚至不可接受的结果。于是，他引入了效用的测度方法，以建立能让人们接受的社会选择原则，[①] 建议在社会选择中不但要注重效率（可行性），也应注重公平，强调在公共讨论和相互交流中形成公正的决策。

肯尼思·阿罗和阿玛蒂亚·森对社会选择的理论研究构建了社会选择理论研究的框架，在相当长一段时间内，后人的研究内容都是循着这两位先驱者的理论框架，拓展社会选择有效的条件限制，丰富了社会选择理论的内涵。20世纪80年代以来，新方法、新理论学科的引入往往会使一个研究领域别开生面。社会选择学科与其他学科之间也会日趋渗透，甚至社会选择函数本身就是决策学和伦理学、道德学结合的产物，认知科学、伦理学、统计学、模糊数学、社会心理学、管理学、计算机信息科学将在社会选择理论的研究中发挥越来越重要的作用。[②] 多学科的交叉给社会选择理论发展带来新的契机，推进了社会选择理论研究方法的进一步改进，使得社会选择研究将具有更美丽的、崭新的空间。同时因为研究的内容与社

[①] Amartya Sen. Social Choice Theory. Kenneth J·Arrow, Michael D·Intriligator·Handbook of Mathematical E – conomics (1986, vol·3). North – Holland Publishing Company, 1986.

[②] 赵定涛、扶广元：《社会选择理论的新进展》，《经济理论与经济管理》2005年第2期。

会生活密切相关，社会选择理论一直被广泛应用于各个领域。目前，社会选择理论多用于政治选举以及公共管理部门的决策，并且已经在实践的检验中发挥出指导作用。随着运用的增多，社会选择学科将和其他学科一样，在实际中不断拓展应用领域，并将得到来自各个领域技术上的广泛支持。

（二）社会选择问题与中国特色政党制度

从政治学角度来看，社会选择理论对政治学领域尤其是民主理论方面产生了非常重要的影响。如果我们将民主投票的结果视为人民意志的体现，那么社会选择理论所揭示出的投票结果的不稳定性及其易于操纵的特点，使投票结果本身的正当性变得非常可疑，这无疑给民主理论提出了前所未有的挑战。民主理论家必须追问并且回答，从政治学的角度看，社会选择理论到底如何影响我们对于民主政治的理解？民主是否真的因为社会选择理论的一系列悲观的结论而无法得到辩护？我们是否注定要处于一种只能在独裁与非理性之间进行选择的困境之中？我们应该就此期望何种民主理论？显然，对于任何一位关注民主本身命运的人来说，这些问题都是至关重要的，无疑值得认真探讨。

从本质上讲，社会选择理论就是通过抽象的数学推理和严密的经济模型的建构，研究在将社会政策立基于个人偏好之上的民主社会，能否做到公平有效地将不同的个人偏好聚合成一个总体性的社会偏好，通俗地说，就是研究如何协调各种不同的意见和利益，以形成社会（或团体）各成员对问题的总的看法或决策。作为社会选择理论的中坚人物，阿马蒂亚·森认为，[①] 社会选择理论力图追问的是这样一些问题：在一个偏好多元的社会里就社会利益达成一个有说服力的聚合性判断，是如何可能的？我们如何才能为"社会更偏好这个而不是那个"或者"社会应该选择这个而不是那个"这些聚合性的判断提供一个理性的基础？是否所有的社会选择都是合理的，尤其在社会成员和偏好都非常多样的情况下？从这个角度，我们

---

① Amartya Sen. "the Possibility of Social Choice ." the American Economic Review. 1999. 89 (3). p349 – 378.

才能理解社会选择理论与民主理论之间的勾连关系。因为就民主体制而言，其必要特征之一就是要具备回应性，换言之就是要对社会成员的利益或偏好予以正面的回应，民主的决策必定要以某种方式反映人们的呼声。就此看来，民主就是一种将社会成员的不同利益或偏好聚合成社会决策或社会偏好的机制。① 从理论上讲，中国特色政党制度就是以协商民主、参与民主等方式反映了人们的呼声，回应整个社会成员的利益与偏好。但是如何从实际上作出回应呢？就是中国特色政党制度必须关注的一个现实问题。

就理解社会选择理论而言，首要的就是理解何谓社会选择。所谓社会选择（亦称集体选择），通常是指将众多社会成员的个体偏好（利益）聚合为一个最终的社会偏好（利益）。社会选择的基础是一定社会环境下的人及其活动，而人是有目的性和责任感的行动者。社会选择是一类基本的社会活动，是人们在互动过程中对他人或物的取舍或扬弃。但社会选择的标准或原则是什么理性主义对此问题的解释得到了广泛的认可，在理性主义基础上建立的理性选择理论成为当代最有解释力的社会选择理论。这个理论的基本假定包括：人的活动受目的和目标的引导；人的活动具有一系列不同层次的偏好或功利；人们常常根据下列方面作出理性选择：a、与不同偏好相关的行为选择的功利方面，b、实现功利目的代价，c、获得最大功利的最佳途径；一切社会现象，包括社会结构、集体决策及集体行为，归根到底都是个体追求功利最大化进行理性选择的结果。理性选择的结果又通过下列方面决定着后来的选择：a、个体间资源的分配，b、对各类行动机遇的分配，c、一定状况下，规范和义务的分配及其性质。当代美国社会学家詹姆斯·科尔曼是理性选择理论的一个代表人物，他在其巨作《社会理论的基础》中明确指出，应借用经济学中的"合理性"概念去说明社会行动，即"对行动者而言，不同的行动（在某些情况下是不同的商品）有不同的'效益'，而行动者的行动原则可以表述为最大限度地获

---

① 聂智琪：《政治学视角下的社会选择理论：一个前提的梳理》，《经济社会体制比较》2007 年第 4 期。

取效益。"①科尔曼以有目的性的个人行动为出发点,重点在于说明社会系统的行为,认为系统行为间接地来源于个人行动。理解个人行动便意味着寻找隐藏在行动内部的各种动机。"因此,解释社会组织的活动时,必须从行动者的角度来理解他们的行动。换句话说,局外人认为行动者的行动不够合理或非理性,并不反映行动者的本意。用行动者的眼光衡量,他们的行动是合理的。"②因此,社会选择理论要求中国特色政党制度必须对当代中国社会各个阶级阶层的各种行为选择,作出最好的民主回应。

宏观的社会行为来自于微观的个体行动。而个体行动时的环境或社会条件又影响着行动可能取得的成果,这种环境或社会条件对行动者的影响,即为宏观结构对个体行动的制约。从宏观社会结构来看,它构成了社会选择的现实基础。在不同的社会历史阶段或文化背景之下,社会结构是不同的,因而它对个体行动的制约力也各不相同,从而形成了不同类型的社会选择。所以当代中国社会结构的巨大变化使得中国人的社会选择变得多样化或多元化了。中国特色政党制度如何适应中国社会选择的变化,顺应人们民主的要求,以保证人民的选择权利得以实现,使所有的社会成员而不是某些特殊个体,都具有公平的选择权利,实现人民意愿的一致性、合理性等。政治上的民主,则使得人民对政治决策进行选择,从而运用广泛体现民意的政治制度或政党制度保证经济、文化等方面的选择权利得以实现,同时又推进自身的发展和完善更为重要了。

社会选择作为一种群决策过程,在利益主体多元化,个体权利利益意识逐步增强的情况下,个人价值与集体价值的冲突似乎在所难免,所以会出现"投票悖论"。通过协商型社会决策机制,在一定程度上可以促进投票结果的合法性认同,避免"多数人暴政"的出现。在现实社会中,社会决策的合法性基础源自于社会公众的普遍认同和接受,只有当决策得到广泛的社会支持,才能拥有较强的合法性,获得较高的政治效能。"既然同意是民主决策的核心,那么,公共协商就是公民借以证明自愿接受的、具

---

① (美)詹姆斯·科尔曼:《社会理论的基础》,社会科学文献出版社1990年版,第15页。

② 同上,第20页。

有集体约束力的法律和政策正当性的工具。"①这说明中国特色政党制度所反映的协商民主和参与民主正好契合民主形式发展的趋势。同时在社会选择中,"人们试图根据自己的最佳自我感受或者所偏爱的自我表达确定其立场,这一点没有错……如果我们强调好的协商以信息充分为前提,或许群体两极分化就可以减少,甚至完全消除。"②这句话更是反映中国特色政党制度在世界民主政治发展趋势的优势,同时也给中国特色政党制度的完善提供了启示:首先要完善人民政协的界别设置制度,让整个社会所有的社会阶层都能参与民主协商;其次在对国家事务、社会公共事务的协商之前要提供充分而全面的信息;第三就是要完善协商程序的制度,使得协商过程有足够的透明和公开性,以促进理性共识的达成和实现。从而使中国特色政党制度更能适应中国社会发展的多样性,推进中国的民主政治进一步地发展和完善。

二、合作主义与中国特色政党制度③

中国特色政党制度是在我国长期的革命、建设中产生、形成和完善的,是社会主义民主政治的基本政治制度之一,是适应中国政治发展、经济社会发展、具有中国特色的社会主义政党制度,是符合中国国情的社会主义政党制度。但是随着社会经济的进步与发展,多元、分化的社会结构已经呈现在我们面前,面对主体、观念、利益、冲突等领域的社会多元特征,对于如何广泛地联系社会各阶层,反映多方利益的,体现最广泛民主的,促进政党关系和谐,推进社会主义和谐社会的建设来说的中国特色政党制度是一个挑战,借鉴西方的一些理论如合作主义的思想来完善中国特色政党制度就具有重要的启示意义了。

---

① (美)乔治·M:《瓦拉德兹.协商民主》,《马克思主义与现实》2004年第3期。
② (美)凯斯·R·孙斯坦:《设计民主:论宪法的作用》,法律出版社2006年版,第42—43页。
③ 原文曾发表于《天津市社会主义学院学报》,2011年第1期。

(一) 合作主义的产生及其发展

合作主义是一种关于社会结构性的冲突及秩序的学说,近年来,它在学术界受到日益普遍的关注。合作主义 (corporatism) 在国内又被翻译为社团主义、法团主义、统合主义、组合主义等,而合作主义则是使用比较多一些的译法。合作主义并非仅存在于现代社会中,而是具有相当长的历史渊源,近代欧洲斯堪地纳维亚地区的权威主义政体被认为是合作主义的肇始。[①] 从意识形态的渊源上看,合作主义最早起源于欧洲封建社会一种右派势力"组织化国家统制"。这种思想与社会学中结构功能主义的先祖——社会有机体理论有着密切的关系,它们都强调社会的整体,社会中的群体或阶层虽然有贫富之别、等级之差但却各司其职、各安其位,凝结成为一个集体性的社会。虽然有的论者把合作思想的起源追溯到古希腊、古罗马和中世纪,在古希腊哲学、基督教神学当中寻找合作主义的因素,但一般说来,合作主义思想是在19世纪随着工业社会的到来而出现的。它最初在欧洲一些宗教界人士、封建贵族及法、德等国的民族主义者的哲学与政治思想当中得到反映,并随着工业革命的深入而演变成一种寻求在经济上实现阶级和谐与合作的经济与社会理论出现在天主教人士和教皇利奥十三世的通谕之中,两战之间则由理论走向实践,为各法西斯主义国家所采用,战后则存在于欧洲自由民主国家及拉丁美洲新独立的一些国家之中,并出现了新的理论形态,即所谓新合作主义 (neo–corporatism)。

西方学界重新兴起对合作主义进行研究的学术热潮是在20世纪70年代,一些学者从战后一些欧洲国家的制度安排、政策制订与实施、国家与社会关系的互动当中发现了合作主义的新现象,锻造了新合作主义的不少理论模型,这些理论模型转而被广泛应用于多个国家、多种学科领域,合作主义被称为与马克思主义、自由多元主义并列的"三种主要方法之一"。[②] 将合作主义概念重新引入当代政治科学的词汇当中被认为是从70

---

① 王威海:《西方合作主义理论述评》,《上海经济研究》2007年第3期。
② Howard J. Wiarda: Corporatism And Comparative Politics: The Other Great "Ism". N. Y: M. E. Sharpe, Inc. 1997. p7.

年代以来的"西方政治思想的一个最为显著的特征",① 合作主义在实践上甚至被预言为工业社会发展的一个必然趋势。自 1973 年石油危机发生以来,西方许多国家发生了严重的经济危机,在西方福利国家出了一系列无法解决的社会问题,西方福利国家出现了危机。由此人们开始重新审视作为现代福利制度基础的合作主义,合作主义作为一种政治模式开始衰落,保守主义势力重新抬头。不过作为一种理论的合作主义依然存在,并且进一步发展。70 年代后期新合作主义开始出现,因此 20 世纪 70 年代是合作主义政治模式的分水岭。西方学者公认最早对新合作主义进行系统阐述的是 P·斯密特和 G·雷姆布拉什,他们在 1979 年出版了《走向合作主义的中介》一书。在书中,斯密特和雷姆布拉什对新合作主义的概念内涵,新合作主义与多元主义在公民社会结构、国家在利益整合过程中的作用等一系列问题上的融合与歧义进行了比较分析,系统地阐述了新合作主义的基本立场和分析框架。就在欧洲学者们开始对新合作主义展开研究、讨论时,由于 70 年代初石油危机所引发的经济危机给欧洲社会带来的影响,主要是保守主义政党台后政策的变化,导致新合作主义强调的连接国家与利益组织的垄断性中介组织的功能失调,新合作主义作为一种实践在 80 年代初期开始沉寂下来。

至 20 世纪 80 年代末 90 年代初,随着冷战的结束和西方世界社会经济、政治的新发展,合作主义在欧洲呈现出再度复兴的态势。合作主义理论成为诸多社会科学领域的学者用来阐明社会政策主张、解释社会结构与国家和社会关系的又一种重要的理论分析框架。正如合作主义重要理论家斯密特所说的,合作主义的目的是要提供不同于多元主义的社会结构类型,其重心在集团行为和体制的关系,即用一种结构将公民社会中的组织化利益联合到国家的决策机构中。② 作为一种理论研究,合作主义自其产生以来一直没有中断过,并且在最近几年开始被运用于对发展中国家,包括中国社会、经济与政治的研究。除了前面提到的斯密特与雷姆拉什的著

---

① Andrew Cox, and Noel O'Sullivan, ed. The Corporate State: Corporatism And The State Tradition In Western Europe [M]. Aldershot: Edward Elgar Publishing Ltd, 1988. p2.
② 张静:《政治社会学及其主要研究方向》,《社会学研究》1998 年第 2 期。

作外，A·考森在1986年出版的《合作主义与政治理论》、P·维廉姆森在1992年出版的《合作主义的类型》，斯密特与J·哥诺特在1997年发表的《合作主义的西西弗斯命运：过去、未来》等论著是新合作主义的代表作。近年来，合作主义理论由于其对中国社会经济发展，特别是劳动关系调节、福利制度完善等方面的现实方案所带来的启示，而日益为中国学者所看重，但是运用到探索中国特色政党制度则比较少见。

（二）合作主义的思想及其启示

由于合作主义在历史上有着多种形态、多种阐释，也为从法西斯主义国家到自由民主国家等不同类型的国家所实践，因而人们对于合作主义的认识和定义也是大不相同的。百科全书《布莱克维尔政治学百科全书》认为，"合作主义是一种特殊的社会政治过程，在这个过程中，数量有限的、代表种种职能利益的垄断组织与国家机构就公共政策的产出进行讨价还价。为换取有利的政策，利益组织的领导人应允通过提供其成员的合作来实施政策"。①《剑桥百科全书》认为，合作主义是"决定和实施经济和社会政策的权力由制造商集团共同享有或派代表参加的安排方式。社团的成员必须遵守国家规定的各项原则，他们如果做不到这一点，社团的决策和代表权便归于无效"。② 著名的合作主义理论家斯密特则认为，合作主义是"一种利益代表制度，它由少数具有卓越才能的，能够进行义务服务和与世无争的人所组成，有着等级差别和职能差异，并且得到国家承认或许可，同时国家允许它们在各自的领域中享有一定的垄断权利，而这些组织通过选举以及提出要求和给予支持作为回报"。③ 尽管对合作主义理论的认识和表述，不同的学者有不同的观点，但作为一种理论分析框架，基本的共识还是斯密特所做的阐释：合作主义者试图建立的是"一种利益代表系统，是一个特指的观念、模式或制度安排类型，它的作用是将公民社会中

---

① 米勒、波格丹诺编：《布莱克维尔政治学百科全书》，中国政法大学出版社1992年版，第175页。
② 《剑桥百科全书》，中国友谊出版社1998年版，第302页。
③ R·米什拉：《资本主义的福利国家》，法律出版社2003年版，第203—206页。

的组织利益联合到国家的决策结构中"。① "这个利益代表系统由一些组织化的功能单位构成，它们被组织合进一个有明确责任（义务）的、数量有限的、非竞争性的、有层级秩序的、功能分化的结构安排之中。它得到国家的认可（如果不是由国家建立的）、并被授予本领域内的绝对代表地位。作为交换，它们在需求表达、领袖选择、组织支持等方面受到国家的相对控制"。② 因此，从合作主义产生的历史渊源与发展历程来看，合作主义对完善中国特色政党制度启示意义至少有二个方面：第一、合作主义强调社会和谐是其追求目标和基本价值；第二、合作主义是一种产生合作组织的制度安排的政治过程。

1. 强调"社会和谐"

合作主义理论家认为社会是一个有机体，各个阶级是互相依赖而存在的，各阶级之间的利益是可以调和的，利益调和的各个阶级和平共处、和谐共存于一个社会共同体之内。他们通过研究认为，中世纪既存在着等级，各个等级分别有着其指定的地位及相应的权利义务。各个等级和谐共处，农民与地主被锁定在一个共同体之中。由此，引发了他们试图在工业社会内建立中世纪的那种社会和谐的努力。③ 尽管这种中世纪的社会等级之间的和谐合作在很大程度上是他们的一种不具备历史真实性的浪漫想像，但这种想像已经表达了合作主义思想的一个基本价值，即社会应该是和谐的，也反映出合作主义思想的一个基本理论预设目标，即社会和谐是可以实现的。在法西斯主义时代的合作主义之下，社会和谐是极力宣传与鼓吹的一个基本主张，从而为国家具有凌驾于社会之上"促进"和"保护"社会和谐提供了道德合理性与政治合法性依据。因此，实现阶级和谐从而达至最大的社会和谐，是一种道德的必需，也是一种必要。新合作主义也继续保有传统合作主义的一个假定，即就整体而言，社会利益有着基本的和谐。可以说，不管是历史上存在过的合作主义思想，还是当今的新

---

① P. 斯密特、G. 雷姆布拉什：《走向合作主义的中介》，伦敦哲人书店1979年版，第9页。

② 同上，第13页。

③ Peter J. Williamson: Corporatism in Perspective: An Intro‐ductory Guide to Corporatist Theory. London: Sage Publi‐cation, 1989. p25—26.

合作主义思想,在以社会和谐作为基本价值、理论预设和最终的追求目标这一点上来说,都是共同的。因此合作主义的著名理论家斯密特和哥诺特说:"合作主义思想渊源于两种哲学的综合,即欧洲天主教义和民族主义,前者强调和谐与社会统一,后者重视适应本民族文化传统,强调个体对民族利益的服从和牺牲,从而使社会结为一体。"[①] 可以说,提倡和谐、强调整体、追求社会和谐、追求社会秩序乃是合作主义的一贯宗旨。

胡锦涛总书记在2006年全国统战工作会议上指出:"正确认识和处理中国共产党和民主党派的关系,保持和促进我国政党关系和谐,是发展社会主义民主政治、建设社会主义政治文明的重要内容,也是构建社会主义和谐社会的重要内容。"他同时强调:"巩固发展我国社会主义政党关系,实现我国政党关系长期和谐,根本在于坚持走中国特色社会主义政治发展道路,关键在于坚持和完善中国共产党领导的多党合作和政治协商制度。"[②] 在当今凡有政党政治的国家里,政党关系是一个国家和社会中事关全局的重大政治关系,没有政党关系和谐,就难以有国家政治局面的稳定与社会和谐。而合作主义自工业社会诞生以来,就倡导社会和谐为其理论预设、追求目标和基本价值。正好就契合了胡锦涛总书记关于"关于保持和促进我国政党关系和谐"的讲话精神,因此合作主义为如何保持和促进中国特色政党制度的和谐政党关系提供了非常重要的启示意义:保持和促进我国政党关系和谐是构建社会主义和谐社会的应有之义,同时保持和促进我国政党关系和谐也是我国合作型政党制度的特质之一。

2. 强调合作的制度安排

合作主义思想渊源于欧洲天主教义和民族主义两种哲学。天主教义强调和谐与社会的统一,民族主义重视适应本民族文化传统,它们为"合作主义"提供了不同的社会生存原则:天主教认为社会统一于基督的爱、公正及跟随上帝的感召意愿;民族主义强调个体对民族利益的服从和牺牲,从而使社会结为一体。这些原则联系起来形成了合作思想的传统主题:提倡和谐、一致的社会秩序。这样,合作主义注意的问题主要不是个人,而

---

① R·米什拉:《资本主义的福利国家》,法律出版社2003年版,第158—159页。
② 胡锦涛:《在全国统战工作会议上的讲话》,《人民日报》2006年7月13日版。

是由个人联结起来的行动秩序，它倾向于把社会作为一个整体来处理，同时把失控的冲突视为"病态"，因而减少冲突或控制冲突就成为合作主义竭力张扬的秩序价值。人类进入工业社会之后，工业社会的各种矛盾与冲突，往往上升为阶级冲突，而阶级冲突最初大多不过是经济利益的冲突，如果没有制度化的安排与合理的渠道进行化解，往往会成为意识形态的冲突与政治冲突。相对于经济利益冲突而言，意识形态与政治的冲突往往会使社会付出更为沉重的代价。① 为了避免出现意识形态冲突与政治冲突，实现社会和谐，合作主义往往倾向于通过对社会内部阶级、集团之间的经济利益进行调和，它希望论证一种限制无序冲突的制度安排，寻找适合现代工业社会权利分配和运行的结构体系。

合作主义关注的不是个人的和非制度性的关系，它反映的是社会日益组织化和分工化的后果。组织化使得分散的利益群体影响减弱，分工化造成形成广泛共同利益的困难。这些发展一定程度上改变了政治流动和参与的样式，促使利益表达向协约、功能组合的制度化方向发展。这意味着，正规的、组织化利益的联合体成为现代社会必要的制度形式。总之，现代社会的决策变得越来越困难，原因是它比过去需要更多的专业经验、特别信息、专门技术知识和不同意见的合作参与。这显然不是任何一个组织或单凭国家自己就能承担的，需要社会各方面对公共事务承担责任，需要既代表"公"利、又代表"私"利的组织共同参与决策过程。② 具体而言，它关注的问题是社会不同利益如何得到有序的集中、传输、协调和组织，用各方同意的方式进入体制，以便使决策过程常规性地吸收社会需求，进行利益协调，将社会冲突降低到保持整合的限度，虽然利益协调本源于经济发展，但合作主义的主要处理方式显然是政治性的。因此中国特色政党制度实质上就是一种全国层次合作的制度安排，从其政治参与、利益表达、社会整合等价值与功能来看，基本上实现了合作主义所倡导的价值，但它同时向我们昭示着中国特色政党制度需要进一步完善的紧迫性。

---

① 袁柏顺：《论西方合作主义的理论特征》，《湖南师范大学社会科学学报》2007年第2期。
② 张静：《"合作主义"理论的中心问题》，《社会学研究》1996年第5期。

第五章 民主理论视域下的中国特色政党制度[①]

民主，特别是现代民主，有多种多样的形式，因此而也产生了许多民主理论学派。本章主要以制度分析为研究工具，运用了票决民主理论、协商民主理论、参与式民主理论等来审视和分析中国特色政党制度。

一、票决民主的困境与中国特色政党制度

票决民主在具体运行过程中，时常遭遇到诸如某些投票者的经济人属性、投票规则弊病、投票选择的非真实性和不完全性、投票者的有限理性、信息不对称、代表俘获与代表性不足等多重困境。这些困境的存在既意味着票决民主的不尽善尽美，也对其有效运转构成了严峻挑战。因此，体现协商民主内涵的中国特色政党制度正好成为了解困票决民主的一种有效途径，推进了现代民主形式多样化的发展，完善了现代民主政治制度，反映了中国特色政党制度在世界民主政治发展中的优势。

（一）票决民主中的票决困境

票决民主，主要是用投票表决的方式来表达每一个人的意愿，通过计算每一种主张、每一种选择获得拥护还是受到反对的票数，来展示多数还

---

① 原文内容部分章节曾发表于《中央社会主义学院学报》2009 年第 1 期，2010 年第 1 期等学术期刊上。

是少数的比例,用清清楚楚的票数来决定最后的选择。历史发展的经验事实一再证明,由于人类智慧的有限性,决定了人们不可能形塑出完美无缺的事物。由于人类认识的逐步发展性,注定了今日被视为完美无缺的事物之不足在将来必然为人们所发现。具体地说,在那些已经走向民主化的国家,票决民主已被广为采用,在那些尚未采用的、威权政体的国度,其亦成为不可阻挡的历史发展潮流,但票决民主在具体运行过程中时常遭遇到诸如某些投票者的经济人属性、投票规则困境、投票选择的非真实性和不完全性、投票者的有限理性、信息不对称、代表俘获与代表性不足等多重困境。① 这些困境表明了票决民主并不像西方的民主理论家或国内的一些专家所吹捧得那样尽善尽美。

1. 投票者的经济人属性和冷漠现象的困境。投票表决是票决民主的基本操作方法。遗憾的是,无论是公众直接投票还是由其代表来进行投票,不少投票者均具有经济人属性。存在着经济人属性的那部分投票者参与投票的目标主要有两个,一是实现个体利益的最大化,二是追求其所在团体的利益。其中,个体利益是第一位的,当二者不可兼得时,首先满足的是个体利益。决定这部分投票者是否去投票的因素主要有亲自投票的重要性、投票成本、投票的长期利益等。在权衡损益后,具有经济人属性的那部分投票者如果发现投票得不偿失,就会理性地选择不收集信息和随便地根据自己道听途说的信息或主观感觉来投票,甚至选择不投票,这样就出现投票冷漠现象。事实上,当公众由其代表进行投票时,公众的意愿是通过公众代表来表达的。在这种情况下,公众代表在表达公众意愿时,更易于将个体利益作为第一位的考虑,其次才会顾及他所代表的公众的利益。假如公众代表是纯代理者,即"他由某一团体按照某种规则挑选出来,代表该团体对涉及该团体利益的若干集体行动做决策,但他并不对这种决策的结果负责,决策所带来的任何损失与收益均由该团体的成员承担"②,那么除了少数有很强烈的利他主义愿望与责任心的公众代表外,很多公众代

---

① 周义程:《票决民主中的票决困境解析》,《学海》2009年第3期。
② 汪翔、钱南:《公共选择理论导论》,上海人民出版社、智慧出版有限公司1993年版,第48页。

表必然会因有权无责而对投票结果抱持着一种不甚关心甚至漠然的态度，投票冷漠现象就同样产生了。此时代议民主制就没有多少实际意义。

2. 投票规则的弊病与票决民主的规则困境。票决民主的投票规则主要有一致同意规则和多数决定规则。所谓一致同意规则，是指某个备选方案或候选人必须是在所有投票者均投赞成票或至少没有一个投票者反对的情况下才能获得通过的投票方式。而多数决定规则要求，某个备选方案或候选人要获得通过，必须得到过半数或半数以上的某一比例的投票者认可（赞同或至少不反对）。多数决定规则又可分为简单多数规则和比例制规则。简单多数规则要求投赞成票的人数超过投票者总人数的一半或投反对票的人少于一半，比例制规则强调以高于半数的某一比例如2/3、4/5等作为备选方案或候选人的取舍标准。一致同意规则虽然更加公平，民主的程度更高，并且能够实现选择结果的帕雷托最优，但是由于公民或其代表的偏好存在差异，因而该规则往往需要多次协商和谈判，甚至根本无法通过任何决策方案。更进一步地看，从成本角度考虑，在投票选择过程中，投票者面临着两种性质迥异的成本：外部成本和决策成本。虽然在票决民主运行过程中，一致同意规则给投票者带来的外部成本为零，但很高的决策成本导致社会因缺乏决策效率而出现损失。这种决策成本随着投票者人数的增多而迅速增加，因为随着人数的增加，针对备选方案所花费的讨价还价、修改和表决的时间、精力等成本将大大提高，而当成员偏好差别越大时越是如此。一致同意规则的缺陷还不止于此。该规则还可能导致投票者的策略性行为和敲诈行为，任何一个投票者都可以敲诈那些想使某个方案获得通过的投票者，从而谋得某些利益。为了克服一致同意规则下决策成本过高的弊病，人们时常采用多数决定规则，即少数服从多数。然而，该规则虽然大大降低了决策成本，却增加了持反对意见的少数的外部成本。多数决定规则具有内在强制性，即多数将他们的意愿强制地施加给怀有不同愿望的少数，从而引发了多数人的暴政。多数决定规则还易于出现投票悖论现象。所谓投票悖论，是指在运用多数决定规则进行方案选择时，易于出现投票结果随着投票顺序的改变而改变，不止一个甚至全部备选方案都有可能被选中的方案循环而非均衡的现象。经济学家阿罗用数学方法证明：如果排除效用人际比较的可能性，各种各样的个人偏好次序都有定义，那么把个人偏好整合成为表达社会偏好的最理想的方法，要么是强加的，要么是独裁性的。在阿罗看来，不可能存在一种既满足民主制度的一切要求，又能把个人对若干种备选方案的各种个人偏好次序整合为统一的社会偏好次序的公共选择机制。此即著名的阿罗不可能定理。此外多数决定规则还时常会出现多数输给少数的局面！

3. 投票选择的非真实性、不完全性及投票者的有限理性问题。在票决民主的实践操作中，时常存在着投票选择的非真实性和不完全性问题。非真实性意味着我们不能简单地把民主看成是由公众或其代表通过投票的方式选择自己中意的方案或候选人。正因为如此，所以我们不能天真地认为，只要公民进行投票了就必然是在行使着相应的权利。实际上，政治发展的经验事实一再提醒我们，在某些时候，公民只是在已经事先被专制地设定好了的数量有限的备选方案或候选人中进行选择，甚至公民在做出选择前，就已经被告知必须选择哪一种备选方案或哪个候选人，其结果往往是让局外人感觉非常出人意料：某种备选方案或某个候选人以压倒性多数的绝对优势在票决中胜出。在这种貌似完全民主的投票选择之表象背后，所掩藏着的是专制式的操纵。在票决民主的运行过程中，投票选择是不完全的：儿童和青少年被排除在外。在票决民主的实际运行中，由于儿童和青少年被剥夺了投票权和发言权，使得他们在某些方面（譬如对环境的保护对后代提供生存所必需的空气、水和能源等公共资源）不得不承受着他们的前辈在进行公共决策时所犯下的过错。在票决民主的具体实践中，相当部分投票者存在着有限理性问题。有限理性一词由阿罗较早地提出。在他看来，有限理性是指人的行为既是有意识地理性的，但这种理性又是有限的。而由于环境的复杂性与知识、能力的有限性，投票者（公众或其代表）在进行公共选择的过程中，经常难以做出正确的判断。同时，投票者不可能考虑到所有可能的选择，他们通常也很难全面、准确和深入地了解与备选方案或候选人有关的所有信息，从而存在着信息的不完备性，继而难以做出正确的投票决策。

4. 信息不对称、代表俘获与代表性不足问题。在票决民主的实践操作中，当采用的是代议票决民主形式（即公众委托其代表投票）时，权力的所有权和权力的使用权发生了分离。投票权的终极主体是公众，但投票决策权却常常掌握在代表手中，公众是委托人，代表是代理人。这样就形成了委托代理关系。因为缺乏有效的监督，所以公众与代表之间的委托代理关系就为代表滥用投票决策权制造了大量的机会，从而导致代议票决民主失灵。而有效监督缺乏的一个重要原因就是信息不对称。一般来说，信息不对称是指在交易过程中，交易双方拥有的信息不对等。在代议票决民主的具体实践中，作为委托方的公众时常面临着道德风险问题，即作为代理方的投票者出现不尽心尽力地体现委托人的利益甚至想方设法谋求自身利益的败德行为。在代议票决民主形式中，还存在着利益集团俘获代表的问题。利益集团存在的目的是增进本集团成员的个体利益和整个集团的集体利益。在代议票决民主的实际运行过程中，利益集团通过政治捐款、赞助选举、直接或间接地操纵选举、游行示威以及舆论宣传等对作为投票者的公众代表施加影响，使其选择供给那些能给本集团带来好处的备选方案或候选人。当作为投票者的代表被利益集团所影响而做出有利于该集团的选择时，就出现了代表俘获问题。代议票决民主还易于出现代表性不足的问题。由于公众时常存在着不同的派别，至少存在多数派和少数派的区别。既然如此，作为投票者的公众代表就很可能代表的并非全体公众而仅仅是公众中的多数派的意志，这样一来，票决民主中的民主成分实际上只为多数公众所享有，居于少数位置的公众则成为被剥夺的对象，此即票决民主的代表性不足问题。

这些困境的存在意味着票决民主神话的彻底破灭。故而一些研究民主的专家学者认为，需要通过一系列的制度的设计来约束代表的投票行为，使其既能满足自身的经济人属性，又能认真地履行职责；加强美德伦理建设，借此增强投票者的公益心和责任心；完善民主体制、方法和在程序中尽量降低投票选择的非真实性程度，通过民主政治降低投票者理性的有限性；设计激励机制使大多数人都会选择说真话克服投票者之间的信息不对称问题，等等。

（二）协商民主之解困和中国特色政党制度

民主，特别是现代民主，有多种多样的形式，票决民主只是形式之一。现代民主除了以票决民主作为主要或基本的形式以外，还有协商民主，审议民主等。协商民主和审议民主在英语里通常使用的是同一表述，Deliberative Democracy，但这两种民主形式在汉语里是有区别的：前者更多地指共同体成员间的相互协商、相互妥协，以达成共识，其最终结果一般是相应决策、方案无异议地为全体成员一致认可，无需再行票决；后者则更多地指共同体为了就某种决策、某种方案在全体成员或大多数成员中达成共识，通过座谈会、研讨会、听证会、审议会、论证会等形式不断地组织讨论、辩论，使相应决策、方案逐步由少数人接受扩展到多数人接受，由多数人接受扩展到全体人接受。

民主当然意味着少数服从多数，但是民主，特别是现代民主，还同时意味着保护少数，意味着兼顾多数人和少数人的利益。民主的基本涵义是人民当家作主：人们因其对各种"公共物品"的需求而结成各种不同的共同体，人们在共同体内共同生活，当然有权共同决定共同体的公共事务。有时共同体内人们的意见会不一致，投票从而是必要的。但是，投票并不意味着以多数压制少数，压服少数。投票应是在相互协商、相互妥协，尽可能达成兼顾多数人和少数人利益的方案的基础上进行。否则，就是"多数人暴政"，少数就没有理由服从多数，共同体存在的根据就会发生动摇。正是为了保护少数，照顾少数，兼顾多数人和少数人的利益，现代民主创立了协商民主，审议民主等多种形式。此外，就是"票决民主"的"决"，也不仅仅是指由票数定输赢，以票数作为相应决策、方案是否通过的根据。决策者如果先以"协商民主"吸收最广泛的民意，再经过"票决民主"，就能够形成能平衡和兼顾各方利益的最佳决策。所以中国特色政党制度所反映的协商民主正是体现了这种民主决策的程序，具有较高的优越性。

在中国特色政党制度的政治协商中，中国共产党就国家重大方针政策和重要事务在决策前和决策执行过程中与各民主党派、无党派人士进行协商。政治协商的内容主要包括：中国共产党全国代表大会、中央委员会的重要文件；宪法和重要法律的修改建议；国家领导人的建议人选；关于推进改革开放的重要决定；国民经济和社会发展的中长期规划；关系国家全局的一些重大问题；通报重要文件和重要情况并听取意见，以及其他需要协商的重要问题等。主要形式是：中共中央邀请各民主党派领导人举行民主协商会，就中共中央将要提出的大政方针进行协商；中共中央主要领导人根据形势需要，不定期邀请民主党派领导人举行高层次、小范围的谈心活动，沟通思想，交换意见；中共中央或中共中央委托有关方面召开民主党派和无党派代表人士座谈会，通报或交流重要情况，听取民主党派提出的政策性建议，或讨论某些专题；除会议协商外，民主党派中央还可就国家大政方针及其他重大问题向中共中央提出书面建议。主要程序是：中共中央根据年度工作重点，研究提出全年政治协商规划；协商的议题提前通知各民主党派中央、无党派人士，并提供相关材料；各民主党派中央组织相关人员阅读文件，调查研究，对协商议题进行集体研究后，提出意见和建议；在协商过程中充分发扬民主，广泛听取意见，求同存异；中共中央认真研究民主党派中央、无党派人士提出的意见和建议，对重要意见和建议的采纳情况及时进行反馈。地方各级中共党组织和政府同各民主党派、无党派人士协商的主要内容、形式、程序都差不多，只不过是内容范围不一样而已。从形式和程序来看，基本上都能克服票决民主带来的困境。

二、协商民主的价值所在与人民政治协商制度的完善

2006年2月中国共产党通过《中共中央关于加强人民政协工作的》，明确指出："人民通过选举、投票行使权利和人民内部各方面在重大决策之前进行充分协商，尽可能就共同性问题取得一致意见，是社会主义民主的两种重要形式。"[①]这一表述意味着协商民主被视为选举（票决）民主相并列的一种重要民主形式将成为我国民主建设的重要议题。那么协商民主的价值是什么？对完善我国的人民政治协商制度有何借鉴？

---

① 中共中央：《加强人民政协工作的意见》，www.people.com.cn. 2006年3月1日。

（一）协商民主的内涵和价值所在

协商民主理论发轫于西方政治学界对选举民主、代议民主缺陷的反思，20世纪后期兴起于西方。1980年，约瑟夫·毕塞特在《协商民主：共和政府的多数原则》一文中首次从学术意义上使用"协商民主（deliberative democracy）"一词。他主张公民参与而反对精英主义的宪政解释。20世纪90年代后期，协商民主理论引起了更多学者的关注。当今西方政治思想界的领军人物，如美国著名政治哲学家约翰·罗尔斯、英国著名社会政治理论家安东尼·吉登斯、德国思想领袖于根·哈贝马斯等人，都是协商民主的积极倡导者。一些西方的专家学者认为，对于协商民主的理论探讨，可以追溯到古希腊的城邦政治、伯克和密尔的政治理论，以及20世纪早期的理论家约翰·杜威的著作中，现在的理论研究和探讨不过是复兴而已。对于协商民主的理论探究，不同的研究者具有不同的视角。首先，"协商民主是一种具有巨大潜能的民主治理形式，它能够有效回应文化间对话和多元文化社会认知的某些核心问题。它尤其强调对于公共利益的责任、促进政治话语的相互理解、辨别所有政治意愿，以及支持那些重视所有人需求与利益的具有集体约束力的政策。"现代社会的最显著特征就是文化多元主义，其面临的最大危险就是公民的分裂与对立，为了消除这种对立，协商民主是人类必然会选择的一种恰当治理路径。其次，当一种民主体制的决策是通过公开讨论（每个参与者能够自由表达，同样愿意倾听并考虑相反的观点）做出的，那么，这种民主体制就是协商的。协商民主的吸引力源于其能够形成具有高度合法性决策的承诺。再次，协商民主是一种团体或政府形式。库克认为："如果用最简单的术语来表述的话，协商民主指的是为政治生活中的理性讨论提供基本空间的民主政府。"科恩也认为，协商民主是一种事务受其成员的公共协商所支配的团体。这种团体将民主本身看成是基本的政治理想，而不只是将其看成是能够根据公正和平等价值来解释的协商理想。① 纵观协商民主理论研究的历程，我们可

---

① 引自陈家刚：《协商民主与政治协商》，《学习与探索》2005年第6期。

以概括地说，协商民主就是指政治共同体中的自由、平等公民，通过参与立法和决策等政治过程，赋予立法和决策以合法性的治理形式。其核心概念是协商或公共协商，强调对话、讨论、辩论、审议与共识。① 简单地说，就是公民通过自由而平等的对话、讨论、审议等方式，参与公共决策和政治生活。

作为一种复兴的民主范式，协商民主强调公民积极的政治参与，重视对话、讨论等公共言谈对于民主政治的重要性，协商过程的实质以理性为基础，以真理为目标。协商民主的主要特征有：1、合法性。协商过程的合法性不仅仅出于多数的意愿，而且还基于集体的理性反思结果，这种反思是通过在政治上平等参与尊重所有公民道德和实践关怀的政策制定活动而完成的。协商民主通过为协商过程创造条件而试图完善自主的自我治理过程来实现，这种协商过程保证协商的结果不仅能够聚合现存的各种愿望，而且还反映了更高程度的集体知识和相互的道德责任。② 2、公开性。公共协商的过程是透明和公开的，参与者提供的理由、观点是公开的，可以接受检验的，最后的协商结果也是公开的。3、责任性。在协商参与的过程中，每个协商参与者必须对自己提出来的观点和理由负责，对其他的理由和观点有做出回应的责任以及根据合理的观点修正自己建议以实现共识的责任。③ 由于知道特定建议的来源，以及背后的理论依据，所以公民就能够更好地确定支持特定政策的机构、政党和组织。4、程序性。协商民主是一种程序民主，公共协商不是随意的，而是有严格的程序规定，程序的合法性才产生结果的合理性。④ 5、多元性。协商民主产生的背景就是承认现代社会的文化多元化主义。20世纪后期，不同种族、民族、宗教和社会团体逐渐形成一种多元的文化认同，社会分化加剧，社会主体日益多元化，利益追求呈现出多元的取向。个人、政党、组织等对社会、经济、

---

① 引自陈家刚：《协商民主与政治协商》，《学习与探索》2005年第6期。
② 陈家刚选编：《协商民主》，上海三联书店2004年版，第4页。
③ Maurizio Passerin Dentrves. Democracyas Public Deliberation: Newperspectives, Manches2ter University–Press, 2002. p90–92.
④ 王学军：《论协商民主与政协制定建设》，《广东省社会主义学院学报》2007年第2期。

政治和文化等不同利益的要求导致社会分歧也逐渐扩大。这样多元的发展，没有销蚀民主，反而有利于民主的发展。因此，多元性是协商民主的社会基础和动力。

协商民主既肯定公民积极参与政治生活，又尊重国家与社会间的界限，力图通过完善民主程序、扩大参与范围、强调自由平等的对话来消除冲突、保证公共理性和普遍利益的实现，以修正传统民主模式的缺陷与不足。因此，我们认为，民主不仅仅体现为自由选举，更主要地体现为参与决策，决策不是领导拍板的过程，而是民主协商的过程。民主协商不是既得利益集团"俘获"政府的共谋，也不是政府为自己已有的决策提供理由而召集举行的"论证"会议，而是各利益团体就某些公共事物充分表达各自利益和意见，通过讨论协商最终产生公共政策。① 这是协商民主的核心价值所在。

（二）借鉴协商民主、推进人民政治政协制度的完善

在人民政治协商制度中，政治协商是指对国家和地方的大政方针以及政治、经济、文化和社会生活中的重要问题在决策之前进行协商和就决策执行过程中的重要问题进行协商。其在我国社会发展中起到了巨大的作用：② 1、政治协商能够充分发挥自身联系各党派、人民团体、社会各界和少数民族等群众的优势，有利于促进社会各阶层、团体和党派的有序政治参与。政治协商制度的行为主体涵盖各党派、各民族、各团体、各阶层等社会各界、各方面人士。它们以人民政协为组织形式，能整合各群体的利益要求和愿望，并能通过参政议政、反映社情民意，充分表达各自所联系的群众的具体利益，使各种利益要求通过体制内的渠道经常地、畅通地反映到决策部门，从而有效地协调各种利益关系。2、政治协商有利于最大程度地包容和表达各种利益诉求。政治协商坚持求同存异，蕴涵着合作、参与、对话、妥协、包容的精神。为着维护国家利益、促进公共利益，社会各界人士可以充分发表意见，并在充分、民主、平等、真诚的协商讨论

---

① 燕继荣：《协商民主的价值何在？》，《学习时报》2007年1月16日版
② 引自陈家刚：《协商民主与政治协商》，《学习与探索》2005年第6期。

中达成共识。政治协商坚持多数与少数相统一，既反映多数人的普遍愿望，又吸纳少数人的合理主张，既听取支持的、一致的意见，又听取批评的、不同的声音，从而能够比较全面地反映民众的利益诉求。3、政治协商有利于促进党和国家决策的民主化、科学化。在人民政协的制度实践中，由于经过广泛地民主讨论、遵循公开的民主程序，围绕政策建议的各种分歧最终都通过协商而达成共识，使决策建立在广泛考虑所有人需求和利益基础之上，从而赋予决策以合法性。由于遵循政治协商的程序，政治决策充分考虑到各种利益需求、主客观条件，并且经过反复的论证、讨论和协商，从而使决策更民主、更科学。4、政治协商有利于加强对国家权力运作过程的民主监督。政治协商制度的民主监督是对国家宪法、法律和法规的实施、重要方针政策的贯彻执行、国家机关及其工作人员的工作，通过建议和批评进行监督。民主监督是对权力的有效制约，从而防止了权力的滥用。

但是随着我国经济社会和政治的发展，人民政治协商制度也面临着巨大的挑战。随着社会经济的进步与发展，多元、分化的社会结构已经呈现在我们面前。主体、观念、利益、冲突等领域的多元特征，对于以联系社会各阶层、反映多方利益的政协制度来说，无疑是严峻的挑战。而协商民主注重民主的实质，以承认利益多元化为前提，主张协调各方利益，谋求社会和谐。因此对当前我国构建社会主义和谐社会，完善人民政协制度有着重要的借鉴意义。

第一、创新人民政协界别设置，包容、尊重新的社会阶层或群体。随着经济体制改革的推进，我国正在进入利益分化、利益博弈和利益冲突的时代。我国的社会阶层构成已经发生了新的变化，新出现的阶层包括民营科技企业的创业人员和技术人员、受聘于外资企业的管理技术人员、个体户、私营企业主、中介组织的从业人员、自由职业者等社会阶层。随着新兴社会阶层的发育成型，以及不同阶层、不同利益群体之间利益的差异，各群体之间的社会矛盾和社会冲突明显增加。如何更有效地联系并引导社会各阶层群众，促进有序的政治参与。社会各利益群体为实现、维护和发展自己的利益，必然会在条件具备时提出政治诉求，并寻求介入政治过程和政治决策的渠道，如果某一阶层或群体的利益要求长期得不到关注和满足,他们之中就可能诱发出各种无序的或非法的政治参与行为。此外,由于利益分化,不同社会阶层在经济、社会和政治等方面的权利、利益也呈现出巨大的差异。这种利益差异表现为明显的贫富差距和权利不平等,弱势群体边缘化、群体性事件频发等,社会冲突日益加剧,社会不稳定程度提高。如何更好地促进公共利益,更完整地表达和维护社会各阶层的利益,在个人、团体和阶层利益与公共利益之间寻求平衡,是人民政协需要解决的另一个难题。而协商民主正是产生于社会分化加剧、社会主体日益多元化、利益追求呈现出多元取向的背景条件下,它尊重多元和差异,力图促进不同文化之间的理解,并容纳受排斥的少数族群和团体;鼓励立法和决策的利益相关者积极参与公共协商,在参与过程中公开自己的偏好和利益。借助这种参与,公民能够在对话、反思、辩论、审议中,形成一种更成熟的、经过深思熟虑的舆论。协商对话是帮助人们就复杂问题形成公共判断、实现恰当公共政策的最理想方式。因此,人民政协制度应借鉴协商民主,创新界别,不仅仅要充分包容新的社会阶层或群体,还应充分考虑并包容少数族群和边缘群体。因为在全球化的过程中,具有文化独特性的少数民族和种族群体、不同的宗教信仰群体、原住民群体、弱势群体等等,因为差异而产生了普遍的冲突和分歧。这些冲突已经不仅仅局限于经济利益,而且还涉及到道德、原则等方面。所以,人民协商制度只有扩大自身的包容性,才能增强自身的适应性,将社会上各种不同的利益要求、政治诉求有机整合起来,纳入到既有政治体系之内,形成公民有序的利益表达、沟通协调和政治参与。

第二、完善协商机制,促进政治协商程序化。面对结构逐步转型、利益明显分化、冲突日益频繁的社会,人民政协作为我国政治协商制度的组织形式,面临着进一步程序化、规范化的挑战。协商民主通过参与和表达,促进合法决策,而政治决策只有在获得广大政策对象的认同,即获得合法性的基础上才能够有效实施。因此,在人民政协中,应该继续重视并完善党派之间的协商,同时促进以党派名义进行的调查和建议、批评和监督;同时,根据社会分化的现实,在人民政协组织之中,建立专业化的协商机制,例如党际协商机制、党与社会团体之间的协商机制、以及政党与社会团体和集团、公民个人之间的协商机制,① 以此来完善人民政协的协商机制,促进人民政治协商制度的制度化、规范化和程序化建设。

第三、强化责任性,积极引导人民政协各参与主体的理性政治参与。协商民主中的协商过程参与,使行为主体能够在对话过程中,明确自身与他人的责任,明确促进公共利益的政策建议来自各方的共识。因为协商民主首先能够培养出健康民主所必需的公民美德,如政治共同体成员之间的相互理解、相互尊重、妥协和节制个人需要等;其次协商民主能够形成集体责任感。协商民主能够使人们看到,政治共同体的每个人都是更大社会的一部分,承担责任有利于促进共同体的繁荣;再次随着文化多元化的发展,协商民主能够促进不同文化间的沟通与理解,从而成为建立参与持续性合作行为所需要的社会信任的基础。② 因此在协商过程中,公民有责任维护并促进公共利益,更好地确定支持特定政策的机构、政党和组织。政治协商制度中的参与者一般都具有较高的文化水平、专业知识、表达沟通和交往能力。所以,我们应借鉴协商民主,充分利用政协委员的自身素质,增强他们的责任意识,培养他们的理性意识,改善对话、讨论和协商的过程与质量,提高人民政治协商制度共商国事的协商质量。

第四、增强人民政协参与者的独立性,加强民主监督和制约,在协商民主实践中,最重要的是要保证协商参与者的权利平等、机会平等、资源平等和能力平等。只有在平等的基础上,参与者的独立性才能体现出来,才能避免来自外力的压制或欺骗,才不会因为其观点的分歧和意见不同而受歧视,才能真正对决策过程进行自由的批评和反思。只有这样,协商民主才是真实的、有效的,才是真正能够赋予决策合法性的协商。因此,在人民政协制度中,应增强人民政协制度中参与主体的独立性,赋予更广泛的平等机会、资源,增强能力建设,实现参与过程的权利和话语平等权,才能加强民主监督和制约。协商民主是一种在以权力制约权力之外,以社会制约权力的机制。民主监督是人民政协的重要职能之一,它是参加人民政协的各党派团体和各族各界人士通过政协组织对国家机关及其工作人员

---

① 引自陈家刚:《协商民主与政治协商》,《学习与探索》2005年第6期。
② 陈家刚选编:《协商民主》,上海三联书店2004年版,第4页。

的工作进行的监督,也是中国共产党在政协中与各民主党派和无党派人士之间进行的互相监督。因此,要完善和发展政治协商制度的民主监督,首先在于完善民主监督机制,在知情环节、沟通环节、反馈环节上健全民主监督的渠道;其次在于各级党委和政府要认真倾听来自人民政协的批评和建议,以及对提案的答复;再则取决于各民主党派和各社会团体、各界人士在加强监督方面的独立性和主动性;最后,则在于协商过程的透明性,以及新闻媒体监督的实效性。

三、参与式民主理论对人民政协制度界别设置的启示

当代参与式民主理论是在反思以自由主义为基础的代议制民主的危机中复兴起来的,参与式民主理论的核心概念是公民参与,主张通过公民的讨论、协商来制定公共政策,解决公共事务的问题。而在人民政治协商制度中,政治协商是指中国共产党同各民主党派及无党派人士对国家和地方的大政方针以及政治、经济、文化和社会生活中的重要问题在决策之前进行协商和就决策执行过程中的重要问题进行协商。但是随着社会经济的进步与发展,多元、分化的社会结构已经呈现在我们面前。面对主体、观念、利益、冲突等领域的社会多元特征,对于如何广泛地联系社会各阶层,体现最广泛的民主,反映多方利益的人民政协的界别设置制度来说,无疑是严峻的挑战。因此,当代参与式民主理论对人民政协制度界别的设置有着重要的启示意义。

(一)当代参与式民主理论及其启示

民主意味着参与,这似乎是一个不言自明的命题。参与式民主是西方发达国家民主发展的新趋向,主张民主不仅是一种政治制度,更是一种生活方式,自由和个人的发展只能依靠公民在社会和国家事务中直接地不断地参与才能实现。参与式民主在代议制民主的基础上要求扩大直接民主的有效范围,丰富民主政治的合理内核,符合民主直接化的要求,代表着当

代社会政治生活从精英民主趋向大众民主的发展方向。当代参与式民主理论实际上是古典民主理论的复兴，民主的原意是人民的统治，这种人民的统治在古希腊的雅典城邦民主中就是以公民参与为标志，即参与式民主。近代的卢梭通过社会契约论，说明国家权力是来自人民，属于人民，人民是国家的唯一主人，人民主权不可转让、不可分割、不可代表，建立在人民主权原则基础上的民主只能是参与式的民主，这种民主是以人民参与为前提的，"唯有当人民集合起来的时候，主权者才能行动。"① 只有人人参与的全体公民大会才能形成公意。1970年，美国政治学家卡罗尔·佩特曼出版《参与和民主理论》一书，系统阐述了"以参与理念为核心的民主理论，"②认为参与式民主是"疗救"自由主义民主诸多问题的方案，真正的民主是所有公民直接充分参与的民主，这标志着参与式民主政治理论的正式形成。佩特曼的观点得到了同时代以及后来的许多学者的共鸣与发扬，如麦克弗森、巴伯等。未来学家托夫勒和奈斯比特从人类文明发展的角度也对参与式民主进行了探索。

当代参与式民主理论对以自由主义为基础的代议制民主进行了批评，指出了代议制民主的主要缺陷就是排斥了公民的参与，使得其背离民主政治的原则，走向精英政治，造成公共善的缺失，把公民个人限于私人领域，造成公众的政治冷漠，无法形成真正的公民共同体。③ 而参与式民主理论的核心概念是公民参与，强调公民的政治参与，主张通过公民对公共事务的共同讨论、共同协商来制定公共政策，共同行动解决公共事务的问题。这是参与式民主的根本特征，它区别于代议制民主中公民只是在投票、选举中的参与。参与式民主，"从字面上讲，它是公民的自治政府，而不是冒用公民名义的代议制政府。"④正是此中原因，所以当代参与式民

---

① （法）卢梭：《社会契约论》，商务印书馆1982年版，第118页。
② （美）卡罗尔·佩特曼：《参与和民主理论》，上海人民出版社2006年版，第104页。
③ 陈炳辉、韩斯疆：《当代参与式民主理论的复兴》，《厦门大学学报（社科版）》2008年第6期。
④ （美）巴伯：《强势民主》，吉林人民出版社2006年版，第180页。

主理论的代表人物认为,参与式民主能够弥补代议制民主的不足和缺陷:①其一,参与式民主强调更多的公民参与,能够弥补代议制民主的精英政治的不足。代议制民主是公民投票选择某些精英去制定公共政策,很容易演变为米歇尔斯所说的寡头政治铁律论,导致公众的政治冷漠主义,使公民对政治疏远。而参与式民主主张通过公民的充分政治参与来弥补、修正代议制民主的缺陷,防止代议制民主的精英政治沦为政客政治、寡头政治。其二,参与式民主强调公民参与公共政策制定过程中的讨论、协商,弥补代议制民主选举政治的不足。代议制民主以选举为根本标志,只要推行自由公平的选举就算民主政治了,而参与式民主并不把自由选举视为民主的唯一标志,而是关注公共政策制定中的公民参与,公民的协商讨论,代议制民主只关注公共政策制定者的如何民主产生,忽略了公共政策是如何民主制定出来的,而参与式民主恰恰关注的是公共政策是如何通过公众共同讨论、共同协商的制定出来的民主过程,现代国家的公共事务虽不能有所有公众参与制定,但由于其复杂性,排斥公民的参与制定是无法适用现代社会事务的解决方式的。其三,参与式民主强调通过公民参与的讨论协商来达到互助互利、共同合作,弥补代议制民主中的"投票工作"、"多数规则"的不足。投票及多数同意规则是代议制民主政治的基本规则,然而,投票及多数同意规则可能造成大部分人利益得到满足而少部分人利益受损,甚至导致多数人的暴政。参与式民主则是通过公民的讨论、协商的过程,达到各种利益的协调和平衡,实现一种互助互利、共同合作的政治。其四,参与式民主强调更广泛的社会民主,弥补代议制的政治民主不足。代议制民主主要是一种政治制度层面的民主,一种选举民主,而参与式民主则是一种将民主广泛地推行到社会各个领域里的民主。"参与式民主理论要求建立一个民主政府的必要条件必须建立一个参与性社会,这一要求并不是不现实的。"②

---

① 陈炳辉、韩斯疆:《当代参与式民主理论的复兴》,《厦门大学学报(社科版)》2008年第6期。
② (美)卡罗尔·佩特曼:《参与和民主理论》,上海人民出版社2006年版,第92页。

当代参与式民主理论探索与研究，对于在中国这样一个有着几千年封建社会历史、民主和法治传统缺失的国家则是有着更为重要的紧迫性：其一就是在当今中国社会里会经常有着非常众多的民众在网上质疑政府公布的一些法律法规、文件条例或政府官员的任命，其中一个最本质的原因，就是缺乏广泛的民众参与，使广大人民群众无法了解其中内因。缺乏广泛的民众参与，同时也使政府的公信力遭到了怀疑，这对于中国经济社会的发展，民主政治的推进是不利的。其二就是现代科学技术的进步，特别是通讯技术、信息技术、互联网技术的迅猛发展，为公众参与公共事务的讨论、协商提供了可行的条件。互联网使得公众能够了解相关的包括政治信息在内的各种信息，发表自己的看法，相互讨论，相互沟通，相互协商，能够直接参与到一些政治、经济、文化、社会等方面，甚至包括法律法规的制订、政府官员的任命与罢免等事务中，很多公共事务已经不可能回避民众的参与了。因此加强参与式民主理论的研究探讨、学习借鉴有着重大理论和现实意义：一是落实人民当家作主的社会主义民主本质，通过公民的参与式民主实现以公民权利制约政府权力，有效地克制国家机关可能发生的腐败现象和政治弊端；二是通过广泛的公民参与，特别是在基层社会治理中的公民直接参与，培养民主意识，提高民主能力，养成民主习惯，为整个国家政治生活的民主化奠定坚实的基础；三是对完善人民代表大会制度和人民政协制度，扩大直接民主的范围，有着直接的指导和借鉴意义。尤其是对本文所关注的人民政协的界别设置制度的完善与发展，如何更广泛反映人民政协的参与民主，解决政治协商过程中政协委员提案过于偏激或过于狭小的问题，不能完全反映人民群众利益的现象，改革和完善人民政协制度中政协界别设置，参与式民主理论有着重要的启示意义。

（二）借鉴参与式民主 完善人民政协制度的界别设置

人民政治协商制度是我国的一项基本政治制度，也是我国的民主政治制度之一，它在我国的民主政治、经济社会发展中起到了巨大的作用。但是，随着我国经济社会和政治的发展，人民政治协商制度的广泛性也面临着巨大的挑战。随着社会经济的进步与发展，多元、分化的社会结构已经呈现在我们面前。主体、观念、利益、冲突等领域的多元特征,对于以联系社会各阶层、反映多方利益的人民政协制度来说,无疑是严峻的挑战。而参与式民主正是发展于社会分化加剧,社会主体日益多元化,利益追求呈现出多元取向的背景条件下,它并不否认共同体中的利益、文化、观念的差异性、多元性,主张公民参与讨论、协商,正是以承认利益、文化、观念的差异性、多元性为前提的,讨论、协商的目标也不在于消除差异性、多元性,不在于形成统一的共同体的意志,而是相信在讨论协商的基础上,各种差异、多元之间能够互助、互利、合作、双赢。①它尊重多元和差异,力图促进不同文化之间的理解,并容纳受排斥的少数族群和团体;鼓励立法和决策的利益相关者积极参与公共协商,在参与过程中公开自己的偏好和利益。而人民政协的界别正是这种表达民众的民主政治参与的一种形式或制度设置,因此参与式民主理论对当前我国构建社会主义和谐社会,发扬人民政协制度的广泛民主,完善人民政协制度的界别设置有着重要的启示意义。

《中共中央关于加强人民政协工作的意见》指出:"要适应改革开放和经济社会发展的实际情况,研究并合理设置界别,扩大团结面,增强包容性。"深入贯彻《意见》精神,合理设置和调整政协界别,是当前人民政协加强自身建设的一项紧迫和重要的任务。同时,随着经济体制改革的推进,我国正在进入利益分化、利益博弈和利益冲突的时代。我国的社会阶层构成已经发生了新的变化,新出现的阶层包括民营科技企业的创业人员和技术人员、受聘于外资企业的管理技术人员、个体户、私营企业主、中介组织的从业人员、自由职业者等社会阶层。随着新兴社会阶层的发育成型,以及不同阶层、不同利益群体之间利益的差异,各群体之间的社会矛盾和社会冲突明显增加。如何更有效地联系并引导社会各阶层群众,促进有序的政治参与已经成为一个无法回避的问题。社会各利益群体为实现、维护和发展自己的利益,必然会在条件具备时提出政治诉求,并寻求介入政治过程和政治决策的渠道,如果某一阶层或群体的利益要求长期得不到

---

① 陈炳辉、韩斯疆:《当代参与式民主理论的复兴》,《厦门大学学报(社科版)》2008年第6期。

关注和满足，他们之中就可能诱发出各种无序的或非法的政治参与行为。此外，由于利益分化，不同社会阶层在经济、社会和政治等方面的权利、利益也呈现出巨大的差异。这种利益差异表现为明显的贫富差距和权利不平等，弱势群体边缘化、群体性事件频发等，社会冲突日益加剧，社会不稳定程度提高。如何更好地促进公共利益，更完整地表达和维护各社会阶层的利益，在个人、团体和阶层利益与公共利益之间寻求平衡，是人民政协需要解决的另一个难题。借助这种参与式民主，公民能够在对话、反思、辩论、审议中，形成一种更成熟的、经过深思熟虑的舆论。参与讨论、协商对话是帮助人们就复杂问题形成公共判断、实现恰当公共政策的最理想方式。因此，人民政协制度应借鉴参与式民主，改革创新界别，不仅仅要充分包容新的社会阶层或群体，还应充分考虑并包容少数族群、社会弱势群体以及其他社会边缘群体等等。因为在全球化的过程中，具有文化独特性的少数民族和种族群体、不同的宗教信仰群体、原住民群体、弱势群体与其他社会边缘群体等等，因为差异而产生了普遍的冲突和分歧。这些冲突已经不仅仅局限于经济利益，而且还涉及到道德、原则等方面。所以，人民政协制度只有扩大自身的包容性，改革、扩大及完善自己的界别设置，使社会各个阶层或群体都能参与政治协商，真正地反映了广大民众的民主诉求，才能增强自身的适应性，将社会上各种不同的利益要求、政治诉求有机整合起来，纳入到既有政治体系之内，形成公民有序的利益表达、沟通协调和政治参与，才能体现出我国民主政治的广泛性。

人民政协的界别是参加人民政协的各个党派、人民团体、各民族和各界人士在人民政协组织中的具体划分形式，也是政协会议的组织形式。界别反映了人民政协的组织构成，同时也反映了爱国统一战线的各个组成部分。目前，全国政协有34个界别，主要可以分为7种类型：一是党派，包括中共、各民主党派和无党派人士10个界别；二是团体，包括共青团、总工会、妇联、青联等8个界别；三是以行业为基础划分的社会各界，包括文艺、科技、教育、经济、农业等11个界别；四是按民族设立的少数民族界；五是按宗教信仰设立的宗教界；六是按地域设立的香港和澳门两个特邀人士界；七是特别邀请人士界。随着经济和社会的发展，政协界别设置存在的问题也逐步显现出来:① 一是人民政协界别的定义、内涵和外延不够明确,对界别设置还缺乏规范。二是现有界别的设置不够合理,现有界别设置未能涵盖所有社会阶层,无法满足所有社会阶层的政治参与需求,如农民、工人、服务业从业人员等,没有反映经济社会发展和社会阶层发生的变化,新的社会阶层及新经济组织从业人员在政协界别设置中没有充分体现,此外有的界别划分不清,设置出现交叉重叠,如科协界和科技界等。三是现有界别委员构成不够合理,社会上层所占比例过大,中下层比例较小。一些行业或阶层的委员人数偏多,新兴行业的委员少,除民营企业家外,其他如法律、金融、中介组织从业人员的政协委员过少。有的界别中委员的代表性不强。如农业界委员主要是农技人员、农业主管部门负责人,工会界很多是工会领导,少有第一线的产业工人。

参与式民主理论的根本特征和核心理念是公民参与,强调公民的政治参与,主张通过公民对公共事务的共同讨论、共同协商来制定公共政策,共同行动来解决公共事务的问题,它为人民政协的界别设置提供了理论依据。同时,改革与创新人民政协的界别设置有利于社会不同群体积极有序地参政议政,广纳民言,广集民智,充分发扬社会主义民主;有利于通过界别的渠道把群众中分散的、个别的意见和呼声汇成系统的、集中的、有界别特点的群众性意见,使建议和提案更有份量,更有价值;有利于发挥政协人才荟萃的优势,为党委政府决策提供高层次、跨学科、多方面的咨询论证。因此,人民政协的界别设置应当依据涵盖全体民众的原则,在对当前社会结构、社会阶层、社会组织形式等进行科学分析的基础上,进行改革与创新。

首先是改革、调整、优化人民政协界别的设置和界别委员结构。一是适当调整部分界别,把一些交叉重叠、性质相近的界别进行合并,如科协界和科技界等。二是将现有的经济界分拆为国有制经济界和非公有制经济界,据有关资料显示,全国非公有制经济人士大约有5000万人,加上在相关行业的所有从业人员总人数约1.5亿人。他们掌管约10万亿的资本,使

---

① 汪正生:《关于人民政协界别设置和调整的几点建议》,新华网(北京)ht-tp://www.xinhuanet.com

用全国半数以上的技术专利,贡献全国 1/3 的税收。目前,非公有制经济委员主要安排在经济界和工商联界,根据非公有制经济发展的实际,设立单独的非公有制经济界很有必要。三是调整部分界别的委员构成人数。由于民盟、民进成员多为教育界人士,农工成员多为医卫界人士,民建、工商联成员多为经济界人士,而教育、医卫和经济界别中又是由这些行业的人士组成,所以造成这三个行业的委员比例过大,建议适当减少教育界、医卫界和经济界中的委员数量。[1] 四是改革界别委员的层次结构,提高各界别中委员的代表性。要改变界别委员中社会上层所占比例过大,中下层比例较小现象。部分界别除本界别中有影响的人士外,应有普通群众担任委员,以更好反映界别群众的意愿。不要出现工会界别真正来自生产第一线的工人寥寥无几,直接代表基层说话的声音太弱,农业界别基本上没有来自从事一线农业生产的农民代表,教育界别全是高等教育委员,以至于出现当全国政协教育界委员在讨论基础教育建设时,却发现全国政协委员中没有一个是从事中小学义务教育的委员,全是从事高等教育的委员在讨论基础教育的尴尬场面。

其次是创新人民政协的界别设置,适当增设有关界别。随着改革开放和经济社会的发展,一方面,一些阶层的社会影响越来越大,如司法、农民和农村等;另一方面,出现了一些新兴的社会阶层,如非公有制经济人士、自由职业者、中介人士等。但是现有的政协界别并没有充分涵盖这些社会阶层,因此,人民政协的界别设置应当随着经济社会的发展,社会主义民主政治的需要,不断地创新、增设一些界别,如企业界、法律界、产业工人界、农业界、自由职业者界、商业和服务业人员界以及中介组织界等。譬如新设产业工人界,以发展一线的产业工人为主,区别于工会界,可以更好地反映产业工人的意见。司法界担负着维护社会公平与正义的神圣职责,在政协组织中应单独设置界别,可以使司法界人士通过政协组织,就司法建设提出合理化建议,促进依法治国和和谐社会建设。农民作为我国最大的社会阶层,是建设社会主义新农村的主体,但在国家和社会

---

[1] 汪正生:《关于人民政协界别设置和调整的几点建议》,新华网(北京)http://www.xinhuanet.com.

事务中处于边缘地带,是社会的弱势群体,设置这个界别,可以改变九亿农民在政协组织中没有一席之地的现状,可以更直接地反映农民的意愿,密切党委、政府与农民的联系,促进社会主义新农村建设。中介组织作为社会新兴阶层,在经济社会发展中的作用愈来愈重要,单独设置一个界别,能充分发挥这个阶层的作用,做好协调关系、化解矛盾、理顺情绪的工作,增进社会各阶层和不同利益群体的和谐。

第六章 合作理论视域下的中国特色政党制度[①]

政党制度是政党政治的主要表现形式和实现形式。中国特色政党制度就是中国共产党领导的多党合作和政治协商制度，是中国的基本政治制度，近年已成为政治制度研究的一个热点。通过对中国人民大学报刊复印资料《政治学》、《中国政治》以及《政治学研究》、《中央社会主义学院学报》、《社会主义研究》、《学术月刊》、《社会科学》等期刊进行搜集，尤其是对近年来中央社会主义学院政党制度研究中心所出版的政党制度研究文集的搜集后发现，刊载的论文近三百篇，相关学术著作三十多本。并且发现近年来关于中国特色政党制度的研究主要涉及中国政党制度的特点和功能，中外政党制度的比较，中国政党制度形成与发展的历史，参政党理论，中共三代领导人政党政治思想，中国政党制度的完善和发展，以及与当前一些现实问题之间的关系或指导意义研究等方面。纵观学术界及政界的研究，发现对中国特色政党制度的研究存在一些不足：一是研究的方法与评价标准不足，大多数是以西方现代政治的研究方法，西方竞争型政党制度理论作为评价分析标准来分析研究中国特色政党制度。二是研究形式不全面，大多数研究成果都是以历史归纳、文件解读或只讲对现实问题的指导意义等口号式的、下结论式的研究，缺乏基础性的理论探索。正是这种研究存在不足，所以对中国特色政党制度的理论基础研究不足，以及在世界政党制度体系的创造性价值分析不足、评价不足，没有从理论上予以充分地论证和说明！总是徘徊在西方的政党制度理论评价体系，无法说

[①] 原文部分内容曾发表于《社会主义研究》2010年第2期等学术期刊上。

明或解读中国特色政党制度的理论与现实的创造性价值。所以，本章试图从合作理论的角度，对以"合作"理念为核心的中国特色政党制度进行理论基础研究，以期提出一些的新的理论观点或思考，来推进中国特色政党制度的基础理论研究，并以此角度，试图来对如何完善中国特色政党制度提出一些建议。

一、合作理论：分析中国特色政党制度的理论工具

深入、系统地研究中国特色政党制度的理论依据，认真总结这一制度所蕴涵的理论价值，才能使中国特色政党制度理论体系具有理论深度与强大说服力。就中国特色政党制度的政党合作理论基础而言，毫无疑问，中华传统文化所蕴含的"合作"精神的文化特性是中国特色政党制度政党合作理论基础的文化之源；人类社会的合作思想探索是中国特色政党制度政党合作理论基础的思想之源；马克思主义政党学说中的政党合作思想，以及党的三代领导集体和以胡锦涛为总书记的党中央对中国共产党领导的多党合作制度一系列的政党合作思想论述是中国特色政党制度政党合作理论基础的理论之源。它们既是中国特色政党制度的理论基础，又是研究中国特色政党制度的分析工具。

（一）中华传统文化所蕴含的"合作"精神文化特性是中国特色政党制度政党合作理论的文化之源

几千年前，中华民族就独立自主地创造了不同于西方世界的、独具特色的中华文明，数十年来，中国逐渐形成了中国特色的现代化道路。与此二者相适应，也基本形成了体现中华民族的文化特性。首先是传统文化的"和合文化"精神。和是中国古代一个重要的哲学与政治概念。所谓"和"，是讲各种不同的事物需要互相补充和有机配合。与"和"相反的概念是"同"，"同"是事物的单一性。最早提出"和同"论的是西周末年的太史伯。有一次，时任周司徒的郑恒公问太史伯周的命运如何。太史伯

回答他说，周王室的末运已到，原因就是周幽王"去和取同"，即听不进不同意见。继太史伯之后，孔子赋予"和"与"同"更加广泛的意义，明确提出"君子和而不同，小人同而不和。"孟子提出："天时不如地利，地利不如人和"。荀子提出："万物各得其和以生"。《中庸》提出："和也者，天下之达道也"。因此，在中国传统文化中更多地具有"和"、"中庸"、"和而不同"、"政通人和"、"和为贵"、"和气生财"、"家和万事兴"、非攻"、"兼爱"即不相竞争等反映"合作"的思想。其次是集体主义。在中国，集体主义既是价值观念，也是行为方式，它有着2000多年的历史。它重视集体力量，强调集体利益高于个人利益，追求和谐的社会关系，崇尚人们之间互相关心、帮助与合作。中国文明产生于大陆内地，以农耕为主，农耕民族把人聚集在以血缘为纽带、以家族为基础的氏族社会的集体之中，以集体的力量抵御自然灾害，因此必然要求集体成员之间进行合作才能完成集体生存之任务。中国文化的核心思想是以孔子为代表的儒家文化思想，同时儒家文化思想也是中国集体主义的核心思想。孔子的儒家哲学思想"仁"讲的是人我关系，意在告诉人们如何处理人际关系，达到和合，一人独自难以成为"仁"，要达到"仁"，一个人必须把自己纳入集体，与大家合作，才能和集体熔为一体。[①] 不难看出，"仁"讲的就是集体的合作关系。因此儒家所提倡的这种不计个人利益与他人合作的、为国为民的牺牲精神，个人价值的实现在于为国家和集体的奉献，正是集体主义精神的精髓所在。再次是大一统思想和国家至上主义。秦始皇通过强大的军事力量结束了春秋战国以来诸侯割据称雄的分裂局面，建立了空前统一的大帝国，为我国统一多民族国家的发展奠定了基础，符合历史发展的要求和人民的愿望，从此也产生了大一统思想，并且深入人心。在中国传统文化里，国家的利益永远是至高无上，"匈奴未灭，何以为家"，"天下兴亡，匹夫有责"等就说明了排在中国人行为选择首位的永远是国家的利益。大一统思想和国家至上主义以国家的完整统一为中心，就要求人们永远捍卫它的领土完整和文明，保卫它的高度统一性，就必然要求它的地域和地域之间、民族与民族之间、人们与人们之间必须团结合作，才能保

---

① 关世杰：《跨文化交流学》，北京大学出版社2005年版，第168－173页。

证高度的统一性。当然大一统思想可以说是集体主义在国家层面的一种表现。因此,正是中国文化强调"和合"精神,强调团结与合作的集体主义文化,所以才在中国古代政治文明理念中形成了"尚中庸、喜和谐、重合作"的思想,为以"合作"为主线的中国特色政党制度提供丰厚的文化营养。因此中华传统文化所蕴含的"合作"精神的文化特性是中国特色政党制度理论基础的文化之源。

(二)人类社会的合作思想探索是中国特色政党制度政党合作理论基础的思想之源

合作现象四处可见,它是文明的基础。[①] 不论是远古时期的早期人类为了自身的生存,一起合作分工共同获取食物,还是当今世界,人类为了共同对付日益复杂恶劣的生存环境,不论是对手和朋友都需要合作。而且随着人类社会生存与发展的各种条件日益恶化,合作越来越显得重要了,也是人类社会发展的未来趋势,人类越来越需要合作了。合作是人类的生存和发展过程中产生的一种需要,没有合作,人类是难以生存的甚至无法生存!

对于合作思想与理论的研究探寻。如何克服个人短期和眼前的私利而通过合作最大化人类的社会福祉这一问题,很早就被各学科的一些重要思想家认识到并且提了出来。从西方社会思想史来看,在这方面最为人们所熟知的例子是霍布斯的"利维坦"和卢梭的"社会契约理论"。按照霍布斯的理论思路,没有一个作为利维坦(大意为"作为国家政府的集权体制机构"),人类合作将是不可能产生的,因此一个强权的政府机构是必要的。[②] 而卢梭认为,一些自由人之间相互交往会产生"公意",在公意存在的情况下,通过某种"社会契约",就可以达致并维持某种人类社会或社

[①] 罗伯特·阿克塞尔罗德:《合作的进化》,吴坚忠译,上海世纪出版社2007年版,第3页。

[②] Hobbes, Thomas, Levathan, Oxford: Oxford University Press 1943. p100.

群之间的某种合作。① 卢梭的社会契约论,就其本质而论,也是想解决人类社会的合作问题,尽管卢梭批评了霍布斯君主专制的或集权下的合作主张,但根据卢梭的人民主权论的逻辑推理,如果某个人或某个组织代表公意,那么这个人或组织就有权力来统驭、控制和指导整个社会。由此看来,与其说卢梭的社会契约论是想达致在人人自愿基础上的某种社会合作,还不如说他是主张一些人以"集体理性"和"社会公意"为名义实行个人的专制独裁。说到底,尽管卢梭从字面上不同意霍布斯的君主专制政体下的人类合作,但通过控制社会来强制人们之间的合作,二者实质上是殊途同归。概言之,从霍布斯到卢梭,西方古典社会契约论的一个基本理论假设是,一个具有共同利益的群体会在某种外在强制力量和社会安排下为实现共同利益而采取集体行动(合作),并且这要么导致君主专制,要么导致共和独裁。然而,这是人类社会必然的选择吗?人类社会必须是否接受霍布斯的"利维坦"或卢梭的"人民主权论"的专制统治,才有在此统治下实现某种形式的社会合作吗?换句话说,哈耶克在《致命的自负》一书中所提出的这种人类合作的扩展秩序能否自发生成和自然成长?如果能,其自发生成和自然扩展的外在条件和社会机制又是什么?这些问题的追根溯源都会涉及到人类内部,即具体到个人之间的合作的原初发生机制和维系机制。从这个角度出发,20世纪美国著名的经济学家曼瑟尔·奥尔森在探讨人类社会的"集体行动的逻辑",直接面临的问题也就是人类的合作问题,只不过是把人与人之间的合作放到个人博弈的层面来考察。"除非一个集团中人数很少,或者除非存在强制或其他某些特殊手段以使个人按照他们的共同利益行事,有理性的、寻求自我利益的个人不会采取行动以实现他们共同的或集团的利益"②,否则合作是难以产生或维系的。德国著名的制度经济学家柯武刚、史漫飞也从制度经济学角度认为:"制度的一个功能就是使复杂的人际交往过程变得更易理解和更可预见,从而

---

① Rousseau, Jean-Jacques, The Social Contract, tran. by Maurice Cranston, New York: Penguin Books. 1968. p77.
② (美)曼瑟尔·奥尔森:《集体行动的逻辑》,陈郁等译,上海三联书店、上海人民出版社1995年版,第2页。

不同个人之间的协调或合作也就更易发生。"①但是却没有阐述这个制度是君主专制或控制社会还是什么？依然没有探索出合作的生发机制及深层次的原因。

霍布斯和卢梭的思想，以及奥尔森的工作，在人类思想史上无疑均有重要的历史意义，且在人类数百年的现代化进程中，霍布斯的利维坦和卢梭的社会契约理论，均能在欧洲社会的历史上存在过的政治和社会体制中发现其理论的现实体现。然而，人类社会的合作，远比这两位古典政治哲学家眼中的政治体制问题要宽泛得多。大到国家与国家之间，地区与地区之间，小到企业和企业之间、朋友相交、邻里相处、家庭维系，或社会发展的不同领域，譬如政治，经济、文化等等，处处、事事、时时都充满着合作选择。以至于可以认为，没有人与人之间的合作，就没有人类的文明社会了。

人类究竟为什么要选择合作？或者说在人类社会生存与发展的历程中，为什么大多数情况下，人们选择了合作呢？许多学科的学者都进行了一些思考与探索。在生物学领域，从发生学的角度看，发表在2004年《科学》杂志上的最新研究成果表明，人类对合作的兴趣，最起码在生物脑演化的阶段上甚至早于人类的竞争关系。②"合作行为在生物组织的各个水平普遍存在。细胞中的基因相互合作，以一种协调的方式进行复制；多细胞体中的细胞共同作用，建构一个功能体；社会组织中的动物个体相互合作觅食和繁殖。""合作行为的广泛存在说明其存在重要的生物学意义，即在进化上具有其合理性。"③ 社会学大师罗尔斯从正义原则推导出合作的产生，在罗尔斯的正义理论中，"原初状态"只不过是他的另一个设定的别称，即"公平的正义"，而这种"公平的正义"又可以理解成："公平的合作条款是由这些从事合作的人们所达成的协议决定的。"并且认为

---

① （德）柯武刚、史漫飞：《制度经济学》，韩朝华译，商务印书馆2000年版，第142页。

② Fehretal, The Neural Basis of Altruistic Punishment, Science, Vo.l 305, 27August, 2004.

③ 贾蕊、汪田甜：《合作行为的进化》，《生物学通报》2008年第8期，第4—7页。

"一个民主社会通常被视作为一个社会合作体系。"① 而尽管自斯密、马克思、马歇尔和凯恩斯以来,主流经济学体系都是以"竞争"为主线。事实上,人类经济行为及整个经济运行就如一枚硬币,一面是竞争,一面是合作,二者同等重要,没有好坏和主次之分,都是推动社会经济和其他方面进步的动力,甚至"合作"更符合人类的终极价值,对人类更有利。② 其实质是,经济学鼻祖的亚当·斯密在《国民财富的性质和原因的研究》一书就开始专门分析了以分工为代表的合作类型,他认识到,分工可以促进劳动生产力,从而产生合作剩余,为合作的达成提供物质条件。欧文则在其《新社会观问答》一书中论证了合作产生的条件、根据和优越性。③ 学习理论认为,由于制度能够约束人们的行为选择,特定的制度安排能够导致合作秩序的产生。新制度经济学的格雷夫通过对文化信念与制度安排的关系的分析,以及诺斯通过对意识形态的理论研究都探讨人类合作行为的产生:或是缘于文化信仰已经形成制度约束,或是缘于已经被意识形态所改变了自身的效用函数,这使得参与人自愿采取合作行为。赫伯特·金惕斯等人采用了计算机仿真模型从一种重现人类进化史的角度论证了社会上合作的存在,进而论证了合作产生的原理,即现在社会上的大量合作现象是亿万年进化选择的结果。博弈论则从通过建立无限次重复博弈来解释合作的可能性,通过建立不完全信息博弈下的模型来解决有限次重复博弈下的合作可能性的分析,成为了许多学科分析合作的基础。④ 泰勒在《无政府状态与合作》一文中从社会学、政治学角度分析了合作产生的基础:成员拥有共同的信仰和规范,相互间存在着直接而复杂的联系且互惠互赖⑤。此外还有法学、人类学、伦理学等也对人类的合作行为的产生进行了探索

---

① (美)约翰·罗尔斯:《作为公平的正义——正义新论》,姚大志译,上海三联书店2002年版,第10-11页。
② 张苏、高伟:《合作与技术创新》,《制度经济学研究(第二十二辑)》经济科学出版社2009年版,第9页。
③ 韦倩:《人类合作行为与合作经济学理论分析框架》,博士论文,中国知网。
④ 此处参阅了龚向虎:《合作的产生——一个多视角理论综述》,《制度经济学研究(第二十二辑)》经济科学出版社2009年版,第13—30页。
⑤ Taylor, Michael, 1987, The Possibility of Cooperation, Cambridge UK: Cambridge University Press, Chapt. 1 (Introduction).

与研究,以及兴盛于 20 世纪 70 年代的合作主义也对合作进行了研究。而且合作主义理论亦成为诸多社会科学领域的学者用来阐明社会政策主张、解释社会结构与国家和社会关系的又一种重要的理论分析框架。尤其是合作主义重要理论家斯密特认为,合作主义的目的是要提供不同于多元主义的社会结构类型,其重心在集团行为和体制的关系,即用一种结构将公民社会中的组织化利益联合到国家的决策机构中。① 这种建立一种合作型社会结构整合不同社会民众利益观点或诉求进入国家的决策机构中去的做法,完全契合中国特色政党制度的制度结构,是很有思想指导和借鉴价值意义的。

人类为什么要合作或人类为什么会产生合作行为?这些都涉及人类社群组织和社会政制的深层发生机制与原理,也涉及到个人层面的道德标准和个人选择的优化问题。在这些人类合作生发机制及其道德基础的探源中,美国著名的政治学与公共政策教授、行为分析及博弈专家罗伯特·阿克塞尔罗德与其合作者的多年研究取得了丰硕的研究成果,认为在"在适当的条件下,合作确实能够在没有集权的自私自利的世界中产生",② 并对经济学、政治学、社会学、人类学、伦理学、法学等学科产生了广泛且深刻的影响。因此、人类社会与其他动物群体的一个重要区别是,人类会产生合作的意愿,人与人之间可以通过运用个人理性而达致某种形式的合作。人与人之间的合作,是人类文明社会的基础,也是未来人类越来越多元化社会的一个发展趋势。而中国特色政党制度正是人类合作意愿在政治生活中的外在制度表现,所以,人类社会的合作思想是中国特色政党制度理论基础的思想之源。同时,许多学科学者对人类合作行为的研究,以及罗伯特·阿克塞尔罗德教授的合作理论研究为研究中国特色政党制度提供了一种新的理论分析工具。

---

① 张静:《政治社会学及其主要研究方向》,《社会学研究》1998 年第 2 期。
② 罗伯特·阿克塞尔罗德:《合作的进化》,吴坚忠译,上海世纪出版社 2007 年版,第 14 页。

(三) 马克思主义政党学说中对政党合作的论述，以及党的三代领导集体和以胡锦涛为总书记的党中央对中国共产党领导的多党合作制度一系列的政党合作思想论断是中国特色政党制度政党合作理论基础的理论之源

马克思的合作思想来源于欧文和傅利叶等合作思想先驱们，同时也是源自他们对资本主义社会的探索。在他早年的哲学著作《德意志意识形态》第一卷第一章中，马克思就指出："社会关系的含义是指许多个人的合作，至于这种合作是在什么条件下，用什么方式和为了什么目的进行的，则是无关紧要的。由此可见，一定的生产方式或一定的工业阶段始终是与一定的共同活动的方式或一定的社会阶段联系着的，而这种共同活动方式本身就是'生产力'。"① 这一段话集中体现了马克思的合作思想，也是马克思对合作思想的直接论述。马克思认为，人的本质就是社会关系的总和。而社会关系的含义是指许多人的合作，人又是人类社会的主体，所以，人类最基本的关系就是合作。马克思关于合作思想的理论与实践探索不仅包括了社会领域，而且还包括经济、政治等领域的探索，譬如强调合作是生产力和生产关系的辩证统一，马克思于1864年在《国际工人协会成立宣言》中说："工人们不是在口头上，而是用事实证明：大规模的生产，并且是按照现代科学要求进行的生产，在没有利用雇佣工人阶级劳动的雇主阶级参加的条件下是能够进行的；他们证明：为了有效地进行生产，劳动工具不应当被垄断起来作为统治和掠夺工人的工具；雇佣劳动，也像奴隶劳动和农奴劳动一样，只是一种暂时的和低级的形式，它注定要让位于带着兴奋愉快心情进行的联合劳动。"②这里的"联合劳动"就是一种合作劳动，就是生产力和生产关系的辩证统一。

1. 马克思、恩格斯、列宁的政党合作思想

在探索无产阶级解放全人类的历史使命中，马克思和恩格斯是非常重

---

① 《马克思恩格斯全集》（第1卷），人民出版社1972年版，第34页。
② 《马克思恩格斯全集》（第2卷），人民出版社1972年版，第133页。

视政党合作的理论研究和实践探索的（本小节凡涉及到马恩列关于"团结、联合、同盟"等均以含合作意义之词使用，只是译义不同而已。），甚至他们认为没有无产阶级与其他阶级之间的合作，无产阶级自身的解放及全人类的解放是很困难的，因此无产阶级"联合的努力，至少是各文明国家的联合的努力，是无产阶级获得解放的首要条件之一"。①在马克思主义的经典理论中，马克思和恩格斯不但从理论上探索了无产阶级内部及共产党与其他工人政党之间的合作，而且还探索了共产党与其他社会主义民主党之间的合作，甚至还探索了共产党同资产阶级政党之间在某种程度上的合作问题，以及国际合作问题。

首先，从理论上探索无产阶级内部及共产党同其他工人政党之间的合作。马克思和恩格斯认为，无产阶级的解放，人民群众的解放，应当是无产阶级和人民群众自己的事，只有无产阶级和人民群众觉悟起来、团结起来，才能完成自己的解放事业。恩格斯说过："当工人彼此联合起来，团结一致并追求一个目的时，同富人相比，他们就无比强大。"②所以在《共产主义者同盟章程》中，马克思和恩格斯指出："在无产阶级斗争必须经过的各个发展阶段上，同盟（合作）始终是整个运动的利益的代表者，同样，它始终力求把无产阶级的一切革命力量团结在自己的周围并把它们组织起来。"③无产阶级与人民群众之间合作的重要性，就如马克思在《1848至1850年的法兰西阶级斗争》中指出一样："在革命进程还没有把站在无产阶级与资产阶级之间的国民大众及农民和小资产阶级发动起来反对资产阶级制度，反对资本统治以前，在革命进程还没有迫使他们承认无产阶级是自己的先锋队而靠拢它以前，法国的工人们是不能前进一步，不能丝毫触动资产阶级制度的。"④对于共产党与其他工人政党之间的合作，从无产阶级作为一支独立的政治力量登上历史舞台起，马克思恩格斯就十分重视无产阶级及其政党的内部联合、合作问题的理论思考。马克思认为，"每

---

① 《马克思恩格斯全集》（第39卷），人民出版社1972年版，第488页。
② 《马克思恩格斯全集》（第42卷），人民出版社1972年版，第236页。
③ 《马克思恩格斯全集》（第7卷），人民出版社，1972年版，第626页。
④ 同上，第22页。

个国家的工人运动的成功只能靠团结和联合的力量来保证。"① 可见，结成无产阶级及其政党之间的联合、合作，既是无产阶级反对资产阶级完成自己历史使命的客观需要，又是无产阶级政党建设的主观需要，而且还是无产阶级取得革命成功的重要条件和保证。马克思、恩格斯认为，即使是无产阶级政党间的合作，也必须有相同的合作基础和共同的利益。"共产党人不是同其他工人政党相对立的特殊政党"。"他们没有任何同整个无产阶级的利益不同的利益"，"他们不提出任何特殊的原则，用以塑造无产阶级运动"；"共产党人的最近目的是和其他一切无产阶级政党的最近目的一样的：使无产阶级形成为阶级，推翻资产阶级的统治，由无产阶级夺取政权"。② 这些都是共产党与其他无产阶级政党相同的地方，或者说是联合、合作的共同政治基础。为了实现无产阶级的最近目的—推翻资产阶级政权上升为统治阶级，因而有实现无产阶级政党间联合、合作的必要性和可能性。当时的共产主义者同盟就是无产阶级政党合作的初级形式和初步实践，这种联合、合作，归根到底有利于无产阶级最终目的的实现。

其次，马克思、恩格斯主张共产党同其他社会主义民主党之间的合作。马克思、恩格斯认为，共产党同其他社会主义民主党合作，必须对各党加以分析，由于各国的阶级状况不同，生产力发展水平的不同，各党的成熟程度和对革命的要求强烈程度都有不同。正如恩格斯对当时的社会主义民主党在《共产党宣言》的1888年英文版上加的注分析说："'社会主义民主党'这个名称在它的发明者那里是指民主党或共和党中或多或少带有社会主义色彩的一部分人。""当时在法国以社会主义民主党自称的政党，在政治方面的代表是赖德律·洛兰，在著作界的代表是路易·勃朗；因此，它同现今的德国社会民主党是有天壤之别的。"③这是恩格斯在《共产党宣言》1890年德文版上加的注。同时，马克思、恩格斯在《共产党宣言》中又指出："共产党人到处都努力争取全世界的民主政党之间的团结

---

① 《马克思恩格斯全集》（第44卷），人民出版社1972年版，第574页。
② 《马克思恩格斯全集》（第1卷），人民出版社1972年版，第264页。
③ 同上，第284页。

和协议。"①可以说，这是共产党人在当时在对待其他民主政党的态度上一个基本的策略思想，而又是由无产阶级政党的性质和任务决定的。就共产党与其他社会主义民主党合作的问题，马克思恩格斯以法国、瑞士的情况为例，作了进一步的论述，"在法国，共产党人同社会主义民主党联合起来反对保守的和激进的资产阶级"②。"在瑞士，共产党人支持激进党人，但是并不忽略这个政党是由互相矛盾的分子组成的，其中一部分是法国式的民主社会主义者，一部分是激进的资产者。"③为了完成自己的历史使命，"共产党人到处都支持一切反对现存的社会制度和政治制度的革命运动。"④ 这些论述表明，在当时的历史条件下，也就是在民主革命时期，共产党人同其他社会主义民主政党合作的政治基础是："反对现存的社会制度和政治制度。"⑤

再次，马克思、恩格斯主张共产党同资产阶级政党在一定条件一定时期下可以进行政党合作。马克思、恩格斯认为，共产党之所以要同资产阶级政党合作，是因为他们也反对封建专制。在当时的条件下，马克思、恩格斯认为只要资产阶级政党敢于反对君主专制、封建土地所有制，共产党就和他们联合（合作），把革命运动推向前进，完成民主革命。而且无产阶级要想完成人类的解放，靠少数人不行，光靠无产阶级一个阶级也不能完成，必须团结绝大多数人，联合一切可以联合的力量，即与其他阶级或群体进行合作。例如马克思、恩格斯指出："在德国，只要资产阶级采取革命的行动，共产党就同它一起去反对君主专制、封建土地所有制和小市民的反动性。"⑥ 共产党之所以要同资产阶级联合、合作，还因为"以便工人能够立刻利用资产阶级统治所必然带来的社会和政治的条件作为反对资产阶级的武器，以便在推翻德国的反动阶级之后立即开始反对资产阶级本

---

① 《马克思恩格斯选集》（第1卷），人民出版社1972年版，第285页。
② 同上，第284页。
③ 同上，第285页。
④ 同上。
⑤ 同上。
⑥ 同上。

身的斗争。"① 因此恩格斯在致奥古斯特·倍倍尔的信中就指出,德国社会民主党应当同小资产阶级及其政党——人民党携手合作。② 甚至马克思还指出:"在政治上为了一定的目的,甚至可以同魔鬼结成联盟(合作),只是必须肯定,是你领着魔鬼走而不是魔鬼领着你走。"③ 足以证明他们是何等地重视无产阶级与其他阶级的合作问题。

此外,马克思恩格斯还探讨了国际范围的政党合作问题。在讨论无产阶级怎样才能完成自己的解放事业时,马克思和恩格斯认为,"……每个国家的工人运动的成功只能靠团结和联合的力量来保证。"④ 在《1872年夏总委员会批准的国际工人协会共同章程和组织条例草案》中,马克思指出:"劳动的解放既不是一个地方的问题,也不是一个民族的问题,而是一个社会问题,它涉及存在有现代社会的一切国家,它的解决有赖于最先进各国在实践上和理论上的合作。"⑤ 在这里,马克思阐述无产阶级的国际合作问题。恩格斯也在1848年的《论波兰》中指出:"既然各国工人的状况是相同的,既然他们的利益是相同的,他们又有同样的敌人,那么他们就应当共同战斗,就应当以各民族的工人兄弟联盟来对抗各民族的资产阶级联盟。"⑥"共产党人到处都努力争取全世界的民主政党之间的团结和协议"。⑦ 所以无产阶级要取得自身及全人类的解放,就必须或只能以更广泛的更紧密地与其他阶级的团结合作才能战胜联合起来的资产阶级了。因此,《共产主义宣言》中,马克思和恩格斯提出了"全世界无产者联合起来"的战斗口号,在第一国际中,马克思采取了合作与斗争相结合的正确策略,同各种派别进行了尖锐的斗争,最终达到了合作,马克思主义学说迅速地为国际无产阶级所接受,促进了国际无产阶级的团结与合作。可以说,在国际共产主义运动中,早期的共产主义者同盟,以及后来的第一国

---

① 《马克思恩格斯选集》(第1卷),人民出版社1972年版,第285页。
② 《马克思恩格斯全集》(第4卷),人民出版社1972年版,第477页。
③ 《马克思恩格斯全集》(第8卷),人民出版社1972年版,第443页。
④ 《马克思恩格斯全集》(第44卷),人民出版社1972年版,第574页。
⑤ 同上,第572—573页。
⑥ 《马克思恩格斯全集》(第4卷),人民出版社1972年版,第411—412页。
⑦ 《马克思恩格斯选集》(第1卷),人民出版社1972年版,第285页。

际、第二国际、第三国际、欧洲共产党和工人党情报局，是在不同的历史阶段和历史条件下，马克思、恩格斯奠定的合作思想在国际范围进行政党合作的实践，在不同层次、不同水平上的具体实践，也是不同时期马克思主义者对这一思想的丰富、发展和完善。

列宁在领导俄国革命的理论与实践中，继承了马克思恩格斯关于无产阶级和其他阶级的合作思想及国际合作思想。在领导俄国人民的革命斗争中，列宁强调指出："无产阶级要战胜更强大的敌人，只有尽最大的力量来获得大量的同盟者。团结一切可能的同盟者，对于无产阶级及其先锋队来说，无论在夺取政权以前还是以后的时期，都是完全必要的。"① 认为无产阶级与其他政党或组织的合作不论在社会主义革命前还是革命后或社会主义建设时期都是完全必要的。列宁说："无产阶级在资产阶级民主革命中的作用是领袖的作用，为了把革命进行到底，无产阶级必须和农民共同行动。"②在1919年6月的《关于用自由平等口号欺骗人民》出版序言中，列宁指出："无产阶级专政是劳动者的先锋队——无产阶级同人数众多的非无产阶级的劳动阶层（小资产阶级、小业主、农民、知识分子等）或同他们的大多数结成特种形式的阶级联盟。"③ "在各种活动领域中，不同非党员结成联盟（合作），就根本谈不上什么顺利的共产主义建设。"④ 并且在俄国十月革命的历史进程中进行了实践探索，列宁领导俄国共产党与俄国社会革命党进行的政党合作为十月革命的胜利作出贡献。在国际合作方面，列宁领导的共产国际提出了"全世界无产者和被压迫民族联合起来"的战斗口号。在十月革命胜利后，列宁继续进行了政党合作的实践，没有放弃继续同其他政党进行合作的努力，而是一再尝试组成多党合作政府，要求一些党派参加政府，但由于后者的不愿意合作，才放弃了关于政党合作的实践探索。

综上所述，马克思、恩格斯、列宁非常重视对政党合作的理论研究和

---

① 《列宁选集》（第4卷），人民出版社1972年版，第225-226页。
② 《列宁选集》（第17卷），人民出版社1972年版，第363页。
③ 《列宁选集》（第36卷），人民出版社1972年版，第362—363页。
④ 《列宁选集》（第4卷），人民出版社1972年版，第603页。

实践探索，其政党合作思想不仅是马克思主义政党进行革命的建设的重要斗争策略和逐步形成的政治制度，而且还是马克思主义政党学说最基本的组成部分之一，成为了无产阶级政党的政党合作思想的理论源泉。

2. 毛泽东的政党合作思想

具有中国特色的、中国共产党领导的多党合作制度是马列主义统战理论、政党学说与中国革命和建设的具体实践相结合的产物。毛泽东同志曾就这一政党制度的确立作过许多精辟的论述，提出了很多符合中国政情的政党合作思想，为多党合作制的形成、发展作出了重大的理论贡献，是中国特色政党制度理论基础的理论来源。

在民主革命时期，毛泽东深刻分析中国社会时就提出政党合作的必要性。他指出："中国社会是一个两头小中间大的社会，无产阶级和地主大资产阶级都只占少数，最广大的人民是农民、城市小资产阶级以及其他的中间阶级。"①在旧中国，经济文化十分落后，无产阶级人数很少，而帝国主义、封建主义和官僚资本主义三大敌人的力量却十分强大。无产阶级如果不争取团结其他可以团结的力量，没有一个包括全民族大多数人口在内的广泛的统一战线，革命就不可能胜利。并且分析我国民主党派的阶级基础，基本上是由农民以外的中间阶级所组成，他们不同程度地受到帝国主义、封建主义和官僚资本主义的压迫和剥削，具有反帝爱国和争取民主的要求，有着合作的意愿。后来毛泽东总结民主革命时期政党合作的经验与教训时，指出："中国的革命，自 1924 年开始，就由国共两党的情况起着决定的作用。由于两党在一定的纲领上的合作，发动了 1924 年至 1927 年的革命。在仅仅两三年内，获得了巨大的成就，这就是广东革命根据地的创立和北伐战争的胜利。这是两党结成了统一战线的结果。然而由于一部分人对于革命主义未能坚持，政党革命走到即将完成之际，破裂了两党的统一战线，招致了革命的失败，外患乃得乘机而入。这是两党统一战线破裂的结果。"② 阐述了在中国革命时期，政党合作对中国革命的重要性。

抗日战争时期，毛泽东进一步阐述了政党合作的思想。他提出了一系

---

① 《毛泽东选集》（第 2 卷），人民出版社 1991 年版，第 808 页。
② 同上，第 635 页。

列的光辉思想,从思想上奠定中国共产党领导的多党合作制度的政党合作理论,为中国特色政党制度提供了理论来源。同时在解放区进行了中国共产党领导的多党合作制度的政党合作实践,开政党合作实践之先河,为中国特色政党制度提供了实践源泉。毛泽东指出,"在一切有愿意和我们合作的民主党派和民主人士存在的地方,共产党员必须采取和他们一道商量问题和一道工作的态度。"① "我们共产党人对于一切革命的人们,是决不排斥的,我们将和所有愿意抗日到底的阶级、阶层、政党、政团以及个人,坚持统一战线,实行长期合作。"② 在这里,毛泽东阐述了中国共产党不但要和那些愿意和我们合作的民主党派进行政党合作,而且还要长期合作的政党合作思想。而且毛泽东认为,对于共产党以外的人员,不问他们是否有党派关系和属于何种党派,只要是抗日的并且是愿意和共产党合作的,我们便应以合作的态度对待他们。③ 并且在《整顿党的作风》提出"我们的同志必须懂得一条真理:共产党员和党外人员相比较,无论何时都是占少数。假定一百个人中有一个共产党员,全中国四亿五千万人中就有四百五十万共产党员。即使达到这样大的数目,共产党员也还是只占百分之一,百分之九十九都是非党员。我们有什么理由不和非党人员合作呢?对于一切愿意同我们合作以及可能同我们合作的人,我们只有同他们合作的义务,绝无排斥他们的权利。"④ "只要共产党以外的其他任何政党,任何社会集团或个人,对于共产党是采取合作的而不是采取敌对的态度,我们是没有理由不和他们合作的。……中国现阶段的历史将形成中国现阶段的制度,在一个长时期中,将产生一个对于我们是完全必要和完全合理同时又区别于俄国制度的特殊形态,即几个民主阶级联盟的新民主主义的国家形态和政权形态。"⑤

解放战争时期,毛泽东逐步完善了政党合作的思想。抗日战争胜利后,蒋介石再次挑起内战,成为人民的公敌。毛泽东明确提出:联合工农

---

① 《毛泽东选集》(第2卷),人民出版社1991年版,第526页。
② 同上,第683页。
③ 同上,第742页。
④ 《毛泽东选集》(第3卷),人民出版社1991年版,第826页。
⑤ 同上,第1061—1062页。

兵学商等被压迫阶级、各人民团体、各民主党派、各少数民族、各地华侨和其他爱国分子，组成民主统一战线，打倒蒋介石独裁政府，成立民主联合政府，并指出，这是中国共产党最基本的政治纲领。毛泽东在1948年12月发表了《将革命进行到底》，旗帜鲜明地指出各党派要合作，要志同道合，强调了多党合作的原则立场。1949年3月，在党的七届二中全会上，毛泽东进一步阐述了同各民主党派长期合作的思想，明确提出："我党同党外民主人士长期合作的政策，必须在全党思想上和工作上明确下来。……我们党内由土地革命战争时期的关门主义作风所养成的对待党外民主人士的不正确态度，在抗日时期并没有完全克服，在一九四七年各根据地土地改革高潮时期又曾出现过。这种态度只会使我党陷于孤立，使人民民主专政不能巩固，使敌人获得同盟者。现在中国第一次在我党领导之下的政治协商会议即将召开，民主联合政府即将成立，革命即将在全国胜利，全党对于这个问题必须有认真的检讨和正确的认识，必须反对右的迁就主义和"左"的关门主义或敷衍主义两种倾向，而采取完全正确的态度。"① 并且郑重宣布"共产党的这个同党外人士实行民主合作的原则，是固定不移的，是永远不变的。"②

新中国成立以后，在毛泽东的政党合作思想指导下，确立了中国共产党领导下的多党合作制度。党中央在对民族资产阶级的改造过程中，继续与民主党派团结合作，不仅在国家政权机构中安排担任领导职务，而且还与他们就国家政治生活和统一战线中的重大问题进行协商、讨论和决定。而且毛泽东针对当时党内一些不愿与民主党派合作的现象提出了批评，他说："对民主党派及非党人物不重视，是一种社会现象，不仅党内有，党外也有。要向大家说清楚，从长远和整体看，必须要民主党派。民主党派是联系小资产阶级和资产阶级的，政权中要有他们的代表才行。认为民主党派是'一根头发的功劳'，一根头发拔去不拔去都一样的说法是不对的。从他们背后联系的人们看，就不是一根头发，而是一把头发，不可藐视。"并指出："国事是国家的公事，不是一党一派的私事。"共产党应当同党外

---

① 《毛泽东选集》（第4卷），人民出版社1991年版，第1437—1438页。
② 《毛泽东选集》（第1卷），人民出版社1991年版，第767页。

人士实行民主合作。"要学会和党外人士实行民主合作的方法,善于同别人商量问题。"① 社会主义建设时期,毛泽东多党合作思想与实践也进入了一个比较成熟的阶段。在1956年底社会主义改造基本完成,我国开始进入全面建设社会主义的历史时期。在这个新形势下,党中央和毛泽东同志及时总结了与民主党派长期合作的历史经验和国际共产主义运动中的教训,明确指出:"究竟是一个党好,还是几个党好?现在看来,恐怕是几个党好。不但过去如此,而且将来也可以如此,就是长期共存,互相监督。"② 1956年9月,中共八大政治报告正式确定中国共产党同民主党派"长期共存、互相监督"的政党合作方针。"长期共存、互相监督"是毛泽东关于政党合作思想在社会主义条件下的必然产物,它为社会主义整个历史阶段中国共产党团结民主党派,实行长期的政党合作奠定了理论基础。

3. 邓小平、江泽民、胡锦涛的政党合作思想

党的十一届三中全会以来,以邓小平同志、江泽民同志为核心的党的第二代、第三代中央领导集体和以胡锦涛同志为总书记的新一届中央领导集体,着力推进社会主义政治文明建设,坚持走中国特色社会主义政治发展道路,及时总结我国统一战线和多党合作新的实践经验,提出了许多关于政党合作的新思想、新观点,大力推进中国特色政党制度理论、政策的创新和发展,为进一步发展完善中国共产党领导的多党合作制度提供新时期的理论来源。

早在建国初期,邓小平就对中国共产党与其他民主党派的政党合作问题进行了论述。针对当时党内一部分同志在统一战线问题上表现出关门主义的不良倾向、不愿意和民主党派合作的思想进行了批判,他很敏锐地指出,"对党外人士的职位安排上,有些党内同志不服气;在工商业问题上,有挤垮民族资产阶级的思想;在农村工作中,拒绝与开明士绅、知识分子合作"。③ 凡此种种,都严重妨碍党的统一战线工作,妨碍党与民主党派、

---

① 转引自《历次全国统战工作会议概况和文献》,档案出版社1988年版,第6页。
② 《毛泽东文集》(第7卷),人民出版社1999年版,第34页。
③ 《邓小平文选》(第1卷),人民出版社1993年版,第155页。

无党派民主人士的团结合作。邓小平严肃批评了这种现象,他强调说,统一战线是一个重大的原则问题,而党与非党干部的合作问题,就是百分之二十与百分之八十的合作问题。他重申了中央的规定,"凡是党员与非党员合作不好,首先是党员负责,不管你有理无理"。① 1956年,邓小平在中国共产党第八次全国代表大会上作《关于修改党的章程的报告》时强调说,"我们党同民主党派和无党派的民主人士的合作是长期的,这一个方针是早已确定了的。从抗日战争时期开始,我们党就实行了同党外民主人士合作的方针。在中华人民共和国成立以后,我们同各个民主党派和无党派的民主人士的合作,得到了进一步的发展。十多年的经验证明,这种合作对于我们党的事业,是有益无害的。……我们的任务就是继续扩大同党外人士的合作,使他们在我们的反对官僚主义的斗争中,和在国家各方面的事务中,发生更大的作用"。② 讲话充分肯定了民主党派在革命年代和社会主义建设时期与我党风雨同舟、患难与共的历史成就,提出党必须还要坚持、发展、巩固这种合作的方针。党的十一届三中全会以后,在"文化大革命"中被严重破坏的中国共产党与党外人士合作的方针政策得到恢复和进一步发展。1979年10月,邓小平指出:"在中国共产党的领导下,实行多党派的合作,这是我国具体历史条件和现实条件所决定的,也是我国政治制度中的一个特点和优点。""各民主党派和工商联同我们党有过长期合作、共同战斗的历史,是我们党的亲密朋友。"③ 邓小平在中共十二大开幕词中明确表示:"我国各民主党派在民主革命时期同我们党共同奋斗,在社会主义时期同我们党一道前进,一道经受考验。在今后的建设中,我们党还要同所有的爱国民主党派和爱国民主人士长期合作。"④ 进入新时期后,邓小平同志根据时代的发展要求和民主党派性质的变化,进一步发展了"长期共存、互相监督"方针。他指出:今后,中国共产党同党外朋友的关系,应当成为肝胆相照、荣辱与共的亲密关系。十二大报告把"长期

---

① 《邓小平文选》(第1卷),人民出版社1993年版,第156页。
② 同上,第224-225页。
③ 《邓小平文选》(第2卷),人民出版社1993年版,第205页。
④ 《邓小平文选》(第3卷),人民出版社1993年版,第4页。

共存、互相监督、肝胆相照、荣辱与共"十六字方针,确定为新时期多党合作的基本方针和处理中共同民主党派关系的基本原则,这是对"八字方针"的重大发展,同时也精辟地反映了邓小平对中共与民主党派新型合作关系的本质和特征的概括。因此,以邓小平同志为核心的第二代中共中央领导集体,深刻总结我国多党合作的经验,着眼于社会主义现代化建设和祖国统一大业的全局,对统一战线和多党合作作出了一系列新的阐述,为新时期我国多党合作事业的恢复和发展提供了重要的思想基础和理论依据。

正当我国多党合作事业健康稳步发展、多党合作制度不断完善的时候,国际上发生了苏联解体和东欧剧变等重大事件,国内也发生了政治风波。中国共产党领导的多党合作和政治协商制度如何坚持和完善?十三届四中全会后,以江泽民同志为核心的第三代党中央领导集体,深刻总结苏东剧变和我国1989年政治风波的教训,遵照邓小平同志的嘱托,制定并颁发了《中共中央关于坚持和完善中国共产党领导的多党合作和政治协商制度的意见》(以下简称"[1989]14号文件"),在政党合作方面提出了一系列新思想、新观点、新举措。"[1989]14号文件"指出:"我国是人民民主专政的社会主义国家。中国共产党是社会主义事业的领导核心,是执政党。各民主党派是各自所联系的一部分社会主义劳动者和一部分拥护社会主义的爱国者的政治联盟,是接受中国共产党领导的,同中国共产党通力合作、共同致力于社会主义事业的亲密友党,是参政党。"明确地把中国共产党同各民主党派的政党合作关系定性为执政党同参政党的关系,是团结合作的关系,在我国多党合作的历史上还是第一次。"[1989]14号文件"科学地阐明了坚持和完善具有中国特色的社会主义政党制度的理论原则、方针政策和重大措施,是中国特色政党制度的纲领性文件和共同行动准则,标志着中国共产党与各民主党派的政党合作关系进一步走向规范化、制度化。1992年10月,江泽民同志在党的十四大报告中指出,我国"政治体制改革的主要目标,是以完善人民代表大会制度、共产党领导的多党合作和政治协商制度为主要内容,发展社会主义民主政治"。[①]并首次

---

① 《江泽民文选》(第1卷),人民出版社2006年版,第235页。

在党的十四大通过的《中国共产党章程》总纲中载入了"坚持共产党领导的多党合作和政治协商制度"的内容。1993年3月,全国人大八届一次会议通过宪法修正案,将"中国共产党领导的多党合作和政治协商制度将长期存在和发展"写入宪法,上升为国家意志,这标志着我国多党合作制度完成了宪法化进程。自此,中国共产党与各民主党派的政党合作关系受到宪法保护,突破了文件层面的规定,提升了多党合作制度在国家政治生活中的地位,为中国共产党与各民主党派的政党合作关系在实践中提供了法理依据。1997年10月,十五大又将坚持完善多党合作制度纳入党的基本政治纲领,使得执政党与参政党的合作关系上升为执政党意志和国家意志的双重维护。1997年12月,江泽民同志在同各民主党派中央新老领导人座谈时,提出了多党合作的四条准则:坚持邓小平理论为指导,坚持社会主义初级阶段的基本路线和纲领,坚持中国共产党领导的多党合作和政治协商制度,坚持"长期共存、互相监督、肝胆相照、荣辱与共"的方针。① 这些重要政治准则是中国共产党与各民主党派在长期团结合作中形成的政治共识和政治经验,同时成为中国共产党与各民主党派合作时共同遵守的重要政治准则。

随着"[1989]14号文件"的颁布实施,共产党同民主党派团结合作的基础进一步巩固,多党合作事业蓬勃发展。进入新世纪新阶段,国际国内形势发生深刻变化,以胡锦涛同志为总书记的党中央继往开来,与时俱进,积极应对国际国内对我国政治社会的挑战,深入总结"[1989]14号文件"颁布实施以来多党合作的理论成果和成功经验,着眼于推进社会主义政治文明建设,制定颁布了《中共中央关于进一步加强中国共产党领导的多党合作和政治协商制度建设的意见》(以下简称"[2005]5号文件"),提出了一系列新的理论观点和政策主张,开创了中国共产党与各民主党派政党合作关系制度化建设的新阶段。尤其在2006年7月的全国第20次统战工作会议上,胡锦涛同志强调:"正确认识和处理中国共产党和民主党派的关系,保持和促进我国政党关系和谐,是发展社会主义民主政治、建设社会主义政治文明的重要内容,也是构建社会主义和谐社会的重

---

① 江泽民:《在中共中央召开的党外人士座谈会上的讲话(1997年12月23日)》,《人民日报》1997年12月24日版。

要内容。"① 党的十六届六中全会把"政党关系和谐"作为构建社会主义和谐社会必须正确认识与处理的五大关系之首。在这里，胡锦涛同志不但把中国共产党与各民主党派的政党合作关系放在了我国政治和社会中的重要地位上，而且还把中国共产党与各民主党派的政党合作关系由执政党与参政党的合作关系上升为和谐的政党合作关系，并且说："巩固和发展我国社会主义政党关系，实现我国政党关系长期和谐，根本在于坚持走中国特色社会主义政治发展道路，关键在于坚持和完善中国共产党领导的多党合作和政治协商制度。""正确处理我国政党关系，要注重把握好四个方面的关系：一是既要坚持中国共产党领导，又要充分发扬社会主义民主；二是既要不断提高我们党的执政能力，又要充分发挥民主党派和无党派人士的参政议政作用；三是既要重视做好民主党派和无党派人士的思想引导工作，又要真诚接受他们的民主监督；四是既要全面推进党的建设新的伟大工程，又要积极支持民主党派加强自身建设。"② 明确指出了构建和谐政党合作关系的原则、路径等。党的十七大报告中，胡锦涛同志再次强调："促进政党关系、民族关系、宗教关系、阶层关系、海内外同胞关系的和谐，对于增进团结、凝聚力量具有不可替代的作用。"把政党关系和谐列为我国社会五大关系和谐之首，足以体现政党关系和谐的重要地位和重要作用，是胡锦涛总书记对政党合作的精辟论述，集中反映了胡锦涛总书记的政党合作思想。

因此，马克思主义政党学说中对政党合作的论述，以及党的三代领导集体和以胡锦涛为总书记的党中央对中国共产党领导的多党合作制度一系列的政党合作思想论断是中国特色政党制度理论基础的理论之源。

二、合作理论视域下中西政党制度产生的比较分析

中国特色政党制度的制度结构是共产党领导、多党派合作，共产党执

---

① 胡锦涛：《在全国统战工作会议上的讲话》，人民日报2006年7月13日版。
② 同上。

政、多党派参政。制度安排的主要形式是政治协商、参政议政、民主监督。① 从制度结构到制度安排都反映出了中国共产党与各民主党派的政党合作关系。因此本节研究试图以合作理论为分析工具，以中华传统文化所蕴含的"合作"精神的文化特性，人类社会的合作思想，马克思主义政党学说中的政党合作思想，以及党的三代领导集体和以胡锦涛为总书记的党中央对中国共产党领导的多党合作制度一系列的政党合作思想论述为理论基础，对以"合作"理念为核心的中国特色政党制度和以"竞争"理念为核心的西方政党制度的产生作一个比较分析：为什么中国会产生不同于西方的合作型政党制度？

  政党是民主政治发展的必然结果，政党一经产生就与国家政权密不可分，执政或参政是各种类型政党普遍的追求，由此形成了政党与政党、政党与政权之间的不同关系模式，这就构成了政党制度。所谓的政党制度，就是指制度化了的政党执掌、参与国家权力以及由此形成的政党关系的模式，其内涵主要是指一国政治体制中政党执政参政的形式。② 具体说就是指一个国家的各个政党在政治生活中所处法律地位、同政权的关系、对政治生活的影响及其存在和活动的方式，是指各个政党自身的运转、行使国家政权或参与政治生活的活动方式、方法、规则和程序。③ 众所周知，世界上的政党制度有一党制、两党制、多党制几种政党制度，所谓的一党制是指一个国家只存在一个政党或多个政党，但只有一个政党执掌国家政权；两党制是指一个国家存在两个或两个以上政党，但只有两个主要政党单独轮流执掌国家政权；多党制是指一个国家存在三个或三个以上的政党，其中的一些政党联合起来形成多数党联盟共同执掌国家政权。一般来说，西方政党制度的划分标准有两大标准：一党制、两党制、多党制；竞争型政党制度与非竞争型政党制度等④。前者以数量为标准，后者以竞争

---

① 熊必军：《中国多党合作制度效率的理论分析》，《社会主义研究》2009 年第 2 期。
② 梁琴、钟得涛：《中外政党制度比较》，商务印书馆 2000 年版，第 11 页。
③ 周淑真：《政党和政党制度的比较研究》，人民出版社 2001 年版，第 330 页。
④ （意）G. 萨托利：《政党与政党体制》，王明进译，商务印书馆 2006 年版，第 8 页。

为标准。两党制和多党制如美国共和党和民主党,英国的保守党和工党,意大利的天主教民主党与自由党、社会党,加拿大的自由党和进步保守党,澳大利亚的工党和自由党,德国的社会党、绿党和基督教民主联盟,法国的保卫共和联盟、民主联盟、社会党等等西方政党,在国内的社会政治地位是平等的关系,没有主次的区别,也不存在一个政党领导另一个政党的关系。① 这种政党制度是由西方政党在法律允许的范围内自由、平等、独立地参加竞争议会权力或总统(总理、首相)宝座的状况决定的。这样就形成了两种竞争型政党制度结构,一个是两党平行的竞争型政党制度结构,即只有两个党派进行竞争,这种结构存在于两党制的国家里;另一个就是多党平行的竞争型政党制度结构,这种结构存在于多党制的国家里。在这种政党制度下,在议会中占多数议席的政党"主政",以它为主联合其他几个政党作为执政党而组成政府。而在议会中只占少数席位的和不参加政府的其他政党就是反对党或在野党。这就形成台上与台下、政府内与政府外、议会内与议会外的多党派的竞争。这种多党制的平行结构既有竞争,也存在一定竞争下的合作。

以数量作为划分政党制度的标准,是一种非常简单的政党制度划分标准,对于判别政党制度的类型来说不是很严格的,"根据主要政党的数量作出的判断……使事情更模糊而不是更清晰了。"②因此很多西方的政党制度理论研究专家学者并不完全按政党数量来判别世界政党制度的性质,而是提出了政党制度的竞争型非竞争型的划分标准,譬如意大利的著名政党制度研究专家萨托利等。因此,西方的政党制度研究者实质上是以竞争非竞争作为划分政党制度的标准。

从理论和实践上看,③ 所谓竞争型政党制度,就是西方发达国家普遍实行的多党竞争、轮流执政的政党制度。竞争型政党制度的核心原则是两条:一般多数原则,赢家通吃原则。所谓一般多数原则,就是相互竞争的

---

① 郭亚丁:《政党差异性研究》,中国经济出版社2005年版,第133-140页。
② Crotty, Political Parties Research, in Approaches to the Study of Political Science, cit, p282.
③ 此处参阅了闫志民等:《我国合作型政党制度的理论与实践研究》,中央社会主义学院网站政党制度研究中心。

各政党或者政党联盟都以获得超越对手的多数选票为目标；所谓赢家通吃原则就是由获得多数选票或议席的政党或政党联盟执政，哪怕所获多数仅仅是一票或者一个席位。获得少数选票或议席的政党或者政党联盟成为没有权力而追求将来夺权的反对党。而合作型政党制度，就是指政党间通过协商等合作机制，形成共同认可的政治纲领和政权参与机制的政党制度。合作型政党制度的核心原则就是政权不以一般多数民意为归依，而是充分考虑少数民意，代表绝大多数公民利益，其实质是通过代表不同阶层、不同群体的政党的合作来实现的。与竞争型多党制的赢家通吃原则不同的是，合作型政党制度实行政权广泛参与原则。所谓政权广泛参与原则就是国家权力不是由最大的政党或者政党集团独享，而是代表不同阶层、群体的各政党都广泛参与国家权力。国家的政策不是一个党意志的体现，而是合作的多党共同意志的体现。

为什么在西方的政党制度理论研究中会形成以竞争为核心的研究模式或研究标准？或在西方的政党制度中会形成以竞争为核心的运行结构或模式？众所周知，西方各国的政党制度根植于西方的政治文明之中，源于西方的政治文化和思想意识之中，产生于西方现代化进程中。所以对于这个问题的探讨要追溯到西方政党制度的文化源头，因为文化是群体共享的、连贯一致的观念，决定着整个群体的态度，支配着群体的行为，[①] 也就是说没有无缘无故的行为或行动，人们所思所想所做的一切或表现出来的一切都与他的群体文化有关。首先，西方政党制度的人性基础是"性恶论"。西方"性恶论"来源于基督教的"原罪说"，基督教义认为，人生而有罪，而该罪不是个人特定行为的结果，而是基于人的本质从其始祖亚当和夏娃遗传、继承而来的"原罪"即人生而俱来的堕落趋势和根深蒂固的罪恶本能。正是基于这种发自对人性中与生俱来的阴暗面和人类社会根深蒂固的黑暗势力的正视和警惕的幽暗意识，使西方人相信人与人的合作如果不是在霍布斯的"利维坦"和卢梭的"人民主权论"的条件下，是很难出现的。其次，西方社会思想文化理念的核心是个人主义，个人主义是以追求

---

① （美）艾里丝·瓦尔纳、琳达·比默：《跨文化沟通》，高增安等译，机械工业出版社 2005 年版，第 4–8 页。

自身利益最大化为人生终极目标的，因此，个人主义文化的一个特征就是竞争①。所以西方竞争型的政党制度的文化基础之一就是个人主义。再次是自由主义，自由主义萌生于古希腊的人本主义、古罗马时期的私权文化以及日耳曼民族的个人主义理念，在近代文艺复兴运动、宗教改革运动以及资产阶级思想启蒙运动中得到丰富和发展，从而形成近现代意义上的自由主义，自由主义的基本含义是尊重个体自由竞争的。最后西方的现代化进程实质是一场市场化、法治化的进程，市场化的本质就是强调竞争。当然西方的个人主义、自由主义的思想文化理念也与其源自欧洲的生存环境有关系，相对于其他地域的生存环境来说，平原地形及温暖气候对于个人生存来说可能要容易得多，所以在欧洲的文化中就形成了突出个人主义和自由主义为特征不同其他地域的文化。因此，西方的政治文化中就形成竞争为主流的竞争文化，政党制度也就是多以竞争型为主的政党制度了，政党制度理论体系的研究标准也是如此，如安东尼·唐斯的《民主的经济理论》，萨托利的《政党与政党体制》等等。大多数西方政党制度研究或政治学研究专家基本上都是以竞争型政党制度的理论研究标准来评判世界凡有政党政治国家的政党制度，西方竞争型政党制度对西方世界的政治文明、经济社会的发展毫无疑问起到很大的推动作用，这是不容质疑的。但是如果普遍用产生于西方文化基础之上的西方政党制度的评判标准，来分析评价世界其他国家的政党制度应该是有失偏颇的，即使是萨托利本人也认为竞争型政党制度忽略了"竞争使市场过热，孕育了空头支票和两极分化，制造了不可处理和无法解决的难题"的缺陷。"不论在哪一种情况下，产生于竞争机制的集体物品或福利总是次最好的"②而不是最好的。享誉全球的、美国著名的政治思想家塞缪尔·P.亨廷顿也认为竞争型政党制度存在不足之处，"在竞争性政党体制下，客观上存在着强大的刺激使每一个政党都去讨好某一特殊集团；对群众的动员煽起了种族和宗教仇恨，政

---

① （美）艾里丝·瓦尔纳、琳达·比默：《跨文化沟通》，高增安等译，机械工业出版社2005年版，第77页。
② （意）G·萨托利：《政党与政党体制》，王明进译，商务印书馆2006年版，第80页。

党之间的竞争则加深着原有的社会分裂。"①其实在西方经济学里还是有人提到人类在社会生活中也存在着利他主义的思想，即人有合作的意愿。如美国著名的、获得诺贝尔经济学奖的贝克尔先生就专门在《人类行为的经济分析》书里论述了人类的利他主义②等等。

中国特色政党制度就是中国共产党领导的多党合作和政治协商制度，是中国的一项基本政治制度，是符合中国国情的社会主义政党制度，它的产生、形成、发展是一种历史和现实的选择结果，是适应中国政治发展、社会发展、具有中国特色的社会主义政党制度，也是不同西方竞争型政党制度类型的新型政党制度：合作型政党制度。为什么在中国会形成不同于西方的合作型政党制度呢？在近代中国史上，我们国家不是没有引进或移植过西方的竞争型政党制度。而且在近代中国，最早出现的政党制度就是竞争型政党制度，据资料记载，民国时期就有三百多个政党，可谓是政党林立，但大多数政党似流星转瞬即逝，没留下什么痕迹，最终只形成了三大政党竞争格局，即国民党、共和党和民主党展开国会席位竞选。结果是国民党大获全胜，但由于袁世凯的破坏和对政党的镇压，竞争型政党制度在中国政治文明史上最终以失败告终。而后相继出现过1913年至1923年孙中山的一党型政党制度，1924年至1927年的国共两党"合作"（严格意义上讲不是合作型政党制度，而是一种松散的政党联盟）政党制度，1927年至1949年蒋介石的一党型政党制度。最后在1949年新政协的召开，形成并确立了中国共产党领导的多党合作和政治协商制度的合作型政党制度。此前已有许多学者作了探索，但是还不够全面。基于此中原因，本节以前文对西方竞争型政党制度的溯源标准来剖析中国特色政党制度产生的文化源头。首先中国特色政党制度的人性基础是"性善论"，因为中国传统文化的人性基础是"性善论"，人之初、性本善是对中国传统文化人性基础的最好描述。因此中国的一切文化中都讲人性的美好、善良，合作的

---

① （美）塞缪尔·P.亨廷顿：《变化社会中的政治秩序》，王冠华、刘为等译，上海世纪出版集团2008年版，第333页。

② （美）加里·S·贝克尔：《人类行为的经济分析》，王业宇、陈琪译，上海三联书店、上海人民出版社2002年版，第333—349页。

意愿，讲政通人和、讲和气生财、讲家和万事兴等等，"和"的核心理念其实就是人与人之间的合作，没有人与人之间合作，是不可能政通人和的，不可能和气生财的，不可能家和万事兴的，在中国，自古以来家国是连在一起讲，因此也不可能产生国家的强盛，譬如中国历史上的两大鼎盛时期：汉唐时期，不就是内和黎民，外和异族的合作结果吗？因此在中国传统文化中就形成了"合作"精神的文化特性，产生了传统政治文明理念中的"尚中庸、喜和谐、重合作"的思想，已经是绵延几千年了，影响着中国人的思想文化理念和行为模式。其次就是中国传统社会思想文化理念的核心是集体主义，传统的中国社会是一个"治水社会，"[1] 治水社会的生产活动则需要大规模的合作，而要实施大规模的合作活动就必须要求大家具有集体至上的思想，要有强有力的集权领导，因此，集体主义就成为了中国传统文化的核心理念之一，在集体主义文化中，则表现为合作[2]。再次就是国家至上主义，在中国传统文化里，个人与家族和国家的关系中，个人服从家族和国家，个人依赖家族和国家，个人利益服从家族和国家的利益，个人是手段，家族和国家是目的。因此，中国人常说，没有国哪有家，天下兴亡，匹夫有责，国家的利益永远是至高无上，排在中国人行为选择首位的永远是国家的利益，那么单个的中国人要共同维护国家的利益，就必须精诚合作、精诚团结一致去努力拼搏奋斗。最后是我国的合作型政党制度产生于近现代的救亡图存，抵御外族的侵略斗争之中，近现代中国的救亡史实质上就是一部中国人的团结合作斗争史。由于近代的中国已是一个非常落后的国家，因此靠单个的力量或一部分群体的力量都是无法完成的，所以必须集全国人民之力量，这就要求中华民族整体上必须合作团结，共同去与中华民族之敌人斗争，同时也必须要求有一个强有力的领导力量来进行集中领导指挥，才有可能采取对外的一致行动。所以中国共产党领导的多党合作和政治协商制度这种合作型政党制度虽移植于西

---

[1] （美）魏特夫：《东方专制主义》，徐式谷等译，中国社会科学出版社1989年版，第67页。

[2] （美）艾里丝·瓦尔纳、琳达·比默：《跨文化沟通》，高增安等译，机械工业出版社2005年版，第77页。

方，但结合中国本土的文化基因，因此就形成了不同于西方竞争型政党制度的政党制度了。当我们进一步比较中国文化和西方文化发源地的地理环境时就会发现，中国传统文化里产生集体主义、国家至上主义是有其明显与欧洲不一样的理由的：中华民族生存的环境与气候比欧洲平原要艰难得多，境内大河高山密布，东边大海，南面高山，北边冰川寒冷气候，西面也是冰川高寒地区，到唐代已是黄沙满天了，如此恶劣之生存条件，在世界民族生存发展史上是比较少见的。因此，中华民族的早期始祖必须靠合作团结才能在这块土地上生存、繁衍、发展。关于这一点，我们比较一下中国灾害史与欧洲灾害史的灾害数据就能明白了。

所以，在中西政党制度的形成与演变的过程中，以及政党制度的研究理论体系中，中国与西方形成了不一样的道路和理论体系。西方政党制度研究的主流是以竞争型政党制度研究为主，其竞争型政党制度的人性基础是性恶论，文化基因是个人主义、自由主义，个人主义的一个文化特征就是竞争，所以在政党体制中的表现，竞争是主题。在中国，中国特色政党制度的人性基础是性善论，其合作型政党制度的文化基因是集体主义、国家主义，集体主义的文化特征就是合作，所以在中国的政党制度中，合作是主流。

三、中国特色政党制度的合作理论分析

民主是现代政治文明的本质和基本特征，政党制度是民主政治的主要实现形式之一。政党制度规定了政党之间的相互关系，政党制度不同，决定了政党之间关系的不同。在西方的竞争型政党制度中，政党之间的关系是竞争性，不同于中国特色政党制度，执政党和参政党在政治上的关系是领导和接受领导的关系，是长期共存、相互监督、肝胆相照、荣辱与共的合作关系。可以说在当今世界各国，政党现象错综复杂，政党制度千差万别，没有一个国家的政党制度同另一个国家是完全相同的。同一类型的政党制度有多种模式，在不同的国家运作方式、方法和作用迥异。世界各国的政党制度不是用简单概念的类比就能说清楚的，一个国家的政党制度由

其发展历史、社会经济基础和文化传统等具体国情所决定，而非外力和人的主观意志所能左右。由于"文化是社会的决定性力量，文化决定社会系统进化的轨线和人民的命运"①。因此，文化的差异、国家的差别和民族差异决定了政党制度的多样性，所以我们在研究分析评价中国特色政党制度创造性价值时，不应以西方的竞争型政党制度研究分析标准来分析评价中国特色政党制度，而应以合作理论的观点与思想作为理论基础，作为分析评价的标准，来评价中国特色政党制度的理论和现实创造性价值。

1. 政党制度模式

中国特色政党制度，是在新民主主义革命过程中逐步形成的，并在 1949 年召开的中国人民政治协商会议上正式确立的。在 1989 年以前的我国政党制度中，共产党领导、多党派合作的政党关系是明确的，但对于民主党派是与中国共产党共同执政，还是由中国共产党执政、各民主党派参政的问题并不明确。直到"[1989] 14 号文件"的制定，才完全明确了这个重要问题，指出"中国共产党是社会主义事业的领导核心，是执政党"，各民主党派"是接受中国共产党领导的同中共通力合作、共同致力于社会主义事业的亲密友党，是参政党"。2005 年制定的《中共中央关于进一步加强中国共产党领导的多党合作和政治协商制度建设的意见》，进一步把我国的这种政党制度的特征完整地表述为：共产党领导、多党派合作，共产党执政、多党派参政。这标志着我国政党制度有了新的重大发展，实质上是把我国的政党制度定位在执政党加参政党的合作型政党制度，创设了一种不同于西方竞争型政党制度的政党制度，是一种新型的政党制度形式，可以说，不论是从政党制度结构还是从政党关系，都是对世界政党制度的一种创新，是一种不同于西方任何一种政党制度形式的，或社会主义国家的政党制度。

其一，从结构上分析。从结构上来讲，世界政党制度模式有两种代表性类型：一是一元化的即一党独揽的政党制度结构模式；二是多元化的竞争型政党制度结构模式，即两党平行的竞争型政党制度结构和多党平行的

---

① （美）欧文·拉兹洛，戴侃：《多种文化的星球》，辛未译，社会科学文献出版社 2001 年版，第 233 页。

竞争型政党制度结构。我国政党最鲜明的特征就是把领导核心的一元性与结构的多元性有机地结合和统一起来，是一元为主导、多元为组织且一元与多元的主体平等的基本架构。这种政党制度是把马克思主义政党学说与中国革命的具体实践进行创造性地结合而形成，和苏联等国家的政党制度完全不一样，具有鲜明的中国特色。中国特色的政党制度结构是由中国共产党、八个民主党派及无党派人士等元素构成的多维度、多层次结构，共产党是制度结构中的核心要素，八个民主党派及无党派人士是基本要素，是一种合作型的组织结构。我们知道"组织的结构决定了组织成员的行为，虽然并不是一切行为都是由组织的结构所决定的，但是，说绝大多数行为是由组织结构决定的是不为过的。合作组织中的合作行为之所以是有保障的，就在于它拥有合作的组织结构。合作组织建立起了全新的组织结构，这种结构是出于合作的目的和服务于合作行为的，它为合作行为的持续发生提供了充分的支持"。[①] 因此，中国特色政党制度的组织结构为我国的政党合作提供了一种稳定的支持和保障。这种政党制度结构模式明显区别于世界其他政党制度模式，所以说是对世界政党制度的一种创新。

其二，从政党关系来看。对于政党之间的关系，国外学者一般都是把它区分一党独裁、两党竞争或多党竞争关系，当然也有在多党联合执政情况下的合作关系。国内就曾有学者据此把政党制度分为竞争型关系，以这种关系为基础所形成的"竞争型政党制度"；合作型关系，以这种关系为基础所形成的"合作型政党制度"的两种政党制度类型。而又把合作型政党制度分为多个政党联合执政的合作型政党制度和中国的执政党加参政党的合作型政党制度。[②] 国内还有其他学者认为，如果以政党关系的分离性程度高低为依据，大致可将政党关系分为斗争型关系、竞争型关系、合作型关系和统合型关系四类。斗争型关系表现为各主要政党为了夺取政权而相互争斗，且这种争斗并未形成较为稳定和文明的规则，甚至某些主要政党被执政的对手认定为非法而加以镇压。统合型关系只存在于非竞争性或

---

① 张康之：《论社会治理中的协作与合作》，《社会科学研究》2008年第1期。
② 闫志民等：《我国合作型政党制度的理论与实践研究》，中央社会主义学院网站政党制度研究中心。

政党竞争受到严格限制的政党体制中，表现为某个政党处于绝对支配地位，其他政党在力量对比上处于次级政党的地位，并且丧失了独立自主性，在功能上成为支配性政党实施政策的工具①。竞争型关系与合作型关系的表述与其他学者表述是一样的，其实这种评价标准是不客观的，在合作型政党制度体系内，应该是所有政党都参与国家政权的，和执政党一起执掌国家政权，管理国家公共事务等。而西方国家的多个政党联合执政并不代表所有政党都参与国家政权的执掌和国家公共事务的管理，同样存在多数执政党和少数在野党的竞争，而且参与联合执政的多党之间也有竞争，导致党派之间经常相互倾轧、关系破裂也是常有的事，所以多党联合执政不应认定是合作型政党制度，因此，一些西方的政党制度研究专家如萨托利根据政党之间的关系问题就干脆把政党制度分为两类，竞争型政党制度和非竞争型政党制度就是一个佐证。但中国特色政党制度又不是非竞争型政党制度，在萨托利的研究中，非竞争型政党制度一般包括一党制和霸权型或主导型党制。一党制多存在于社会主义国家，西方少数国家也有，如葡萄牙与西班牙等。霸权型或主导型党制多存于亚非拉一些国家，如日本、印度、墨西哥等。② 在霸权型或主导型党制的国家，如果从政党数量来看，一般都存在着多党竞争，只是一党独大制主导国家政治生活或象一党制一样垄断着国家政治生活。所以从政党关系角度看，中国特色政党制度创建了新型的、不同于西方竞争型政党制度或社会主义国家政党制度的合作型政党制度。

在经济学里，传统的经济学只强调经济当事人之间的竞争，忽略了合作，如果说竞争能够给社会带来活力和效率，那么合作能够给人们带来和谐、稳定的秩序和高效率。在社会生活中，人与人之间的关系，并非只有竞争关系，而且还有合作关系，但由于信息不对称和人的有限理性，人们往往不可能处理好竞争与合作的关系。从这个意义上讲，中国特色政党制

---

① 胡小君、朱昔群：《构建和谐的政党关系》，《上海市社会主义学院学报》2007年第2期。

② （意）G·萨托利：《政党与政党体制》，王明进译，商务印书馆2006年版，第298—333页。

度为人们在广泛的政治生活中提供了一个合作的基本框架,而不是像西方的政党制度为人们在政治生活中提供了一个竞争的基本框架。因此,中国特色政党制度所创设的合作型政党制度,丰富了世界政党制度类型,为世界政党制度的多样性树立了一个成功的政党制度典范。

2. 执政方式

执政方式是指政党为了履行执政职能、实现执政目的而采取的执掌、控制和运用国家政权的途径、形式、手段和方法的总称。涉及执政党和国家政权的关系问题。具体包括政党介入国家政权的方法和途径;政治体制中的党政关系模式;政党在国家权力体系中的党权运作模式等。由于政治制度、政治文化传统和执政理念等不同,世界各国执政党对执政方式的理解和阐释也不同,但均强调执政方式应符合国情并根据民众诉求不断调整变化,所以各国执政党的执政方式存在一定差异。但纵观世界各国政党的执政方式可以看出:第一,执政党的执政方式没有统一的模式。各个国家执政党都是根据本国独特的国情和发展阶段探索适合自己的执政方式。第二,执政党的执政方式也不可能是一成不变的。无论是发达国家政党、发展中国家政党,还是社会主义国家政党都在实践中继续积极地探索和调整党的执政方式。

在世界上凡有政党政治的国家里,一般来说由于政党制度不同,其执政形式也是不一样的。首先从区域模式来看,我国研究政党制度的专家、中共中央党校王长江教授认为,在世界政党政治的历程中,政党执政模式可以分为"西方国家政党执政模式"、"苏共执政模式"、"发展中国家(地区)政党执政模式"[①]三大板块模式。其次从政党与政府关系来看,中国人民大学国际关系学院李景治教授则认为,可以划分为"超脱式执政党"和"介入式执政党"。[②] "超脱式执政党"是指美国式典型"选举政党"。执政党的"执政"主要体现在总统及由本党精英组成的政府的执政行为上,执政党作为一个集体发挥执政作用并不明显。政府的大政方针和

---

① 王长江:《现代政党执政规律研究》,上海人民出版社 2002 年版,第 78 页。
② 李景治:《中西执政党执政方式比较及其启示》,《中国人民大学学报》2005 年第 5 期。

重要决策不需要得到执政党的批准或认可。按照惯例，执政党也不会做出决议或提出重要议案要求总统或政府贯彻执行。"介入式执政党"是指日本式执政党。选举获胜、新一届政府组成之后，执政党和政府之间的关系仍然较为密切，在政府各项工作的运作中，执政党都扮演着较为积极的、不容忽视的角色。一方面，执政党直接或间接参与政府方针政策的制定；另一方面，政府各部门也比较重视执政党相关部门的意见。与美国式的执政党相比，日本式的执政党"执政"的色彩更加明显，执政功能更加健全，对政府的影响力也更大。第三从政党执掌政权来看，一般学者认为有一党独掌权力执政、两党竞争轮流执政、多党轮流竞争执政或多党联合执政。在实行一党制政党制度的国家里，由于只存在一个政党，政治权力被一个政党垄断，其他任何政党不允许存在，因此就形成了只有一个政党执掌国家政权的执政形式。在一党制国家里也还有存在多个政党，但也是只有一个政党执掌国家政权的执政形式。在两党制国家里，由于存在两个或虽然存在两个以上政党，但只有两个主要政党单独轮流执掌国家政权，就形成两党轮流执政形式。在多党制国家里，由于存在三个或三个以上的政党，就形成了要么一些主要政党竞争轮流执政的形式，要么形成其中的一些政党联合起来形成多数党联盟共同执掌国家政权的联合执政形式。但是一般来说一党制执政形式多存在于亚非拉发展中国家，而两党竞争轮流执政、多党轮流竞争执政或多党联合执政则在西方发达国家实行得比较多。

中国特色政党制度的一党执政、多党参与的执政形式，改变了世界政党政治国家只存在一党制独自执政、两党或多党轮流竞争执政、多党联合执政等形式的执政形式，发展、创新了世界政党政治国家的执政形式。中国特色政党制度的政党制度结构是主次、交叉结构，中国共产党是主政者，执掌着国家政权，是国家政权的"轴心政治"力量，处于核心、主导地位。而各民主党派是参政党，参与国家权力的执掌，这样就构建了一种新型的政党政治的执政形式。既不同于一党独自执政，两党或多党轮流竞争执政的执政形式，也不同于多党联合执政的执政形式。因此，中国特色政党制度创新了有政党政治国家的执政形式：一党执政、多党参与，打破要么是一党执政、无任何其他政党存在，或一党执政、一党或多党在野反对的一党独自执政形式，要么是两党竞争轮流执政或多党竞争轮流执政的轮流执政形式，以及多党联合执政的形式。而中国共产党同各民主党派既亲密合作又互相监督，而不是互相反对。中国共产党依法执政，各民主党派依法参政，而不是轮流执政，① 因此中国特色政党制度创新发展、创新了世界政党政治国家的执政形式。

3. 民主形式

英国学者戴维·赫尔德在《民主的模式》一书中，按照历史发展的顺序，将民主政治分为9种类型：城邦式民主（雅典式直接民主）、共和主义民主、自由主义民主、社会主义（共产主义）民主、竞争式精英民主、多元主义民主、法治民主、参与式民主、自由式（世界主义）民主。民主形式是指政治民主在实践中，由相关的理念、制度、体制、机制所构成的实现形式。其核心是权力的分配与运行方式，是文化传统和民主化程度的综合反映。戴维·赫尔德提出的八种民主模式按其基本实施方式来说，可以分为直接民主和间接民主两种形式，因此直接民主和代议制民主是最基本的两种民主形式。直接民主源于古希腊时期，以公民大会协商议事为内容，这是以城邦小国为基础条件的。现代的政治民主主要是代议制民主，由公民选举产生代表，由代表讨论决定国家大事，选举成了民主的基本标志。从公元前5世纪古代雅典的公民大会，到中世纪的意大利城市国家，再到18世纪启蒙时代的法兰西第一共和国，尔后再到19世纪代议制政府时期的欧洲和美国，直至20世纪和21世纪初的自由民主时代，民主一直是人类政治发展中不断追求的理想目标。完全可以说，人类政治生活的任何进步都是与民主的进展联系在一起的，一部人类社会政治发展史其实也就是一部人类不断争取民主的历史。

在当下的世界，无论人们对于民主持何种看法，但似乎都承认，民主是值得追求的。中国特色社会主义民主政治的本质就是人民当家作主，更是一直将实现人民民主作为重要政治目标的。马克思恩格斯在《共产党宣言》中明确指出："工人革命的第一步，就是要使无产阶级上升为统治阶

---

① 中华人民共和国国务院新闻办公室：《中国政党制度（白皮书）》，《光明日报》2007年11月16日版。

级，争得民主。"①列宁作为社会主义制度的追求者和实践者早就明确提出："没有民主，就没有社会主义。"②毛泽东在抗日战争时期曾提出："只有民主才能救中国。"③邓小平在世时，也反复强调"没有民主就没有社会主义，就没有社会主义的现代化"。④中共十四大报告指出："人民民主是社会主义的本质要求和内在属性。"中共十五大报告提出："发展社会主义民主是我们党始终不渝的奋斗目标。"中共十六大报告指出："发展社会主义民主政治，建设社会主义政治文明，是全面建设小康社会的重要目标。"中共十七大报告更是提出："人民民主是社会主义的生命。"可见，民主作为一种价值目标，始终是社会主义者追求的政治目标。然而，要实现民主，就必须科学理解民主的真实涵义，理解民主价值的普适性和民主形式的多样性。民主作为一种价值，它具有普适性，是任何进步人类都必须追求的；同时，民主作为一种政治形式，它具有特殊性，在不同国家和不同时代是不同的。

20 世纪 90 年代，西方政治学界开始关注协商性民主形式，主要为了纠正代议制民主形式出现的导向精英民主的弊端。协商性民主强调基于理性的公共协商，即讨论、审议、对话和交流，从而实现立法和决策的共识。协商性民主，也成为引人关注的民主形式发展的重要趋势。民主意味着参与，这似乎是一个不言自明的命题。所以美国著名的参与民主理论研究专家卡罗尔·佩特曼在《参与和民主理论》一书中认为，真正的民主就是所有公民直接充分参与的民主。⑤参与式民主的核心概念是公民参与，强调公民的政治参与，主张通过公民对公共事务的共同讨论、共同协商来制定公共政策，共同行动解决公共事务的问题。这是参与式民主的根本特征，它区别于代议制民主中公民只是在投票、选举中的参与。它并不否认共同体中的利益、文化、观念的差异性、多元性，主张公民参与讨论、协

---

① 《马克思恩格斯选集》（第 1 卷），人民出版社 1995 年版，第 293 页。
② 《列宁全集》（第 28 卷），人民出版社 1990 年版，第 168 页。
③ 《毛泽东文集》（第 3 卷），人民出版社 1996 年版，第 272 页。
④ 《邓小平文选》（第 2 卷），人民出版社 1994 年版，第 168 页。
⑤ （美）卡罗尔·佩特曼：《参与和民主理论》，陈尧译，上海人民出版社 2006 年版，第 104 页。

商，正是以承认利益、文化、观念的差异性、多元性为前提的，讨论、协商的目标也不在于消除差异性、多元性，不在于形成统一的共同体的意志，而是相信在讨论协商的基础上，各种差异、多元之间能够互助、互利、合作、双赢。协商民主的核心价值则是既肯定公民积极参与政治生活，又尊重国家与社会间的界限，力图通过完善民主程序、扩大参与范围、强调自由平等的对话来消除冲突、保证公共理性和普遍利益的实现，克服了代议制民主中公民只是在投票、选举中参与的缺陷，以修正传统民主模式的缺陷与不足。① 因此，我们认为，民主不仅仅体现为自由选举，更主要地体现为参与决策，决策不是领导拍板的过程，而是民主协商的过程。因此，中国特色政党制度完善了世界民主除票决民主之外的其他民主的实现形式：协商民主、参与民主，克服了西方代议制民主中公民只是在投票、选举中参与的缺陷。人大的票决民主，政协的协商民主、参与民主（也包括其他领域如基层社区等公共事务的民众参与等）使得我国成为民主形式发展比较完善的民主政治国家。从实质上来看，我国的参与民主、协商民主突破了以往把民主限定在选举环节的观念，将民主扩展到决策过程，是一种更积极的民主主张。正如印尼总统苏西洛·班邦·尤多约诺在2010年的第六届世界民主运动大会上作主题演讲时，提出"民主的魅力不仅仅在于选举权，更在于为公民提供更佳发展机遇的愿景。"②"协商民主更像是公共论坛而不是竞争的市场，其中，政治讨论以公共利益为导向，它必定要成为那些强调个性、竞争和聚合性的民主模式的普遍替代。"③ 协商民主各参与方以更积极的方式，根据一系列协商背景和主题，提出自己的观点，在此意义上，它更像一种直接民主，可以说，正是反思和探索选举民主的结果使协商民主得以复兴，选举和协商是当代民主的两种主要形式。

中国共产党领导的人民代表大会制度是我国人民民主政权构成的形

---

① 燕继荣：《协商民主的价值何在？》，《学习时报》2007年1月16日版。
② 虞崇胜：《民主是价值的普适性和形式的多样性的统一》，《江苏行政学院学报》2010年第1期。
③ （澳）卡罗林·亨德里克斯：《公民社会与协商民主》，载陈家刚选编《协商民主》，上海三联书店2004年版，第125页。

式，又是中华人民共和国的根本政治制度，也是我国最基本的民主形式，具有代议制民主的基本特征。同时，我国又有着民主协商的传统，特别是有着多党合作的人民政治协商的制度。2006年2月，《中共中央关于加强人民政协工作的意见》中明确指出：人民通过选举、投票行使权利和人民内部各方面在重大决策之前进行充分协商，尽可能就共同性问题取得一致意见，是我国社会主义民主的两种重要形式。这段话概括了我国社会主义民主的实践形式，是对我国社会主义民主政治建设实践所作的一个重要总结。《中共中央关于加强党的执政能力建设的决定》提出要丰富民主形式。2007年6月25日胡锦涛在中共中央党校的讲话中指出：要继续扩大公民有序政治参与，健全民主制度，丰富民主形式，拓宽民主渠道。这是全面实践民主选举、民主决策、民主管理、民主监督的基本途径。因此我国多党合作的三大制度安排：政治协商的各种形式，参政议政的"一个参加三个参与"以及民主监督，尤其是人民政协的协商制度、界别设置制度，更是反映了中国特色政党制度中所体现的参与民主和协商民主的广泛性。民主的目的在于公民参与各种社会公共事务，以达到善治的目标。这就是民主价值的普适性。但价值的普适性并不否定民主实践的多样性。所以，中国特色政党制度不仅完善了民主形式，加深了对民主形式的理解，而且还实现了决策民主、程序民主，克服了选举民主的缺陷，做到了民主的形式和价值的相统一，更是提升了政治民主的质量。

4. 理论创新

国家的差别和民族差异就决定了政党制度的多样性，因此，不同国家、民族选择不同的政党制度从根本上说是选择了民主政治的不同的实现形式，而不是选择或者拒绝民主政治的问题。将多党竞争、轮流执政的竞争型政党制度视为惟一的民主政治实现形式实质上是西方发达国家的政治霸权和学术霸权的体现，是西方中心主义的体现。因此，我们在研究分析评价中国特色政党制度时，不应以西方的竞争型政党制度研究分析标准来分析评价我国的多党合作制度，而应建立我们自己的合作型政党制度理论研究体系作为评价标准（注：当然借鉴西方的竞争型政党制度理论进行比较研究是可行的），来评价中国特色政党制度的理论价值。

众所周知，理论源于实践，没有人类的社会实践活动，指导人类社会实践活动的任何理论都是不会产生的，或任何理论都会成为无源之水、空中楼阁或海市蜃楼。西方学者所构建的竞争型政党制度理论研究体系，都是源自他们对西方竞争型政党制度的产生、形成、发展的孜孜不倦探索和研究所得出的成果。理论源于实践，又是用来指导实践的，所以对于西方学者用竞争型政党制度理论研究体系来评价分析世界上其他国家的政党制度则就不奇怪了。他们忽略由于国家和民族的多样性及不同民族文化的本土基因的影响，因此导致他们评价分析其他政党政治国家的政党制度出现偏差也就不奇怪了。所以从这个意义上说，中国特色政党制度所建构的合作型政党制度，为世界政党制度的研究提供了竞争型政党制度之外的、新的政党制度研究范本，具有理论的创新价值，为构建世界上新的政党制度理论研究体系：合作型政党制度理论体系提供了理论的实践源泉。

此外，从马克思、恩格斯和列宁的政党合作思想及马列主义政党学说来看，中国特色政党制度是对马列主义政党学说关于政党制度的理论和实践创新，自从马克思提出政党理论和政党合作的思想，到列宁创建的前苏联社会主义国家，及世界上其他的社会主义国家，都没有把他们的政党合作思想实践探索过。所以中国特色政党制度的理论学说也是对马克思主义政党学说理论的创新，同时为马克思主义的政党合作思想研究提供实践范本。

5. 现实价值

既然中国特色政党制度是一种合作型政党制度，就必然要讨论中国特色政党制度这种合作型的现实价值。在合作中，中国共产党和各民主党派均实现了各自的利益，并实现了集体利益最大化，所带来的现实价值表现为两方面：

一是政治稳定。由于中国共产党和各民主党派具有共同的目标和理想，有广泛的交流平台，在约束条件下进行合作，因此，中国特色政党制度具有极强的政治稳定性。首先共产党的领导是实现政治稳定的保证。中国特色政党制度在合作中增强了中国共产党的领导核心地位，保证了共产党和各民主党派的目标趋向的一致性，保证了社会各阶层都能广泛参与国家生活和政治生活，促进了政治生活的有序化、制度化、规范化，推动了经济、政治和社会的良性运行和发展，为维护社会的政治稳定提供了重要保证。其次参政议政、政治协商使政治稳定得以实现。中国特色政党制度保证了民主党派的有序政治参与，使不同利益群体的意见和建议通过与他们有密切联系的民主党派的参政议政和政治协商反映到政治体系中来，具有较强的吸纳社会各阶层广泛参与政治生活的能力，为社会政治参与提供了制度化的组织、程序和途径，从而实现了政治稳定、人民团结和社会发展。

二是社会和谐。合作主义的著名理论家斯密特和哥诺特曾经说过："合作主义思想渊源于两种哲学的综合，即欧洲天主教义和民族主义，前者强调和谐与社会统一，后者重视适应本民族文化传统，强调个体对民族利益的服从和牺牲，从而使社会结为一体。"① 可以说，提倡和谐、强调整体、追求社会和谐、追求社会秩序乃是合作主义的一贯宗旨。正如前文所述，胡锦涛总书记在 2006 年全国统战工作会议上指出："正确认识和处理中国共产党和民主党派的关系，保持和促进我国政党关系和谐，是发展社会主义民主政治、建设社会主义政治文明的重要内容，也是构建社会主义和谐社会的重要内容。"他同时强调："巩固发展我国社会主义政党关系，实现我国政党关系长期和谐，根本在于坚持走中国特色社会主义政治发展道路，关键在于坚持和完善中国共产党领导的多党合作和政治协商制度。"在当今凡有政党政治的国家里，政党关系是一个国家和社会中事关全局的重大政治关系，没有政党关系和谐，就难以有国家政治局面的稳定与社会和谐。而合作主义自工业社会诞生以来，就倡导社会和谐为其理论预设、追求目标和基本价值。这正好就契合了胡锦涛总书记"关于保持和促进我国政党关系和谐"的讲话精神。而中国共产党与民主党派在长期的合作中形成了和谐的党际关系，有利于充分发挥政治参与、利益表达、社会整合、民主监督、维护稳定的功能，促进社会和谐。其一，党际和谐带动社会和谐。中国共产党与各民主党派在长期的共同奋斗中形成了亲密的友党关系。中国共产党的基本理论、基本路线、基本纲领、基本经验得到各民主党派的认同，建设中国特色社会主义成为中国各政党的共同目标。在保

---

① （加）R·米什拉：《资本主义的福利国家》中文版序言，郑秉文译，法律出版社 2003 年版，第 158—159 页。

持宽松稳定、团结和谐的政治环境中，中国共产党与各民主党派实行广泛的政治合作，照顾同盟者的政治利益和物质利益，团结他们一道前进，在全社会形成了团结和睦的政治文化氛围。其二，政党功能的发挥促进社会和谐的实现。在多党合作中，在中国共产党的领导下，民主党派积极参政议政，有效反映社会各方的利益、愿望和诉求，畅通和拓宽社会利益表达渠道，协调利益关系，形成强大的社会整合力，成为维护国家安定团结的一支重要力量。各民主党派能够提供中国共产党自身监督之外更多方面的监督，有利于执政党决策的科学化、民主化，更加自觉地抵制和克服官僚主义和各种消极腐败现象，加强和改进执政党的工作，有效化解各种社会矛盾和冲突，保持政治稳定和社会和谐。

四、合作理论视域下完善中国特色政党制度的思考

　　几千年前，中华民族就独立自主地创造了不同于西方世界的、独具特色的中华文明。数十年来，中国逐渐形成了中国特色的现代化道路。与此二者相适应，也基本形成了体现中华民族的文化特性，强调中国主体性，反映了社会主义属性的中国特色政治发展道路。中国共产党领导的多党合作和政治协商制度是中国共产党和各民主党派的共同创造，既从中国的具体国情出发，又符合现代政治文明的一般规律，具有自己的特点和优势，是中国特色政治制度的核心之一。坚持中国特色的政治发展道路就是要坚持和完善这一基本制度，而不是放弃或削弱这一制度。如何坚持和发展中国特色政党制度的合作型政党制度，除了坚持马克思、列宁主义、毛泽东思想及中国特色社会主义理论中关于社会主义国家政党制度建设的指导思想之外，我们也应该借鉴国内外不同学科理论体系的研究方法，为我所用，来探索中国特色政党制度的完善与发展，为世界政党制度的完善和发展作出贡献。

　　此外，随着改革开放的不断深入，中国社会经济的进步与发展，多元、分化的社会结构已经呈现在我们面前，面对主体、观念、利益、冲突

等领域的社会多元特征，在社会分化加剧，社会主体日益多元化，利益追求呈现出多元取向的背景条件下，如何促进合作的问题就显得更为重要了！沃尔多说："人类有影响的行为都是合作产生的，如果没有合作，也就不会有任何成果"，①因此中国要想充分发挥自己的潜力，推进进一步的发展，实现中华民族的伟大复兴，合作是关键！

首先，我们应当从合作理论的角度加强对多党合作的理论研究和宣扬，创建我国合作型政党制度理论研究体系，使中国特色政党制度的政党合作理论化。罗伯特·阿克塞尔罗德的《合作的进化》一书给了我们重要的启示就是，在当今复杂、多元化背景条件下的社会里，合作不是自然产生的，而是要经过一个过程的"进化"才能达成。在这个进化过程中，人们通过学习、试错逐步向合作演化。也就是说，只有了解和学习合作的道理，人们的进化进程才会加快，就会更加相信合作，走向合作！同时当代美国社会学家詹姆斯·科尔曼在其巨作《社会理论的基础》中明确指出，解释社会组织的活动时，必须从行动者的角度来理解他们的行动。换句话说，局外人认为行动者的行动不够合理或非理性，并不反映行动者的本意。"用行动者的眼光衡量，他们的行动是合理的。"②所以西方的政治学者或政党制度研究者不能够理解中国人民对中国特色政党制度的选择也是很正常的。但是由于当今世界多极化、经济全球化和国际关系民主化的迅猛发展，带来了世界范围的政治、文化和意识形态互动，这为西方政党宣传资本主义的意识形态提供了机会。信息网络化、一体化和传播的即时化，使西方政党制度理论研究话语权进一步放大，为其价值观念、思维方式和生活方式的扩展创造了更多机会和便捷条件。使得人们的思想必然更加复杂化，也会很自然的在对比了中外政党制度之后提出各种各样的问题。这些问题有些肯定是敏感的，有的也可能具有挑战性，如何回应这些问题，既是一个现实问题，更是一个理论问题，因此建立一种新的政党制

---

① 德怀特·沃尔多：《什么是公共行政学》，转引自《国外公共行政理论精选》，中共中央党校出版社1997年版，第187页。

② 詹姆斯·科尔曼：《社会理论的基础》，邓方译，社会科学文献出版社1990年版，第20页。

度理论研究体系,打破政党制度理论研究话语体系中西方政党制度研究体系话语权的垄断,解读中国特色政党制度与西方政党制度的差异性就显得更为重要了。同时由于中国特色政党理论体系的薄弱和理论研究话语权的贫乏,一些人经常套用西方的政治制度和政党制度的标准,去观察判断政治制度和政党制度的是非优劣,对中国特色政党制度不够自信或产生怀疑。就整个社会而言,人们对中国特色政党制度还缺乏深刻了解和普遍认同。因此只有建立中国特色政党制度理论研究体系,才能够使我们更主动地应对西方政治思潮的挑战,在关于中国政党制度的争论中有更坚实的理论支撑,对各种错误观点的批驳更具有说服力。应对西方政党理论和政党制度的挑战需要自成体系的理论支撑,更需要解读理论体系的研究理论体系作支撑,作理论研究的评判标准。此外,世界政治多元化和国内经济社会多元化的发展趋势,必然给中国特色政党制度的合法性带来挑战,以及在祖国统一进程中,如何把"港台"政党制度纳入"一个中国"的政党制度框架内的问题,就必然要求我们创建一个新的政党制度理论研究体系解读中国特色政党制度的内涵与外涵,既要应对挑战,又要回应质疑;既要回答现实问题,又要完善理论支撑与指导。同时"人类社会的发展是走向普遍合作的历史进程,政治哲学的主观努力应集中在为普遍合作的社会作出制度规划方面,其中,对合作进行探讨,必要的理论准备。"[①]尤其是对于我国合作型政党制度的研究。因此,我们应当加快创建合作型政党制度理论研究体系的研究,在世界政党制度研究中,解读和评判我们自己的政党制度的理论与现实价值,强化合作型政党制度理论对中国特色政党制度的理论支撑作用。

其次,要切实搞好中国特色政党制度的合作理念宣传教育,强化它的指导作用,使中国特色政党制度的政党合作理念化。中国特色政党制度的理念宣传教育,当然首先是要把坚持马克思主义、毛泽东思想、邓小平理论、"三个代表"重要思想和科学发展观的指导不动摇,坚持中国共产党的领导不动摇,坚持中国共产党与其他民主党派的长期共存、互相监督、肝胆相照、荣辱与共的基本方针等等纳入我国政党制度的价值理念宣传教

---

① 张康之:《论合作》,《南京大学学报》2007年第5期。

育中去，因为这些中国特色政党制度的根本性准则和基本方针经历了半个多世纪的实践检验，已经成为我国政治生活中的基本准则了。但是我们还是应当把它们作为价值理念来宣传教育，使之成为中国特色政党制度中的核心价值理念，这是中国特色政党制度的基本价值取向，从思想上引导人们的政治观念、参与政治生活的价值取向。但是一定也要把中国特色政党制度的主要特性——"合作"理念纳入我国政党制度的价值理念宣传教育中去，成为中国特色政党制度完善和发展的普遍性价值取向。当前在民主党派干部教育培训中，多党合作的教育培训已是比较普遍且深入人心了，对党外领导干部合作共事能力的培养也得到了加强，但对中国共产党的干部和党员教育培训不是很全面，在群众教育中更是比较缺乏。所以这里提出如下建议：①必须把中国特色政党制度的教育纳入国民教育的内容体系中，在大学生思想政治教育的教材中，即《毛泽东思想和中国特色社会主义理论体系》中单独专门开设一章"中国特色政党制度"或"我国多党合作制度"（注：现普遍使用的教材是把中国共产党领导的多党合作和政治协商制度列入"建设中国特色社会主义政治"一章中的第一节中的第四小节，份量太少，没有讲深讲透，学生普遍不能完全领会与理解）；②必须把中国特色政党制度的教育纳入中国共产党各级党校和行政学院学习的必学课程；③必须把中国特色政党制度教育纳入中国共产党各级党委中心组学习的议题；④必须加强对中国共产党各级领导干部尤其是一把手和党外领导干部的合作意识与合作共事能力的培养。使"合作"成为中国共产党与各民主党派及无党派人士在我国政治生活中的共同理念。

第三，进一步推进中国特色政党制度的制度化建设，使中国特色政党制度的政党合作制度化。中国共产党领导的多党合作和政治协商制度从正式确立到现在已经有半个多世纪的历史，积累了丰富的实践经验，形成了一系列成功的做法。现在，《中共中央关于坚持和完善中国共产党领导的多党合作和政治协商制度的意见》和《中共中央关于进一步加强中国共产党领导的多党合作和政治协商制度建设的意见》两个重要文件，已经开始使我国的政党制度系统化、制度化、程序化、透明化。但合作理论认为："最直接促进合作的方法就是使相互作用更持久。""经常接触有助于促进稳定的合作。""增加未来影响的方法就是使接触更频繁。"① 这要求中国共产党和各民主党派的合作方式方法或合作的程序应该走制度化、程序化、经常化的道路。因此我们应进一步出台一系列的制度条例使得中国特色政党制度的合作方式方法或合作程序常态化，譬如参政议政、政治协商、民主监督的程序已在中央和一些省委省政府实现了制度化、常态化，当前主要是加强市县两级，有利于我国合作型政党制度的发展和完善，成为世界政党制度的一个民主政治制度的典范。

第四，就是健全和完善中国特色政党制度的合作与协商模式或机制，使中国特色政党制度的政党合作程序化。"合作的基础不是信任，而是关系的持续性。当条件具备了，对策者能通过对双方有利的可能性的试错学习，通过对其他成功者的模仿或通过选择成功的策略剔除不成功的策略的盲目过程来达到相互的合作。从长远来说，双方建立稳定的合作模式的条件是否成熟比是否相互信任来得重要。"②从长远来说，中国共产党领导的多党合作制度应建立稳定的合作模式，构建一个稳定、和谐的政党关系是非常重要的！对于任何社会，站在社会的层面上，合作都是建构性的。因此，健全和完善中国特色政党制度的合作与协商模式或机制就是至关重要的了。正是这样，所以胡锦涛同志在论述中国特色政党制度的政党关系问题时，提出了要构建中国特色政党制度长期的和谐政党关系。合作与协商机制是我国政党制度中最基本和最重要的机制，我国合作型政党制度优势的发挥，主要是靠这种机制的作用和威力。经过半个多世纪的实践和创新，我国的合作与协商机制已经基本形成。但是也还存在一些值得讨论和思考的问题。其中最重要的一条是：政党合作与协商的内容非常广泛，有宏观问题有微观问题，有原则性问题有策略性问题，有相互关系问题有共同面对的问题，但是关于这些差异性很大的问题的合作和协商在政治协商机制、政权参与机制、政策合作机制、工作沟通机制③四个方面，并没有

---

① 罗伯特·阿克塞尔罗德:《合作的进化》，吴坚忠译，上海世纪出版社2007年版，第91—92页。
② 同上，第126页。
③ 闫志民等:《我国合作型政党制度的理论与实践研究》，中央社会主义学院网站政党制度研究中心。

在理论和方针层面形成分类合作与协商机制。今后我们应当在合作协商的具体程序问题方面；在制定民主党派干部担任国家机关领导职务的范围、数量、层次、程序的有关规范，并使之制度化、规范化，使之不会因个别领导人的喜好、注意力而更改的问题上；在民主党派参与政策和法规制定方面；在解决执政党与参政党在思想上相互了解，在行动上彼此协调的实际工作层面的问题上，形成若干行之有效的制度和方法，使中国共产党与各民主党派及无党派人士在我国政治生活中的合作协商程序化。

　　合作贯穿于整个人类历史发展的各个阶段，而不局限于某个特定的历史阶段。合作是不断发展的历史过程，人类社会发展的过程就是合作水平不断提高的过程。在社会发展进程中，随着经济全球化、世界多极化等世界发展趋势的进一步强化，社会利益多样性、文化差异性、观念多元化等等现象的存在，人与人之间、组织与组织之间、政党与政党之间、甚至国家之间都更需要合作了。在当今全球化的条件下，整个人类社会也会因合作而被连成一体。就当今世界各国在国际事务领域努力倡导合作的理念而言，向往合作和走向合作已经汇成历史潮流，合作是人类社会发展的未来趋势，政治上的合作更是不例外，因此从这个角度出发，中国特色政党制度的发展与完善代表着人类社会未来政治合作的一种趋势！

第七章 立足中国特色政党制度 创建合作型政党制度理论研究体系[①]

中国特色政党制度是指中国共产党领导的多党合作和政治协商制度，是中国的一项基本政治制度，是符合中国国情的社会主义政党制度，是适应中国政治发展、社会发展、具有中国特色的社会主义政党制度。2007年发布的《中国的政党制度（白皮书）》指出："中国共产党与各民主党派形成了团结合作的新型政党关系……创立了一种新型的政党制度形式，在世界政党制度中独具特色。"[②] 这种新型的政党制度形式就是合作型政党制度。合作型政党制度已成功地在中国实践了半个多世纪，但是很多中国政党制度的研究者（除了西方政党制度研究者之外，还有很多国内的学者也是）却总是拿着西方竞争型政党制度理论研究体系来研究评判它，这是典型的理论与实践不相符，或者是忽视文化差异、国家的差别、民主形式的多样性等，因此，我们更有责任创建合作型政党制度理论研究体系。要想构建合作型政党制度理论研究体系，中国的政治学研究学者或政党制度研究专家需要一反以"竞争"为主线的西方竞争型政党制度理论研究框架，转向以"合作"为主线，立足中国特色政党制度，创建"合作型政党制度理论研究体系"，即揭示人类政党政治中合作行为或规律的政党制度理论研究评价体系。

[①] 原文曾发表于《中央社会主义学院学报》2011年第3期。
[②] 中华人民共和国国务院新闻办公室：《中国政党制度（白皮书）》，《光明日报》2007年11月16日版。

一、为什么要创建合作型政党制度理论研究体系

尽管政党制度研究近几年来已成为一个热点,但是通过对学术界及政界的研究作一个归纳与分析,发现对中国特色政党制度的研究存在两个不足:一是研究的方法与评价标准不足,大多数是以西方现代政治的研究方法、西方竞争型政党制度理论作为评价分析标准来分析研究中国的政党制度。二是研究形式不全面,大多数研究成果都是以历史归纳、文件解读或只讲对现实问题的指导意义等口号式的、下结论式的研究,缺乏基础性的理论探索。正是这种研究存在不足,所以对中国特色政党制度在世界政党制度体系中实践与理论的创造性价值分析不足、评价不足,没有从理论上予以充分地论证和说明!总是徘徊在西方的政党制度理论评价体系,无法说明或解读中国特色政党制度实践与理论的创造性价值。因此在面对全球化背景下所带来的世界政党制度理论研究和评判标准话语权的挑战,以及世界政党政治背景下西方两党制和多党制及政治多元化对中国政党制度的冲击和挑战,还有国内经济社会多元化发展趋势对中国政党制度的发展挑战时,就特别凸现出了创建合作型政党制度理论研究体系的重要性和紧迫性。

1. 全球化背景下世界政党制度理论研究和评判标准话语权的挑战。国家的差别和民族差异就决定了政党制度的多样性,因此,不同国家、民族选择不同的政党制度从根本上说是选择了民主政治的不同实现形式,而不是选择或者拒绝民主政治的问题。将多党竞争、轮流执政的竞争型政党制度视为惟一的民主政治实现形式实质上是西方发达国家的政治霸权和政党制度理论研究话语霸权的体现,是西方中心主义的体现。同时当今世界多极化、经济全球化和国际关系民主化的迅猛发展,带来了世界范围的政治、文化和意识形态互动,这为西方政党宣传资本主义的意识形态提供了机会。信息网络化、一体化和传播的即时化,使西方政党制度理论研究话语权进一步放大,为其价值观念、思维方式和生活方式的扩展创造了更多机会和便捷条件。众所周知,理论源于实践,没有人类的社会实践活动,

指导人类社会实践活动的任何理论都是不会产生的，或任何理论都会成为无源之水、空中楼阁或海市蜃楼。西方学者所构建的竞争型政党制度理论研究体系，都是源自他们对西方竞争型政党制度的产生、形成、发展的孜孜不倦探索和研究所得出的成果。理论源于实践，又是用来指导实践的，所以西方学者用竞争型政党制度理论研究体系来评价分析世界上其他国家的政党制度就不奇怪了。由于他们忽略由于国家和民族的多样性及不同民族文化的本土基因的影响，因此导致他们评价分析其他政党政治国家的政党制度出现了偏差，同时也对其他国家的政党制度或政党政治造成了冲击。而且随着经济全球化，特别是信息全球化的发展，涉及国外政党制度、政党活动、政党竞选、议会民主、多党轮流执政的信息可以多渠道地传入我国，并在广大人民群众中广泛传播，使得人们的思想必然就更加的复杂化，也会很自然的在对比了中外政党制度之后提出各种各样的问题。这些问题有些肯定是敏感的，有的也可能具有挑战性，对这些问题如何回应，既是一个现实问题，更是一个理论问题，因此建立一种新的政党制度理论研究体系，打破政党制度理论研究话语体系中西方政党制度研究体系话语权的垄断，解读中国特色政党制度与西方政党制度的差异性就显得更为重要了。同时由于中国特色政党理论体系的薄弱和理论研究话语权的贫乏，一些人经常套用西方的政治制度和政党制度的标准，去观察判断政治制度和政党制度的是非优劣，对中国特色政党制度不够自信或产生怀疑。就整个社会而言，人们对中国特色政党制度还缺乏深刻了解和普遍认同。因此建立中国特色政党制度理论研究体系，能够使我们更主动地应对西方政治思潮的挑战，在关于中国政党制度的争论中有更坚实的理论支撑，对各种错误观点的批驳更具有说服力。应对西方政党理论和政党制度的挑战需要自成体系的理论支撑，更需要解读理论体系的研究理论体系作支撑，作理论研究的评判标准。

2. 世界政党政治背景下西方两党制和多党制及政治多元化的冲击和挑战。世界上凡有政党政治的国家里，一般来说由于政党制度不同，其执政形式也是不一样的。在实行一党制政党制度的国家里，由于只存在一个政党，政治权力被一个政党垄断，其他任何政党不允许存在，因此就形成了只有一个政党执掌国家政权的执政形式。在一党制国家里也还有存在多个政党，但也是只有一个政党执掌国家政权的执政形式。在两党制国家里，由于存在两个或虽然存在两个以上政党，但只有两个主要政党单独轮流执掌国家政权，就形成两党轮流执政形式。在多党制国家里，由于存在三个或三个以上的政党，就形成了要么一些主要政党竞争轮流执政的形式，要么形成其中的一些政党联合起来形成多数党联盟共同执掌国家政权的联合执政形式。但是一般来说一党制执政形式多存在于亚非拉发展中国家，而两党竞争轮流执政、多党轮流竞争执政或多党联合执政则在西方发达国家实行得比较多。冷战后，以美国为首的西方国家利用力量对比有利于己的态势，试图建立西方"一统天下"的国际秩序，在全球推行其价值观念和意识形态，推销西方式的多党制，对中国特色政党制度的发展构成直接冲击和挑战。多党制本来是政党制度中的一种模式，在西方资本主义国家比较普遍。20世纪80年代以来特别是苏东剧变后，多党制成为以美国为首的西方国家推行其价值观念和政治模式的重要标志，成为它们衡量一个国家是否"民主"的尺度。因此在世界政党政治背景下，中国特色政党制度如何应对西方"两党制"与"多党制"的冲击与挑战？这就必然要求我们建立一种新的政党制度理论研究体系来解读我国政党制度的特色和政治优势。同时在西方政治学界有一种说法：当一个国家人均GDP达到6000美元的时候，必然要出现一个强大的市民社会和政治多元化的发展趋势。为了证明这一说法的正确性，一些学者还列举了南欧、南美、东南亚一些国家和我国台湾地区的例子。有的韩国学者指出，在韩国人均GDP达到1000—3000美元的时候，就出现了这种政治多元化的发展趋势。一般认为，一个国家的人均GDP在1000美元—3000美元的区间，是其经济的快速发展期，也是社会情况剧烈变动的时期。21世纪头20年，我国正处在人均GDP从1000美元到3000美元的快速增长期，社会政治情况包括社会阶级结构、阶层结构无疑也会出现这样那样的变化，使得一些人在猜想：这是否意味着中国特色政党制度也必然要出现演变，中国是否也会出现政治多元化和多党制的局面呢？这的确是一个需要认真思考、深入研究、科学解答的严肃问题，就必然要求建立一种新的政党制度理论研究体系来解读中国特色政党制度的发展。

3. 国内经济社会多元化发展趋势的挑战。改革开放以来，伴随着社会主义市场经济体系的逐步建立，我国社会经济成分、组织形式、就业方式、利益关系、分配方式日益多元化带来了新的矛盾和复杂情况。我国所有制关系发生变革，社会阶级阶层结构由过去传统的"两个阶级一个阶层"，转向多元阶级阶层结构，产生了新的社会阶层。这种趋势是与国际发展的潮流一致的，也是人类现代化进程当中难以避免的一种普遍化的现象。社会分层多元化必然导致利益主体多元化和分散化，我国正步入社会分层加剧和人们政治利益诉求快速增长的时期。社会分层和利益关系多元化发展，促使各种非政府组织大量产生。20世纪90年代以来，一些行业性、专业性、学术性、公益性和联谊性社团大量涌现，其中行业性社团已初步具备利益集团的特征，开始对地方政府的决策施加一定的影响。从国外的经验来看，利益集团的产生最终可能导致政治生活的多元化，乃至政治结构的多元化。经济与社会结构的转型必将对社会政治结构提出新的要求，中国特色政党制度作为中国政治结构中的核心构成必须承担起变革的责任，使得它面对进一步完善与发展的巨大挑战。

4. 祖国统一进程中的"港台"政党制度对传统政党制度的挑战。[①] 目前我国的政党制度主要是就大陆的共产党与八大民主党派而言。随着香港、澳门的回归，"一国两制"得以实现，在香港已经出现了地区性的政党；在"一个中国"原则下，台湾作为中国的一部分也存在着许多政党。如果在地理版图上忽视了"港澳台"，那是很大的政治问题；同样在政党制度上不能包容"港台"政党，也是很大的政治问题。在政党制度的概念内涵与使用上如何合理吸纳"港台"政党，这是对"中国共产党领导的多党合作与政治协商制度"的一个重大挑战。譬如浙江中华文化学院作过一次调研发现：绝大多数港澳代表人士（95.5%）比较了解中国共产党领导的多党合作和政治协商制度，但是他们在政治体制改革方面最关注的问题首先是坚持和完善社会主义民主制度（63.6%），他们认为中国共产党和政府应给予港澳代表人士关心和支持的第一个问题是提供政治参与的机会（81.8%），建议希望中国共产党和政府提供政治参与的机会，增加意见表

---

① 刘红凛：《政党关系和谐与当代中国政党制度建设》，《当代世界与社会主义》2007年第3期。

达渠道,通过港澳代表人士的政治参与,畅通他们所代表社团的民意诉求,提升其社团的社会影响力①等等。因此如何在"一个中国"的原则下,发展、丰富中国特色政党制度的内涵和外延,把"港台"政党制度问题纳入到"一个中国"的政党制度框架之内,则同时既是一个现实问题,更是一个重要的理论问题。

二、创建合作型政党制度理论研究体系的基础

1. 半个多世纪以来中国特色政党制度的成功实践为创建合作型政党制度理论研究体系提供了典型的实践范本。在近代中国史上,我们国家不是没有引进或移植过西方的竞争型政党制度。而且在近代中国,最早出现的政党制度就是竞争型政党制度,据资料记载,民国时期就有三百多个政党,可谓是政党林立,但大多数政党似流星转瞬即逝,没留下什么痕迹,最终只形成了三大政党竞争格局,即国民党、共和党和民主党展开国会席位竞选。结果是国民党大获全胜,但由于袁世凯的破坏和对政党的镇压,竞争型政党制度在中国政治文明史上最终以失败告终。而后相继出现过1913年至1923年孙中山的一党型政党制度,1924年至1927年的国共两党"合作"(严格意义上讲不是合作型政党制度,而是一种松散的政党联盟)政党制度,1927年至1949年蒋介石的一党型政党制度。最后1949年新政协的召开,形成并确立了中国共产党领导的多党合作和政治协商制度的合作型政党制度。中华人民共和国成立之后,中国共产党在执政条件下进一步加强同各民主党派的团结合作,不断推进合作型政党制度的理论创新和实践发展。1956年社会主义改造基本完成后,根据中国阶级状况发生的深刻变化,中国共产党提出了"长期共存、互相监督"的八字方针,奠定了中国特色政党制度的基本格局。1978年实行改革开放以来,根据形势和任务的变化,中国共产党确立了同民主党派"长期共存、互相监督、肝胆相

---

① 赵蕙兰:《当前港澳代表人士对内地热点难点问题的看法》,《统战理论内参(内刊)》2010年第4期。

照、荣辱与共"的十六字方针，提出了一整套关于多党合作和政治协商制度的理论和政策。1989 年中国共产党制定了坚持和完善中国共产党领导的多党合作和政治协商制度的意见，多党合作和政治协商走上了制度化轨道。1993 年召开的第八届全国人民代表大会第一次会议，将"中国共产党领导的多党合作和政治协商制度将长期存在和发展"载入宪法，中国特色政党制度有了明确的宪法依据。2002 年党的十六大后，从建设社会主义政治文明的高度，中国共产党先后制定了《关于进一步加强中国共产党领导的多党合作和政治协商制度建设的意见和加强人民政协工作的意见》，使多党合作制度进一步规范化和程序化。多党合作制度半个世纪的发展历程表明，作为国家的一项基本政治制度，中国特色政党制度不断巩固和发展，在国家政治和社会生活中发挥着重要的作用。尤其是改革开放三十年来，社会的迅速变革，新的社会阶层的出现等已经深刻地影响到中国的政治、经济、文化、社会等领域，我们不否认社会主义市场经济体制的建立带来了中国经济的迅速发展，但根据诺斯的国家理论，国家既是经济增长的根源又是经济衰退的原因，国家是经济增长的根源，是因为国家界定了经济发展的基本制度或规则，而政治规则就是国家界定的基本规则之一，政党制度就是其中之一，所以，可以说中国共产党领导的多党合作制度反映了各个社会阶层的改革诉求，整合了各个社会阶层的智慧和力量，形成一种强大的发展共识，通过对大众对现状的认同和增强各级政府机构的凝聚力而降低了交易费用和协调成本。这种强大共识的形成不仅有利于实现政治和社会的稳定，而且有利于改变人民的价值观和思维方式，进而影响到人民对改革开放的自主参与性和积极性。而中国特色政党制度正是整合和增强了人民对改革开放的热情和动力，达成一种强大的发展共识，为推进改革开放、经济社会发展作出了巨大贡献。因此，中国特色政党制度所建构的合作型政党制度的半个多世纪的实践，为世界政党制度的研究提供了除竞争型政党制度之外的新的政党制度研究的实践范本，为构建世界上新的政党制度理论研究体系——合作型政党制度理论体系提供了理论的实践源泉。

2. 中国传统文化中的"和合文化"精神是创建合作型政党制度理论研究体系的文化根基和现实基础。几千年来，中华民族就独立自主地创造了不同于西方世界的、独具特色的中华文明,数十年来,中国逐渐形成了中国特色的现代化道路。与此二者相适应,也基本形成了体现中华民族的文化特性。和是中国古代一个重要的哲学与政治概念。所谓"和",是讲各种不同的事物需要互相补充和有机配合。与"和"相反的概念是"同","同"是事物的单一性。最早提出"和同"论的是西周末年的太史伯。有一次,时任周司徒的郑恒公问太史伯周的命运如何。太史伯回答他说,周王室的末运已到,原因就是周幽王"去和取同",即听不进不同意见。继太史伯之后,孔子赋予"和"与"同"更加广泛的意义,明确提出"君子和而不同,小人同而不和。"孟子提出:"天时不如地利,地利不如人和"。荀子提出:"万物各得其和以生。"《中庸》提出:"和也者,天下之达道也。"因此,在中国传统文化中更多地具有"和"、"中庸"、"和而不同"、"政通人和"、"和为贵"、"和气生财"、"家和万事兴"、非攻"、"兼爱"、"无为"即不相竞争等反映"合作"的思想。所以,在中国古代政治文明理念中形成了"尚中庸、喜和谐、重合作"的思想,为以"合作"为主线的中国特色政党制度提供丰厚的文化营养,这些思想很容易成为"合作型政党制度"理论体系的哲学基础,或者为"合作型政党制度"理论体系的建构提供新的基本方法论。而且,以这些思想为哲学基础创建"合作型政党制度"理论体系,更符合"民主政治精神"即民主政治的灵魂或终极价值。亚里士多德"人是天生的政治动物"的隐喻之一,就表露了通过语言沟通合作才能求得政治的深刻见解。[①] 说明了民主政治应该是讲究合作的科学。中国的政治学者或政党制度研究学者可以、也应该有意识地从传统文化中吸取营养。不过,不能简单地把相关思想直接等同或套用为"合作型政党制度"理论体系的基本方法论,其中有一个提炼和转化的过程。这一转化和提炼不是容易的事情。对于中国政党制度研究者而言,这是一个修炼过程。因此中国传统文化的"和合文化"精神是创建合作型政党制度理论研究体系的文化根基和现实基础。

3. 世界民主政治形式多样化的发展趋势为创建合作型政党制度理论研究体系提供了理论和现实的创建空间。民主研究的一般理论认为,民主制

---

① 孔繁斌:《论民主治理中的合作行为》,中国知网。

度是人类的共同追求。但是,以单一的民主模式来实践整个人类的民主并不是当今社会的期望。人类社会民主化发展的活力正是来源于其发展本身所遵循的民主精神和民主原则。民主是现代政治文明的本质和基本特征,政党制度是民主政治的主要实现形式之一。政党制度规定了政党之间的相互关系,政党制度不同,决定了政党之间关系的不同。可以说在当今世界各国,政党现象错综复杂,政党制度千差万别,没有一个国家的政党制度同另一个国家是完全相同的。同一类型的政党制度有多种模式,在不同的国家运作方式、方法和作用迥异。同样,世界是丰富多彩的,各国的历史传统、经济文化水平和社会制度不同,其政治制度和政党制度也必然不同,没有也不可能有一种放之四海而皆准的政党制度理论范式。即便在资本主义国家中,也没有哪一个国家的政党制度是完全照搬其它国家的,把美国的模式搬到日本和西欧国家显然不行,同样把日本或西欧国家的模式移植到美国也不行。同属于一个社会制度的国家尚且如此,那么不同社会制度国家的差别就更大了,更是说明了世界政党政治的多样性。随着世界多极化、经济全球化不断向纵深发展,世界上许多国家的政党为了上台执政或保持执政地位以及解决人类面临的共同问题,纷纷进行制度改革和理论创新,以适应全球化形势下国内外条件的变化和社会发展的需要,使世界政党政治日益丰富多彩,政党制度进入一个新的多样化发展时期,呈现多样化的发展趋势。这种多样性的变化虽说带来冲击,但同时也给政党制度形式的多样性带来理论和实践的空间。因此,世界民主政治形式多样化的发展趋势为创建合作型政党制度理论研究体系提供了理论和现实的创建空间。

4. 当代社会合作趋势的加强及合作理论研究的兴起为创建合作型政党制度理论研究体系提供了实践支持和理论支撑。维系人类社会个体之间关系的有两种主要形态,第一个是竞争关系,这是经济学家特别强调的关系,它引发效率,引发很多很多好的东西,坏的东西。但显然人类社会还存在另一种关系,即人类之间的合作关系,而究竟哪个关系重要,至今还没搞清楚。但从发生学的角度看,发表在2004年《科学》杂志上的最新研究成果表明,① 人类对合作的兴趣,最起码在生物脑演化的阶段上甚至早于人类的竞争关系。在社会发展进程中,随着经济全球化、世界多极化等世界发展趋势的进一步强化,社会利益多样性、文化差异性、观念多元化等等现象的存在,人与人之间、组织与组织之间、政党与政党之间、甚至国家之间都更需要合作了。哈耶克认为现代社会是人类合作秩序不断扩展的结果。② 在人类社会的各个领域中,合作是一种常态,合作亦是人类社会发展的未来趋势,政治上的合作更是不例外,因此从这个角度出发,当代人类社会合作趋势发展的加强,为创建合作型政党制度理论研究体系提供了实践支持。同时自20世纪80年代末90年代初,随着冷战的结束和西方世界社会经济、政治的新发展,经济学、政治学、管理学、社会学及公共决策理论乃至一切人文社会科学对"合作"的理论研究在欧洲兴起。合作理论成为诸多社会科学领域的学者用来阐明社会政策主张、解释社会结构与国家和社会关系的又一种重要的理论分析框架,这些则为创建合作型政党制度理论研究体系提供了理论借鉴与支撑。因此,当代社会合作趋势的加强及合作理论研究的兴起为创建合作型政党制度理论研究体系提供了实践支持和理论支撑。

三、创建合作型政党制度理论研究体系的构想

由于中国特色政党制度和西方政党制度处于不同的文化传统中,在西方长大的西方政治学者或政党制度研究专家,不可能自觉地知道他自己的局限性,常拿西方竞争型政党制度理论研究体系评判中国特色政党制度就不奇怪了。但我们作为西方传统之外的学者,往往很容易看到他们的局限性,所以我们应当创建研究中国政党制度的理论研究体系,即合作型政党

---

① Fehretal, The Neural Basis of Altruistic Punishment, Science, Vo.1 305, 27 August, 2004.
② 汪丁丁、罗卫东、叶航:《人类合作秩序的起源与演化》,《社会科学战线》2005年第4期。

制度理论研究体系,但同时基于中国特色政党制度的如此研究现状,在这里显然不可能一下子能够完整地论述以"合作"为主线的合作型政党制度的理论研究框架,只能把大体的思维方向或一些根本性的问题提出来。

1. 探索研究合作型政党制度的基本方法论和基本假设。如果竞争型政党制度的理论研究体系,其方法论可以概括为个人主义加自由主义,那么,合作型政党制度的基本方法论应该是集体主义、集权主义或集体主义加个人主义。与基本方法论相适应的,竞争型政党制度理论研究体系中研究的行为主体的"人性假设"是性恶论,"人格假设"是自利,从这一假设出发,逻辑地推出竞争型政党制度的主体的行为主要是竞争性。但是,也能推出"合作"的可能和需要。当其个人理性达到一定高度后,可能发现"合作"比"竞争"对他更有利。这显然是一种出于利己的合作。但是,广泛而普遍的合作是否都以此为出发点呢?"合作型政党制度理论"是否就只关注这种合作呢?不!"合作型政党制度理论"不否认而且会充分研究这种合作,但是它更重要的是从人性的角度研究合作。人类自从产生的那天起,其本性就是双重的,既有"好斗"或倾向于"竞争"的一面,也有"好和"或"喜群"或倾向于"合作"的一面。它们是人类本性同等重要的两面。政治行为上的合作,是源于人类本性的"合作"面的。这种"合作"不是或不一定是利己,它到底有什么特点,到底怎样来概括这种"合作"的动机,也正是需要研究的。可见,"人性假设"与"人格假设"本身在构建"合作型政党制度理论"体系之前,不能作为一个假设前提,而首先必须是一个研究对象。"人格"不是单一的,本身有一个内部结构。"合作"的行为怎样受人格结构的影响?这也是需要解决的一个根本性问题。

2. 合作型政党制度理论研究体系的一些基本范畴的创立和界定。对建立一种理论研究体系的研究是一种"元研究",即以某一理论自身作为研究对象的高一层次研究。[①] 创建合作型政党制度理论研究体系的研究实质就是以中国特色政党制度理论体系为研究对象,构建对中国特色政党制度

[①] 吴先宁:《中国特色政党制度理论体系形式化研究》,《湖南省社会主义学院学报》2008 年第 5 期。

理论体系研究的理论评判标准和理论研究话语体系。一个研究理论体系的核心部分包括基本概念和基本命题。基本概念和基本命题既从原始假说中推出，同时又是对客观现实和人类实践反映的概括，反映越正确，概括越深刻，推论越严密，理论的说明力、说服力就越强，对实践研究的指导越就越有力。为了创建合作型政党制度理论研究体系，我们必须确立合作型政党制度理论研究体系的一些基本范畴的概念及内涵、特征等，因为它们是构建合作型政党制度理论研究体系的基础。譬如合作、合作理性、个人理性与集体理性、合作型政党制度、合作型政党制度类型、合作型政党制度与政党合作、政党合作选择等等，此外与之相关的区别和关系，譬如"合作"如何定义，是否等于"非竞争"，合作型政党制度与竞争型政党制度怎么区别，或合作型政党制度是否等于非竞争型政党制度等等。

3. 合作型政党制度理论研究体系主要解决的一些理论问题。合作型政党制度理论研究体系一些主要理论问题是构建合作型政党制度理论研究体系的主要构件，它们是：一是合作型政党制度的合作主体论，主要研究不同的合作主体及其身份特征、个性和共性。二是合作源理论或合作动力论，解释人们为什么要合作及合作与竞争如何相关。三是合作环境论，主要研究合作的外部环境或规则或条件；规则如何形成和变更；谁来制订和变革；合作环境的创造、改变、合作规则的制订和变革中如何合作。四是合作型政党论，主要研究如何组织政党合作：如何组织不同类型、不同层次、不同领域的政党合作；采取什么组织形式实现政党合作；如何搜寻政党合作伙伴；政党合作失败的原因、结果及影响合作成功率的因素分析等等。最后可能要论及"合作型政党制度"归宿问题，也可以说是"合作型政党制度归宿论"。也就是把"合作型政党制度"回归到哲学的高度，这些问题要回答合作型政党制度的存在合理性；把"合作型政党制度"回归到文化的内涵层面，解读合作型政党制度的文化认同性；把"合作型政党制度"回归到政治学的主题和民主政治精神上来。这些问题要回答"合作型政党制度"的政治合法性，及到底多大程度上如何体现了民主政治精神等，"合作型政党制度理论体系"如何反映合作型政党制度的民主价值和人类社会政治文明的发展趋势。

四、结语

纵观政党制度理论研究史，迄今为止的政党制度理论研究是以"竞争"为主线的，或称之为竞争型政党制度理论研究体系，它已经较成熟了。当今世界政党制度模式多样性发展的特点及政党制度现实的需要，尤其中国模式改革的成功启示人们：政党制度理论研究出现了新的危机，也到了重大革命的前夜。政党制度理论研究将由以"竞争"为主线转向以"合作"为主线。中国有条件成为创建"合作型政党制度"理论研究体系的主角，中国的传统文化能为"合作型政党制度理论研究体系的创建提供基本方法论，中国特色政党制度的成功实践为中国成为世界合作型政党制度理论研究中心或中心之一提供了现实基础。中国的政党制度理论研究学者立足中国传统文化和现实，以中国特色政党制度为理论研究范本，创建合作型政党制度理论研究体系而实现政党制度理论研究的一次革命是可以的。

参考文献

[1]《马克思恩格斯全集》(第 18 卷),人民出版社 1964 年版。
[2]《马克思恩格斯全集》(第 1 卷),人民出版社 1972 年版。
[3]《马克思恩格斯全集》(第 2 卷),人民出版社 1972 年版。
[4]《马克思恩格斯全集》(第 4 卷),人民出版社 1972 年版。
[5]《马克思恩格斯全集》(第 7 卷),人民出版社 1972 年版。
[6]《马克思恩格斯全集》(第 8 卷),人民出版社 1972 年版。
[7]《马克思恩格斯全集》(第 39 卷),人民出版社 1972 年版。
[8]《马克思恩格斯全集》(第 42 卷),人民出版社 1972 年版。
[9]《马克思恩格斯全集》(第 44 卷),人民出版社 1972 年版。
[10]《列宁选集》(第 4 卷),人民出版社 1972 年版。
[11]《列宁选集》(第 17 卷),人民出版社 1972 年版。
[12]《列宁选集》(第 36 卷),人民出版社 1972 年版。
[13]《马克思恩格斯列宁斯大林论政治和政治制度》(上),档案出版社 1988 年版。
[14]《毛泽东选集》(第 1 卷),人民出版社 1991 年版。
[15]《毛泽东选集》(第 2 卷),人民出版社 1991 年版。
[16]《毛泽东选集》(第 3 卷),人民出版社 1991 年版。
[17]《毛泽东选集》(第 4 卷),人民出版社 1991 年版。
[18]《毛泽东文集》(第 7 卷),人民出版社 1999 年版。
[19]《邓小平文选》(第 1 卷),人民出版社 1993 年版。
[20]《邓小平文选》(第 2 卷),人民出版社 1993 年版。
[21]《邓小平文选》(第 3 卷),人民出版社 1993 年版。

[22]《邓小平文选》(第5卷),人民出版社1994年版。

[23]《江泽民文选》(第1卷),人民出版社2006年版。

[24]《历次全国统战工作会议概况和文献》,档案出版社1988年版。

[25] 江泽民:《在中共中央召开的党外人士座谈会上的讲话(1997年12月23日)》,《人民日报》1997年12月24日版。

[26] 胡锦涛:《在全国统战工作会议上的讲话》,《人民日报》2006年7月13日版。

[27] 中华人民共和国国务院新闻办公室:《中国政党制度(白皮书)》,《光明日报》2007年11月16日版。

[28](美)诺斯:《西方世界的兴起》,学苑出版社1988年版。

[29](美)诺斯:《制度、制度变迁与经济绩效》,上海三联书店1994年版。

[30](美)诺斯:《经济史中的结构与变迁》,上海三联出版社1991年版。

[31](美)V.奥斯特罗姆等编:《制度分析与发展的反思－问题与抉择》,商务印书馆2001年版。

[32] 柯武刚、史漫飞:《制度经济学:社会秩序与公共政策》,商务印书馆2000年版。

[33] 柯武刚、史漫飞:《制度经济学》,商务印书馆2002年版。

[34](美)科斯、诺斯等,(法)克劳德·梅纳尔:《制度、契约与组织—从新制度经济学角度透视》,经济科学出版社2003年版。

[35](美)唐·埃思里奇:《应用经济学研究方法论》,经济科学出版社1998年版。

[36] 亚里士多德:《政治学》,商务印书馆1965年版。

[37](法)卢梭:《社会契约论》,商务印书馆1982年版。

[38](美)巴伯:《强势民主》,吉林人民出版社2006年版。

[39](美)斯蒂芬·L·埃尔金等:《新宪政论》,生活·读书·新知三联书店1997年版。

[40](美)汉密尔顿等:《联邦党人文集》,商务印书馆1980年版。

[41](法)孟德斯鸠:《论法的精神》(上册),商务印书馆1961

年版。

[42]（英）波普尔：《猜想与反驳》，上海译文出版社 2001 年版。

[43]（美）潘恩：《潘恩选集》，商务印书馆 1981 年版。

[44]（美）西蒙：《管理行为》，北京经济学院出版社 1991 年版。

[45]（美）汉密尔顿、杰伊、麦迪逊等著：《联邦党人文集》，商务印书馆 2004 年版。

[46]（英）密尔著：《代议制政府》，商务出版社 1982 年版。

[47]（英）哈耶克：《致命的自负》，中国社会科学出版社 2000 年版。

[48]（英）哈耶克：《自由秩序原理》（上），三联书店 1997 年版。

[49]（美）布坎南：《自由、市场与国家——80 年代的政治经济学》，上海三联书店 1989 年版。

[50]（美）奥斯特罗姆：《复合共和制的政制理论》，上海三联书店 1999 年版。

[51]（美）埃尔金等编：《新宪政论》，三联书店 1997 年版。

[52]（美）戴维·U·韦默：《制度设计》，上海财经大学出版社 2004 年版。

[53]（美）塔尔科特·帕森斯：《现代社会的结构与过程》，光明日报出版社 1988 年版。

[54]（美）詹姆斯·Q·威尔逊：《美国官僚政治》，中国社会科学出版社 1995 年版。

[55]（法）莫里斯·迪韦尔热：《政治社会学——政治学要素》，华夏出版社 1987 年版。

[56]（美）艾里丝·瓦尔纳、琳达·比默：《跨文化沟通》，机械工业出版社 2005 年版。

[57]（美）欧文·拉兹洛，戴侃：《多种文化的星球》，社会科学文献出版社 2001 年版。

[58]（美）罗伯特·阿克塞尔罗德：《合作的进化》，上海世纪出版社 2007 年版。

[59]（美）曼瑟尔·奥尔森：《集体行动的逻辑》，上海三联书店、

上海人民出版社 1995 年版。

[60]（德）柯武刚、史漫飞：《制度经济学》，商务印书馆 2000 年版。

[61]（美）约翰·罗尔斯：《作为公平的正义——正义新论》，上海三联书店 2002 年版。

[62]（美）塞缪尔·P.亨廷顿：《变化社会中的政治秩序》，上海世纪出版集团 2008 年版。

[63]（美）加里·S·贝克尔：《人类行为的经济分析》，上海人民出版社、三联出版社 2002 年版。

[64]（美）魏特夫：《东方专制主义》，中国社会科学出版社 1989 年版。

[65]（意）G.萨托利：《政党与政党体制》，商务印书馆 2006 年版。

[66]（法）雷蒙·阿隆：《民主与极权主义》，加利马尔出版社 1976 年版，。

[67]（美）马丁·李普塞特：《政治人——政治的社会基础》，上海人民出版社 1997 年版。

[68]（英）邓肯·米切尔主编：《新社会学词典》，上海泽文出版社 1987 年版。

[69]《布莱克维尔政治学百科全书》，中国政法大学出版社 1992 年版。

[70]《剑桥百科全书》，中国友谊出版社 1998 年版。

[71] P.斯密特、G.雷姆布拉什：《走向合作主义的中介》，伦敦哲人书店 1979 年版。

[72]（美）罗伯特·达尔：《现代政治分析》，上海泽文出版社 1987 年版。

[73]（美）卡罗尔·佩特曼：《参与和民主理论》，上海人民出版社 2006 年。

[74]（澳）卡罗林·亨德里克斯：《公民社会与协商民主》，载陈家刚选编《协商民主》上海三联书店 2004 年版。

[75]（加）R·米什拉：《资本主义的福利国家》，法律出版社 2003 年版。

[76]（美）凯斯·R·孙斯坦：《设计民主：论宪法的作用》，法律出版社 2006 年版。

[77]（美）詹姆斯·科尔曼：《社会理论的基础》，社会科学文献出版社 1990 年版。

[78]（美）肯尼斯·阿罗：《社会选择与个人价值》，四川人民出版社 1987 年版。

[79]（美）德怀特·沃尔多：《什么是公共行政学》，《国外公共行政理论精选》，中共中央党校出版社 1997 年版。

[80]（美）盖伊·彼特斯：《制度主义：新与旧》，载于薛晓源、陈家刚主编《全球化与新制度主义》，社会科学文献出版社 2004 年版。

[81]（美）盖伊·彼特斯：《制度理论：问题与展望》，载于薛晓源、陈家刚主编《全球化与新制度主义》，社会科学文献出版社 2004 年版。

[82]（美）简.恩斯明格：《变更产权：非洲正式和非正式土地产权的协调，新制度经济学前沿》，经济科学出版社 2003 年版。

[83]（美）诺斯：《对制度的理解》，载于《制度、契约和组织》，经济科学出版社 2003 年版。

[84]（美）乔治·M：《瓦拉德兹.协商民主》，《马克思主义与现实》2004 年第 3 期。

[85]（芬兰）劳瑞·卡尔维尼：《全球比较：政党法治法制化》，《当代世界与社会主义》2011 年第 1 期。

[86] 杨光斌：《制度形式与国家兴衰》，北京大学出版社 2005 年版。

[87] 秦德君：《政治设计研究——对一种历史政治现象之解读》，上海社会科学院出版社 2000 年版。

[88] 杨祖功、顾俊礼：《西方政治制度比较》，世界知识出版社 1992 年版。

[89] 王长江：《现代政党执政规律研究》，上海人民出版社 2002 年版。

[90] 王长江：《政党现代化论》，江苏人民出版社 2004 年版。

[91] 王长江：《政党论》，人民出版社 2009 年版。

[92] 梁琴、钟得涛：《中外政党制度比较》，商务印书馆 2000 年版。

[93] 周淑真：《政党和政党制度的比较研究》，人民出版社 2001 年版。

[94] 郭亚丁：《政党差异性研究》，中国经济出版社 2005 年版。

[95] 杨爱珍：《当代中国政党制度研究》，学林出版社 2004 年版。

[96] 王邦佐等编著：《中国政党制度的社会生态分析》，上海人民出版社 2000 年版。

[97] 郑宪，王志功主编：《统一战线与多党合作》，华文出版社 2002 年版。

[98] 赵晓呼：《政党论》，天津人民出版社 2003 年版。

[99] 林尚立：《当代中国政治形态研究》，天津人民出版社 2000 年版。

[100] 王趣飞：《中国政治文明与中国政党制度》，政治学研究网，http://www.pssw.net.

[101] 梁启超：《梁启超选集》，上海人民出版社 1984 年版。

[102] 王奇生：《党员、党权与党争：1924—1949 年中国国民党的组织形态》，华文出版社 2010 年版。

[103] 赵宬斐：《政党政治与政治现代性》，中央编译出版社 2010 年版。

[104] 王韶兴主编：《政党政治论》，山东人民出版社 2011 年版。

[105] 卢现祥：《新制度经济学》，武汉大学出版社 2004 年版。

[106] 罗荣渠：《现代化新论》，北京大学出版社 1993 年版。

[107] 中国现代化战略研究课题组：《中国现代化报告（2003）——现代化理论、进程与展望》，北京大学出版社 2003 年版。

[108] 胡伟等：《现代化的模式选择：中国道路与经验》，上海人民出版社 2008 年版。

[109] 何传启：《东方复兴：现代化的第三条道路》，商务印书馆 2003 年版。

[110] 陈家刚选编：《协商民主》，上海三联书店 2004 年版。

[111] 关世杰：《跨文化交流学》，北京大学出版社 2005 年版。

[112] 韦倩：《人类合作行为与合作经济学理论分析框架》，博士论

文，中国知网。

[113] 张曙光：《论制度均衡和制度变革》，载于《现代制度经济学》，北京大学出版社2003年版。

[114] 林毅夫：《关于制度变迁的经济学理论》，载于《财产权利和制度变迁》，上海三联书店1994年版。

[115] 王玉海：《诺斯"适应性效率"概念的内涵及其对我国制度转型的启示》，载于黄少安主编《制度经济学研究（第七辑）》，经济科学出版社2005年版。

[116] 张苏、高伟：《合作与技术创新》，载于黄少安主编《制度经济学研究（第二十二辑）》，经济科学出版社2009年版。

[117] 龚向虎：《合作的产生——一个多视角理论综述》，载于黄少安主编《制度经济学研究（第二十二辑）》，经济科学出版社2009年版．

[118] 张旭昆：《论制度的均衡和演化》，《经济研究》1993年第9期。

[119] 张静：《"合作主义"理论的中心问题》，《社会学研究》1996年第5期。

[120] 张静：《政治社会学及其主要研究方向》，《社会学研究》1998年第2期。

[121] 王邦佐：《政治学的繁荣和发展需要理论创新》，《政治学研究》2001年第1期。

[122] 娄胜华：《中国现代化与中国政党制度的选择》，《南京社会科学》2001年第1期。

[123] 林义：《制度分析及其分析论意义》，《经济学家》2001年第4期。

[124] 袁庆明：《论制度的效率及其决定》，《江苏社会科学》2002年第4期。

[125] 秦德君：《制度设计的前在预设》，《学术季刊》2002年第4期。

[126] 黄福寿、刘建良：《中国政党制度理论研究述评》，《上海师范大学学报（哲学社会科学版）》2003年02期。

[127] 邹吉忠:《论现代制度的秩序功能》,《学术界》2002 年第 6 期。

[128] 赵定涛、扶广元:《社会选择理论的新进展》,《经济理论与经济管理》2005 年第 2 期。

[129] 汪丁丁、罗卫东、叶航:《人类合作秩序的起源与演化》,《社会科学战线》2005 年第 4 期。

[130] 李景治:《中西执政党执政方式比较及其启示》,《中国人民大学学报》2005 年第 5 期。

[131] 辛鸣:《制度评价的标准选择》,《中国人民大学学报》2005 年第 5 期。

[132] 陈家刚:《协商民主与政治协商》,《学习与探索》2005 年第 6 期。

[133] 郭小聪:《制度分析的方法论评价——兼论马克思主义制度分析的方法论特征》,《中山大学学报(社会科学版)》2006 年第 2 期。

[134] 燕继荣:《协商民主的价值何在?》,《学习时报》2007 年 1 月 16 日版。

[135] 胡小君、朱昔群:《构建和谐的政党关系》,《上海市社会主义学院学报》2007 年第 2 期。

[136] 袁柏顺:《论西方合作主义的理论特征》,《湖南师范大学社会科学学报》2007 年第 2 期。

[137] 王威海:《西方合作主义理论述评》,《上海经济研究》2007 年第 3 期。

[138] 刘红凛:《政党关系和谐与当代中国政党制度建设》,《当代世界与社会主义》2007 年第 3 期。

[139] 陈朝宗:《论制度设计的科学性与完美性》,《中国行政管理》2007 年第 4 期。

[140] 聂智琪:《政治学视角下的社会选择理论:一个前提的梳理》,《经济社会体制比较》2007 年第 4 期。

[141] 王邦佐、罗峰:《人民政协民主监督的理论支撑、现实意义和制度设计》,《政治与法律》2007 年第 5 期。

[142] 张康之：《论合作》，《南京大学学报》2007 年第 5 期。

[143] 张康之：《论社会治理中的协作与合作》，《社会科学研究》2008 年第 1 期。

[144] 吴先宁：《中国特色政党制度理论体系形式化研究》，《湖南省社会主义学院学报》2008 年第 5 期。

[145] 单忠杰、沈坤荣：《解读中国经济增长：一个新的制度框架》，《新华文摘》2008 年第 5 期。

[146] 陈炳辉、韩斯疆：《当代参与式民主理论的复兴》，《厦门大学学报》2008 年第 6 期。

[147] 贾蕊、汪田甜：《合作行为的进化》，《生物学通报》2008 年第 8 期。

[148] 闫志民：《我国合作型政党制度的理论与实践研究》，中央社会主义学院网站政党制度研究中心。

[149] 周义程：《票决民主中的票决困境解析》，《学海》2009 年第 3 期。

[150] 林尚立：《政党、政党制度与现代国家》，《中国延安干部学院学报》2009 年第 5 期。

[151] 虞崇胜：《民主是价值的普适性和形式的多样性的统一》，《江苏行政学院学报》2010 年第 1 期。

[152] D. North, Institution, Institutional chang and Economic Performance, NY, Cambridge University Press, 1990.

[153] Bruce. J. Dickson, Democratization in China and Taiwan: The adaptability of Leninist Parties, Oxford: Clarendon Press, 1997.

[154] Peter Mair: Party System Change: Approach and Interpretations, Oxford Clarendon Press, 1997.

[34] Robert E. Goodin: The Theory of Institutional Design, Cambridge University Press, 1996.

[155] Banks, Jeffrey S. The Design of Institutions: An Agency Theory Perspective, David L. Weimer: Institutional Design, Kluwer Academic Publishers, 1995.

[156] Ian Shapiro, Stephen Macedo. Designing democratic institutions. New York University Press, 2000.

[157] Claus Offe, "Designing institutions in East European transi - tions", in Robert E. Goodin: The theory of institutional design, Cambridge-University Press, 1996.

[158] Coram, Bruce Talbot, "Second Best Theoriesand the Implications for Institutional Design", in Robert E. Goodin: The Theory of Institutional Design (NewYork: Cam – bridge University Press, 1996.

[158] Croskery, Patrick. "Conventions and Normsin Institutional Design", David L. Wei merInstitu – tional Design (New York: Kluwer Academic Publishers, 1995.

[159] M. Condorcet. Essai sur l AnalyseàLa ProbabilitéDes Voix. Paris: L Imprimerie Royale, 1785.

[160] J. Borda. M. Choiceémoire Sur Les Elections au Scrtin. Paris: Mēmorires de I Acadēmie des Sciences, 1781.

[161] Amartya Sen. Social Choice Theory. Kenneth J. Arrow, Michael D · Intriligator · Handbook of Mathematical E – conomics (1986, vol · 3). North – Holland Publishing Company, 1986.

[162] Amartya Sen. "The Possibility of Social Choice." the American E-conomic Review. 1999. 89 (3).

[163] Howard J. Wiarda: Corporatism And Comparative Politics: The Other Great "Ism" [M]. N. Y: M. E. Sharpe, Inc. 1997.

[164] Andrew Cox, and Noel O' Sullivan, ed. The Corporate State: Corporatism AndThe State Tradition In Western Europe. Aldershot: Edward Elgar Publishing Ltd, 1988.

[165] Peter J. Williamson: Corporatism in Perspective: An Intro – ductory Guide to Corporatist Theory. London : Sage Publi – cation, 1989.

[166] Hobbes, Thomas, Levathan, Oxford: Oxford University Press 1943.

[167] Rousseau, Jean – Jacques, The Social Contract, tran. by Maurice

Cranston, New York: Penguin Books. 1968.

[168] Fehretal, The Neural Basis of Altruistic Punishment, Science, Vo.1 305, 27August, 2004.

[169] Taylor, Michael, 1987, The Possibility of Cooperation, Cambridge UK: Cambridge University Press, Chapt. 1 (Introduction).

[170] Crotty, Political Parties Research, in Approaches to the Study of Political Science, cit.

后 记

本书是我六年以来，尝试运用新制度经济学及其他学科的一些理论与方法来研究中国特色政党制度的一个跨学科研究小结。我原本是从事新制度经济学、社会主义市场经济体制等研究和教学工作的，之所以涉及政党制度研究，究其因缘有二：一是工作单位的需要。因为我所工作的单位是一所从事党外干部教育培训的学院，统一战线和中国特色政党制度（即中国共产党领导的多党合作和政治协商制度）是学院教学科研的重点，亦为其特色所在，所以很多年前，历任院领导都语重心长地对我们教学科研人员说，要加强统一战线和中国特色政党制度的科学研究，为学院教学提供深厚的学术基础支持，为中国特色政党制度的坚持与完善，以及新世纪新阶段的统一战线事业发展提供理论支撑。二是国内中国特色政党制度研究的现状。通过大量阅读已有的关于中国特色政党制度的研究文献资料，我发现中国特色政党制度的研究如前言及文中所述，其研究方法、理论分析工具比较单一，且其研究的成果重复、陈旧者较多，具有学术价值或实践指导意义的新成果不多，尤其是一些基本问题的探索，总觉得没有讲清楚，譬如为什么中国会产生、形成中国共产党领导的多党合作和政治协商制度，很多研究成果都在讲是历史的选择、人民的选择等原因，那近现代的历史与老百姓为什么要选择中国共产党领导的多党合作和政治协商制度呢？谁都没说清。正是此中原因，促使我下决心跨学科进入政治学领域中的政党制度研究，怎知发现经济学和政治学各自领域不同的研究思维与方法一下子让我感受到了跨学科研究的不易！好在新制度经济学的研究核心就是"制度"，而"制度"也是政治学的传统，在古典主义时期，政治学的开山之作——亚里士多德的《政治学》讲的就是城邦的政治制度，影响至今。传统主义时期的洛克、孟德斯鸠是政治哲学的代表人物，更是资产阶级政治体制的设计师。尽管二战以后，个体行为主义政治学成为政治学的研究热门，但很快行为主义政治学研究陷入绝境，因为行为主义政治学不能解释为什么相同的行为会有决然不同的结果，而这显然是因为制度安排在作怪。所以20世纪六七十年代，当新制度经济学成为热门的时候，新制度主义政治学也热乎起来。因为政治学不仅要研究个体行为偏好，还要关注政治行为与制度框架的关系。而且制度分析方法的本身就都可以在经济学、政治学与社会学领域中追溯到源头。所以，我在经历了一段时间的痛苦煎熬之后，终于豁然开朗，以新制度经济学、政治学和社会学的制度分析为研究工具，借鉴新制度经济学的一些理论对为什么中国会产生中国特色政党，中国特色政党制度的制度结构、制度效率、制度设计等等进行了研究。可能是由于研究的视角、理论分析工具以及研究的一些观点比较新，所以这些研究先后获得了多项省部级课题的经费资助，也得到了学院领导和同僚的支持，并获得了湖南省社会主义学院学术著作出版基金的资助，所以在此也一并表示感谢！同时也感谢我家人的支持！

作者简介

熊必军,男,湖南武冈人。现为湖南省社会主义学院学报副主编、副教授,研究生学历、硕士学位,主要从事新制度经济学、中国特色政党制度研究。曾在《International Journal of Economics and Finance》、《社会主义研究》、《中国发展》、《中央社会主义学院学报》等刊物上发表论文六十多篇,数篇论文被人大报刊复印资料或文摘等转载,在中国社会科学出版社出版过《市场经济元规则研究》等专著四部,参与国家课题一项,主持省部级课题三项,其中2010年中央统战部招标课题《我国多党合作制度的创造性价值研究》一项,多次被学院评为优秀教师。

图书在版编目（CIP）数据

制度分析视域下的中国特色政党制度研究/熊必军著．
—北京：中央编译出版社，2013.8
ISBN 978 – 7 – 5117 – 1706 – 1

Ⅰ.① 制…

Ⅱ.① 熊…

Ⅲ.① 政党 – 政治制度 – 研究 – 中国

Ⅳ.① D665

中国版本图书馆 CIP 数据核字（2013）第 161069 号

制度分析视域下的中国特色政党制度研究

出 版 人	刘明清
出版统筹	薛晓源
责任编辑	董 巍
责任印制	尹 珺
出版发行	中央编译出版社
地　　址	北京西城区车公庄大街乙 5 号鸿儒大厦 B 座（100044）
电　　话	（010）52612345（总编室）　（010）52612363（编辑室）
	（010）66161011（团购部）　（010）52612332（网络销售）
	（010）66130345（发行部）　（010）66509618（读者服务部）
网　　址	www.cctphome.com
经　　销	全国新华书店
印　　刷	北京中兴印刷有限公司
开　　本	787 毫米×1092 毫米　1/16
字　　数	224 千字
印　　张	14.75
版　　次	2013 年 8 月第 1 版第 1 次印刷
定　　价	48.00 元

本社常年法律顾问：北京市吴栾赵阎律师事务所律师　闫军　梁勤
凡有印装质量问题，本社负责调换，电话：（010）66509618